Gerhard Haider

Nutzfische halten

Eine Anleitung
zur Teichwirtschaft

30 Farbfotos
68 Zeichnungen

Verlag Eugen Ulmer

Zeichnungen von Rainer Benz, Stuttgart

CIP-Kurztitelaufnahme der Deutschen Bibliothek

Haider, Gerhard:
Nutzfische halten: e. Anleitung zur Teichwirtschaft/
Gerhard Haider. – Stuttgart: Ulmer, 1986.
 ISBN 3-8001-7157-0

© 1986 Eugen Ulmer GmbH & Co.
Wollgrasweg 41, 7000 Stuttgart 70 (Hohenheim)
Printed in Germany
Einbandgestaltung: A. Krugmann, Freiberg
mit einem Foto von Joachim Feist, Pliezhausen
Satz: IBV Satz- und Datentechnik GmbH, Berlin
Druck und Bindung: Friedrich Pustet, Regensburg

Vorwort

Wer Tiere hält, sollte nicht nur versuchen, seine Schützlinge möglichst lange gesund und am Leben zu halten, sondern muß vor allem für artgerechte Haltung sorgen. Das setzt Kenntnisse der artspezifischen Lebensgewohnheiten voraus. Bei Tieren, die wie Teichfische den größten Teil ihres Lebens den Augen ihres Betreuers entzogen sind, bedeutet dies Grundkenntnisse auch über Wasserchemie und -biologie. Denn dem Lebensraum, dem Teich, kommt bei dieser Tierhaltung besonders große Bedeutung zu. Die Nutzfischhaltung ist zwangsläufig eine Art Ökosystem-Management, und das allein hat schon seinen Reiz.

Das Buch will kein Lehrbuch sein, es gibt deren genügend. Es ist vielmehr als Leitfaden gedacht und soll in verständlicher Form informieren, neugierig und vielleicht sogar »Appetit« auf die Nutzfischhaltung machen. Andererseits soll aber auch niemand überredet werden. Der angehende Teichwirt muß jedoch wissen, was auf ihn zukommt, wenn er sich entschließen sollte, einen Teich zu bewirtschaften oder gar einen solchen neu anzulegen. Denn zu viele Teichanlagen landauf und landab beweisen, daß es eben nicht ohne gründliche Kenntnisse und Vorbereitungen geht.

Mein Dank gilt allen, die mir bei diesem Buch behilflich waren, ganz besonders dem Verlag, von dem der Anstoß zu diesem Buch ausging und der meinen Vorstellungen immer großzügig entgegenkam.

Es bleibt mir zu wünschen, daß das Buch der Nutzfischhaltung neue Freunde gewinnt und in Fachkreisen auf Wohlwollen stößt.

Stuttgart, Frühjahr 1986
Gerhard Haider

Inhaltsverzeichnis

Fotografen der Farbbilder

J. Feist, Pliezhausen: Titelfoto, Seite 49, 50, 67.
G. Haider, Stuttgart: Seite 184 unten.
W. Pfäfflin, Stuttgart: Seite 68, 165 unten, 184 oben.
D. Piwernetz, Nürnberg: Seite 165 oben, 166.
H. Reinhard, Heiligkreuzsteinach: Seite 183.

Mensch und Fisch

Von der Fischjagd zur Aquakultur und zum Freizeitbetrieb

Fische waren mit Sicherheit unter den ersten Lebewesen, die der Mensch zu seiner Ernährung fing. Hinweise hierauf gehören zu den ältesten Spuren der Menschheit. So fanden sich in den von den Höhlenbewohnern der Dordogne auf uns überkommenen Müllhaufen, die auf etwa 4000 Jahre v. Christus datiert werden, Gräten von Meeresfischen.

In ihren Höhlenbehausungen hinterließen unsere prähistorischen Ahnen Ritzzeichnungen von Fischen, die belegen, daß sie nicht nur Sammler und Jäger waren, sondern auch Fischer. Zahlreiche Funde von knöchernen Angelhaken und Harpunen, aber auch von aus Pflanzenfasern gefertigten Netzen in unserem Raum aus der Pfahlbauzeit lassen vermuten, daß diese vorgeschichtlichen Fischer bereits über ein besonderes Können verfügten – und zwar nicht nur in der Herstellung von Fanggeräten, sondern auch in deren Handhabung.

Mit Beginn der Bronzezeit treten dann erstmals Fischspeerspitzen und Angelhaken aus Metall auf. Sie gleichen bis auf ihre Größe bereits weitgehend ihren modernen Nachfahren. Somit hat sich bis heute trotz der vieltausendjährigen Menschheitsgeschichte im Grunde nur wenig geändert, sind doch Fische, vor allem Hochseearten, die letzten Wildtiere, denen der Mensch nach wie vor nachstellt, da sie für ihn als Nahrungsmittel immer noch von Bedeutung sind!

Erste genauere Aufzeichnungen über die Fischerei in den Gebieten nördlich der Alpen stammen von den »Besatzern« der damaligen Zeit, den Römern. Diese führten genau Buch über die verschiedenen Gewohnheiten der Bewohner in den von ihnen unterworfenen Territorien. Doch sie importierten auch für ihr eigenes Wohlergehen wichtige Errungenschaften aus ihrer Heimat, so unter anderem auch die Haltung von Fischen in Teichen. Damit war gewissermaßen der Grundstein für die Entwicklung unserer Teichwirtschaft gelegt, die später im mittelalterlichen Deutschland unter geistlicher Oberherrschaft ihre erste Blüte erlebte.

Mit dem Übergang vom Altertum zum frühen Mittelalter wurde die alte, im römischen und germanischen Recht bestehende Fischereifreiheit des einzelnen drastisch eingeschränkt. Der Fisch wurde zum Eigentum der Herren. Diese übertrugen oder verpachteten die Nutzung der Fischereirechte an besondere Personen, wobei die Pächter den Gegenwert zumeist in einer festgesetzten Menge an Naturalien abzugeben hatten. Damit begannen sich die Anfänge des handwerklichen Fischfangs herauszubilden. Gleichzeitig entstand auch der Fischhandel, denn die Regalinhaber forderten alsbald Fische nicht nur zum eigenen Verbrauch, sondern auch zum Weiterverkauf.

Im 12. Jahrhundert löste sich das Fischerhandwerk nach und nach aus der Bindung an die jeweilige Herrschaft. In Übereinkunft mit den geistlichen und weltlichen Fürsten gab es sich eigene Regeln, und allmählich entwickelten sich die Zünfte. Ihnen stand ein Meister vor, der die Einhaltung der Zunftregeln und die Ausübung des Fanges überwachte sowie für die Ausbildung des Nachwuchses zu sorgen hatte. Zu den ältesten Fischereizünften gehörten z. B. die von Worms (1106) und von Augsburg (1282).

Die Angehörigen dieser mittelalterlichen Fischerzünfte waren jedoch vor allem Fischfänger. Erst gegen Ende des 19. Jahrhunderts begannen sich langsam wirtschaftliche Gesichtspunkte im Fischereiwesen durchzusetzen. Praktiker und Naturwissenschaftler erkannten die negativen Auswirkungen des jahrhundertelangen schonungslosen Raubbaues. Vielerorts gründete man Fischereivereine, die der Vorstellung eines »fischereilichen Wirtschaftsdenkens« zum Durchbruch verhalfen. An dieser Trendwende war auch der 1870 gegründete Deutsche Fischerei-Verein, der Vorläufer unseres heutigen Deutschen Fischerei-Verbandes, maßgeblich beteiligt. Mit Unterstützung der Behörden wurden jetzt Schulungskurse durchgeführt, in denen die Mitglieder der Vereine mit den neuesten Erkenntnissen der sich rasch entwickelnden Fischereiforschung vertraut gemacht wurden.

Ein wichtiges Jahr in der Geschichte der deutschen Fischerei ist 1925. Damals erhielten die Fischer erstmals Gelegenheit, eine staatlich anerkannte Prüfung abzulegen. Vier Jahre später wurden die Bestimmungen für die Prüfung von Gehilfen und Meistern in der Fluß- und Seenfischerei erlassen und 1931 schließlich die für die der Forellenzucht und Karpfenteichwirtschaft. Ihren Abschluß fand diese Entwicklung 1939 mit dem Erlaß einer einheitlichen Ausbildungsvorschrift für alle Zweige der Binnenfischerei. In wesentlichen Teilen bildete sie die Grundlage für die heute in der Bundesrepublik geltenden Ausbildungsregelungen.

Im Rahmen dieser Ausbildung, aber auch der fischereilichen Fortbildung, hatten die in den 30er Jahren entstandenen staatlichen Lehranstalten und Fischereischulen eine wichtige Aufgabe: Sie waren die Vermittler zwischen der Fischereiforschung und der Praxis. Stellvertretend für diese Institutionen seien hier nur die 1929 in Lützen (Ostpreußen) eröffnete Fischereischule und die 1931 gegründete staatliche Lehranstalt für Forellenzucht in Aalbaum (Sauerland) genannt. Der Schwerpunkt der Tätigkeit dieser Anstalten lag in der Vermittlung dessen, was heute unter dem Schlagwort »Ökologie« gehandelt wird, hier den Wechselbeziehungen zwischen Gewässer und genutzten Fischbeständen. Die Hege der Bestände und die Pflege des Gewässers rückten in den Vordergrund. Der Fischjäger früherer Zeiten wurde damit endgültig zum Fischwirt, der seine Gewässer genauso »bestellt« wie der Landwirt seine Felder.

Trotzdem dauerte es noch geraume Zeit, bis auch die maßgeblichen Behörden diesen Zusammenhang erkannten, vor allem aber akzeptierten, d. h. den Fischwirt dem Landwirt gleichstellten. Selbst heute stößt man noch gelegentlich auf die völlig unzutreffende Gleichstellung von Fischerei und Jagd. Dies ist jedoch schon vom Ansatz her falsch. Die Jagd ist nämlich prinzipiell nur eine Nebennutzung der ansonsten forst- oder landwirtschaftlich genutzten Produktionskraft des Bodens. Demgegenüber kann die Produktionskraft eines Gewässers ausschließlich durch den Fischwirt genutzt werden.

Trotz Hege und Pflege sind der intensiven Nutzung der Fischbestände natürlicher Gewässer Grenzen gesetzt.

Einmal wirken Größen und Tiefe der Gewässer limitierend, zum anderen wurden seit Beginn der Industrialisierung unsere Flüsse und Seen zunehmend anthropogenen Veränderungen unterworfen und wurden mehr und mehr zu Wasserstraßen und Abwasserkanälen. Demgegenüber kann der Mensch in der Teichwirtschaft auf begrenztem Raum, dem ablaßbaren Teich, Fische unter den gleichen Aspekten und dem Ziel der maximalen Nutzung ziehen wie andere landwirtschaftliche Nutztiere auch.

Nach ihrer ersten Blüte im Mittelalter – sie wird gelegentlich in Zusammenhang mit den Fastenvorschriften gesehen – gelang der Teichwirtschaft in Deutschland daher erst wieder im 19. Jahrhundert, gewissermaßen im Anschluß an die expandierende Fischereiwissenschaft, ein neuer Anfang. Die traditionelle extensive Bewirtschaftungsform wich aber jetzt einer auf wissenschaftlichen und ökonomischen Erkenntnissen basierenden Teichwirtschaft.

Wichtigster Nutzfisch der Teichwirtschaft ist seit Jahrhunderten der Karpfen. Er pflanzt sich auch in künstlich angelegten Teichen fort und wächst bei geeigneter Fütterung gut ab. Hingegen ist die Forelle, vor allem in Gestalt der Regenbogenforelle, ein Zuchtfisch jüngeren Datums. Zwar war die Haltung der Bachfo-

relle bereits im 18. Jahrhundert bekannt, ebenso wie ihre künstliche Besamung, doch geriet diese wieder in Vergessenheit und wurde erst später wiederentdeckt. Die Forellenzucht ist daher kaum wesentlich älter als 100 Jahre.

Aber auch in ihren Haltungsbedingungen unterscheiden sich diese beiden Wirtschaftsfische grundsätzlich. Der Karpfen benötigt zum guten Gedeihen warmes, stehendes Wasser, die Forelle dagegen kühles, sauerstoffreiches. Diese Voraussetzungen bedingen auch das geographische Verteilungsbild der beiden Wirtschaftsformen. Darüber hinaus ist die Karpfenteichwirtschaft auch heute noch charakterisiert durch die Beziehungen zwischen Karpfen und im Teich erzeugter Naturnahrung, während die Forellenzucht unabhängig von dieser Bindung ist. Dies erklärt auch die explosionsartige Entwicklung der Forellenproduktion im Anschluß an die Entwicklung vollwertiger und preisgünstiger Trockenfuttermittel in den 60er Jahren. Zwar sind heute auch vollwertige Karpfenfertigfutter auf dem Markt, doch beherrscht nach wie vor der konventionell produzierte Karpfen den Markt, wobei sein Nahrungsbedarf etwa je zur Hälfte aus Naturnahrung und Fertigfutter gedeckt wird.

Beide Arten der Teichwirtschaft sind bei uns sowohl im Haupt- als auch in Gestalt von Zu- und Nebenerwerbsbetrieben vertreten. Allerdings sind die Grenzen zwischen beiden Betriebsarten fließend. In den beiden letzten Jahrzehnten nahm auch die Freizeit-Teichwirtschaft, also die unter Liebhabergesichtspunkten betriebene Fischhaltung, stark zu. Diese Art des Betriebes ermöglicht auf Grund des geringen Betriebsmitteleinsatzes offensichtlich ebenfalls Gewinne, obwohl exaktes Material hierüber nicht existiert, da der Freizeit-Teichwirt seine Erzeugnisse meist direkt an den Endverbraucher abgibt.

Wie die jüngste Entwicklung andeutet, wird die Zukunft der Teichwirtschaft zunehmend durch die Erkenntnisse der modernen Biotechnologie bestimmt werden, vor allem in der sog. Aquakultur. Die anhaltend schlechte Qualität der Oberflächengewässer, aber auch ökonomische Zwänge, legen nahe, die natürlichen Voraussetzungen, auch in der Fischfleischerzeugung, also Standort- und Flächenabhängigkeit, so weit wie möglich auszuschalten. Derartige industriemäßige Produktionstechniken sind uns ja aus der landwirtschaftlichen Fleischerzeugung, z. B. der Broilerproduktion, zur Genüge bekannt. Ob die Aquakultur, die durch Kreislaufführung und wiederholte Wasserreinigung sowie bestmögliche Einhaltung sonstiger ökologischer Produktionsfaktoren die optimale Wassernutzung zum Ziel hat, wirklich der Weisheit letz-

ter Schluß ist, soll hier nicht erörtert werden. Fest stehen dürfte jedoch, daß die Realisierung des »technisch Machbaren« um jeden Preis, also etwa unter Vernachlässigung wesentlicher biologischer, aber auch ökonomischer Prinzipien, sicher nicht die Ideallösung für unsere Fischzucht ist. So ist z. B. der Karpfenkonsum in der Bundesrepublik noch zu stark von Verzehrgewohnheiten abhängig – ein Relikt der alten Fastenregelung –, die nur einen saisonalen Markt zulassen. Mögliche ökonomische Vorteile aus einer Karpfenproduktion in Aquakultur hätten daher erst eine radikale Veränderung der Konsumgegebenheiten zur Voraussetzung. Ob und inwieweit diese auch wirklich geschaffen werden können, bleibt ungewiß. Die Entwicklung in der Forellenzucht zeigt zwar, daß sich Saisonabhängigkeiten und Verzehrgewohnheiten ändern können. Heute haben Forellen und ihre Veredelungsprodukte längst den Hauch des Luxuriösen verloren und sind im Zuge der Nachfrage nach hochwertigen Nahrungsmitteln zu gängigen Bestandteilen

Zusammensetzung von Fischfleisch bezogen auf 100 Gramm eßbares Material

	Wasser	Kilo-Kalorien	Protein	Fett	Kohlen-hydrat
Alse	70,4	170	18,6	10,0	0
Barsch	75,7	118	19,3	4,0	0
Forelle	66,3	195	21,5	11,4	0
Hecht	78,8	90	19,1	0,9	0
Hering	69,0	176	17,3	11,3	0
Lachs	63,6	217	22,5	13,4	0
Makrele	67,2	191	19,0	12,2	0
Schellfisch	80,5	79	18,3	0,1	0
Thunfisch	70,5	145	25,2	4,1	0
Weißfisch	77,3	105	18,3	3,0	0

unseres täglichen Nahrungsgebotes geworden. Dennoch sollte zum momentanen Zeitpunkt die Fischfleischproduktion – mit Ausnahme unter Aspekten der Forschung – mehr auf die Rentabilität herkömmlicher Produktionsverfahren sowie auf die Erzeugung qualitativ hochwertiger Produkte abzielen.

Nahrungsmittel Fisch

Die Fischerei als Nahrungserwerb ist, wie wir sahen, so alt wie die Menschheit selbst. Wie sich aus der Sammelwirtschaft der Vorzeit ein breitgefächerter Wirtschaftszweig entwickelt hat, wurde eingangs skizziert. In der Nahrungsmittelwirtschaft unserer Erde kommt der Fischindustrie weltweit heute immer noch wachsende Bedeutung zu, denn für die Hälfte der Weltbevölkerung ist der Fisch als Nahrungsmittel nach wie vor unentbehrlich.

Wie bei anderen Tieren auch, wird der Wert des Fischfleisches als Nahrungsmittel durch das Mengenverhältnis zwischen Protein, Fett und Wasser bestimmt. Fett- und Proteinanteil sind dabei von der jeweiligen Fischart abhängig (siehe Tabelle). Man unterscheidet Fettfische, wie Aal oder Alse, von Magerfischen, wie die Weißfische. Innerhalb einer Fischart hängt die Zusammensetzung des Fleisches, ähnlich wie bei den Warmblütern, auch von einer Reihe von physiogischen Faktoren ab, z. B. dem sexuellen Reifestadium. Heringe können z. B. im Frühjahr nur 8% Fett enthalten, im Sommer dagegen 20%. Neben dem objektiven Nährwert des Fischfleisches spielt aber auch die Nachfrage durch den Verbraucher eine bedeutende Rolle.

Im Nährwert entspricht das Fleisch des Fisches dem anderer Tiere. Der gesamte Energiewert aus dem Protein von Magerfischen beträgt durchschnittlich 60%, der vom Barsch oder Kabeljau allerdings 90%. Eine Reihe von Untersuchungen an Tieren und Menschen ergab jedoch, daß die biologische Wertigkeit von Fischprotein an führender Stelle unter den tierischen

(nach Pyke 1970, gekürzt)

Calcium	Phosphor	Eisen	Vitamin A	Thiamin	Riboflavin	Niacin	Ascorbinsäure
20	260	0,5	–	0,15	0,24	8,4	–
–	192	–	–	–	–	–	–
–	–	–	–	0,08	0,20	8,4	–
–	–	–	–	–	–	–	–
–	256	1,1	110	0,02	0,15	3,6	–
79	186	0,9	310	0,10	0,23	7,2	9
5	239	1,0	450	0,15	0,33	8,2	–
23	197	0,7	0	0,04	0,07	3,0	–
–	–	–	–	–	–	–	–
–	–	–	–	–	–	–	–

Eiweißarten steht und selbst die von Milchprotein übertrifft. Diese Wertigkeit steigt mit dem Anteil an essentiellen Aminosäuren. Der menschliche Organismus ist nicht in der Lage, diese Substanzen selbst aufzubauen. Deshalb sind Proteinbausteine für ihn um so wertvoller, je ähnlicher sie seinen eigenen sind, da er sie dann um so besser verwerten kann.

Der Gehalt an Aminosäuren einiger Fischarten ist aus nebenstehender Tabelle ersichtlich. Neben dem großen Anteil an hochwertigen Eiweißstoffen ist der Vitamingehalt des Fischfleisches – der allerdings sehr großen Schwankungen unterliegt – von grundlegender ernährungsphysiologischer Bedeutung. Fischfett wiederum zeichnet sich durch einen hohen Gehalt, etwa 80%, an ungesättigten Fettsäuren aus, die für unsere Ernährung wegen ihrer speziellen Struktur wesentliche Vorteile gegenüber anderen tierischen Fetten besitzen.

In diesem Zusammenhang darf auch der Gehalt an Mineralstoffen, wie Natrium, Kalzium und Phosphor, nicht vergessen werden, außerdem der an unentbehrlichen Spurenelementen, z. B. Jod, Kupfer und andere. All diese Substanzen sind für die Funktion des menschlichen Organismus gleichfalls unentbehrlich. Auch die besonders gute Verdaulichkeit des Fischfleisches muß hervorgehoben werden. Sie macht es zu einem bemerkenswerten diätetischen Lebensmittel, das von Kindern, Kranken und Rekonvaleszenten besonders gut vertragen wird.

Trotz dieser unübersehbaren ernährungsphysiologischen Vorteile ist die Nachfrage nach Fisch im Vergleich zu anderem tierischen Eiweiß merklich gehemmt. Vielfach dürfte dies auf die leichte Verderblichkeit und die damit verbundenen Gefahren zurückzuführen sein, eventuell auch auf den Geruch bei der Zubereitung. Aber auch die verminderte

Durchschnittsgehalt an Aminosäuren in Stichproben von Fisch und Fleisch (% vom Rohprotein) (nach Pyke 1970, gekürzt)

	atlantische Makrelen	atlantischer Hering	Lachs	Thunfisch	Rind	ganzer Schinken
Anzahl der Stichproben	(6)		(6)	(8)	(2)	(4)
Arginin	5,8	7,1	5,8	6,4	5,3	6,1
Histidin	3,8	1,9	2,6	3,5	5,7	3,6
Isoleucin	5,2	6,2	4,9	4,9	4,7	5,0
Leucin	7,2	7,1	7,3	7,9	7,2	7,8
Lysin	8,1	8,3	8,0	8,9	8,3	8,7
Methionin	2,7	2,6	3,0	2,5	2,8	2,7
Phenylalanin	3,5	3,6	3,7	3,8	3,5	3,8
Threonin	4,9	4,1	4,4	4,2	4,5	4,5
Tryptophan	1,0	0,8	0,9	1,0	1,0	1,0
Valin	5,4	5,4	5,6	5,4	5,1	5,2

Wasserqualität und die damit in Zusammenhang stehende mögliche Kontamination der Tiere mit Schadstoffen trägt sicher häufig zu diesen Vorbehalten bei.

Eine wichtige Aufgabe der Fischzucht sollte es daher sein, diesem Mißtrauen durch Aufklärung entgegenzuwirken, vor allem aber dafür Sorge zu tragen, daß die aus den anderen Bereichen der tierischen Nahrungsmittelproduktion zur Genüge bekannten Mißstände in unseren teichwirtschaftlichen Betrieben gar nicht erst Schule machen.

Zur Kulturgeschichte des Fisches

Ein Lebewesen, das so lange, vor allem aber so eng mit der Menschheitsgeschichte verbunden ist wie der Fisch, ist zwangsläufig auch in anderen Bereichen menschlicher Kultur immer wieder zu finden.

So überrascht es nicht, daß der Fisch in früherer Zeit auch in der Heilkunde unserer Vorfahren eine nicht unbedeutende Rolle spielte. Heute reiht man diese freilich in die Rubrik »Kuriosa« ein. Aus der modernen Medizin oder Pharmazie ist der Fisch verschwunden, sieht man einmal von seiner Bedeutung als diätisches Nahrungsmittel oder von der Vitaminherstellung aus Leberölen ab. Im 17. Jahrhundert jedoch versuchte man mit einem Gebräu aus Wein und Aalblut die Trinksucht zu heilen, während das Fett des Aales als Mittel gegen Kahlköpfigkeit gepriesen wurde. Überhaupt spielte der Aal in der Heilkunde des Mittelalters offensichtlich eine bedeutende Rolle, so fand sein Kopf Verwendung gegen Warzen, sein Blut

sollte Hühneraugen kurieren und seine Leber gar die Geburt erleichtern. Doch auch unsere Karpfen waren damals »offizinell«: Der Karpfenstein – hierunter verstand man seine Kauplatte – sollte, unter der Zunge gehalten, Sodbrennen unterbinden. Mit Hilfe von Bädern, in denen Zitterrochen schwammen, versuchten die Quacksalber der Zeit die Gicht zu vertreiben. Der Rogen von Hecht und Barbe wiederum fand vornehmlich als Laxans Verwendung. Für den Barbenrogen hat dies allerdings einen realen Hintergrund. Auch heute noch wird der Arzt hin und wieder bei Sportfischern mit der »Barbenruhr« konfrontiert, einer nicht ganz ungefährlichen Folge des Genusses von Barbenrogen.

Im Märchen spielt der Fisch – verglichen mit der Heilkunde – eine recht untergeordnete Rolle. Demgegenüber tritt er im kultischen Bereich bei fast allen vorgeschichtlichen Völkern, die dem Fischfang huldigten, überaus deutlich in Erscheinung. Vor allem wegen der ihm zugeschriebenen geheimnisvollen Kräfte. Besonders gilt dies für den orientalischen Raum. Nach einer Legende verdanken z. B. die Sumerer einem Fisch die Kunst der Metallherstellung und des Schmiedens. Zur Verehrung der Göttin Ischtar im syrisch-phönizischen Kulturkreis gehörte offensichtlich ein Fischkult, da ihren Tempeln immer Teiche mit heiligen Fischen zugeordnet waren.

Als sich später das Christentum ausbreitete, verblaßten zwar viele der mystischen Beziehungen zum Fisch. Seine prinzipielle Symbolik jedoch überdauerte. So übertrugen die ältesten Kirchenväter das Fisch-Symbol auf die Person Christi und seine Anhänger. Vielleicht war hierfür ausschlaggebend, daß der Fisch bereits vordem ganz allgemein die Israeliten symbolisierte. Jedenfalls wurde diese Gleichsetzung von Fisch und Christus zum Kommunikationszeichen der früheren Christenheit. Fischdarstellungen finden sich daher in den Katakomben Roms ebenso wie auf Grabinschriften und anderen künstlerischen Darstellungen jener Zeit. Die herausragende Stellung, die der Fisch allmählich in der Symbolik der christlichen Religion erwarb, soll hier allerdings nicht vertieft werden. Es sei nur noch darauf hingewiesen, daß auch der päpstliche Siegelring – der sogenannte Fischerring – den »Menschenfischer« Petrus zeigt.

Außer in der christlichen Kunst fand der »Fisch« auch im ägyptischen, hellenistischen und römischen Kulturkreis weite Verbreitung. Hier wurde er erstmals in Landschaftsdarstellungen einbezogen, wie zahlreiche Funde belegen. Aus dem Mittelalter und dem 17. Jahrhundert kennen wir den Fisch ebenfalls als Kunstmotiv, wobei verstärkte Aufmerksamkeit dem Fischfang gewidmet wird und bei den niederländischen Meistern sogar die soziale Stellung der Fischer deutlich in den Vordergrund rückt. In der Kunst des 18. und 19. Jahrhunderts schließlich wandelte sich die »Symbolik« des Fisches erneut. Nach romantischer Auffassung wird nun fast ausschließlich der Idylle des Fanges Aufmerksamkeit geschenkt.

Die Organisation der Fischer in Zünfte machte den Fisch im Mittelalter aber auch zum beliebten Symbol in der Heraldik. Fisch und Fischerei fanden daneben ihren Niederschlag in Familien- und Ortsnamen sowie in der Alltagssprache, letzteres vor allem in Gestalt von Sprichwörtern und Redensarten. Achtet man darauf, stellt man fest, daß viele dieser alten Redensarten noch heute gebräuchlich sind, z. B. »glatt wie ein Aal«, oder die »Sache hat einen Haken« und andere mehr.

Der Fisch in der Industrielandschaft

Wenn von Sprichwörtern über den Fisch die Rede ist, fällt den meisten zuerst der Spruch ein »gesund wie ein Fisch im Wasser«. Selten jedoch entspricht eine Redensart so wenig den Realitäten des heutigen Alltags wie diese!

Die biologische Situation unserer Gewässer ist nach wie vor alarmierend trotz gut arbeitender Kläranlagen, strenger Gewässerschutzvorschriften und eines um naturnahe Methoden bemühten Konzepts im Wasserbau.

Vergleicht man die Gewässergütekarten der letzten zwei Jahrzehnte, stellt man fest, daß den vielfältigen Bemühungen um Abwasserreinigung und Gewässerreinhaltung durchaus Erfolge beschieden sind. Die übermäßige Verschmutzung unserer Fließgewässer wurde in erster Linie durch den Bau leistungsfähiger Klärwerke ganz erheblich vermindert. Dies bedeutet aber nicht, daß alle Wasserläufe nun auch wieder Lebensgemeinschaften aufweisen, die hinsichtlich Artenvielfalt und Individuenzahl denen naturbelassener Bäche und Flüsse entsprechen. Immer deutlicher zeigt sich, daß viele Fließgewässer mehr oder weniger große Defizite an Organismenarten aufweisen. Die gütemäßige Sanierung ist also keineswegs zwangsläufig mit einer ökologischen Wiederherstellung gekoppelt. Entgegen landläufiger Meinung betreffen diese Ausfälle aber keineswegs nur Tierarten, die einen Teil ihres Lebens außerhalb des Wasserkörpers verbringen, wie Amphibien oder manche Insekten, sondern gerade auch solche, die zeitlebens Wasserbewohner sind, wie die Fische.

Von den ursprünglich etwa 70 in der Bundesrepublik heimischen Fischarten (eine exakte Zahl anzugeben ist durch die vielfach noch ungenaue Artabgrenzung in manchen Familien unmöglich) sind, regional verschieden, rund 75% unterschiedlich stark vom Aussterben bedroht. Von den einstmals im Bereich des heutigen Landes Baden-Württemberg heimischen 56 Fischarten müssen sogar rund 79%, das entspricht 44 Arten, als mehr oder weniger gefährdet eingestuft werden. Dabei reicht das Spektrum von extrem seltenen Arten, wie Flußneunauge oder Groppe, über stark bedrohte, z. B. den Bitterling, das Moderlieschen und den Schlammpeitzger, bis hin zu den einstigen »Allerweltsfischen« Elritze, Gründling und Dreistacheliger Stichling, deren Bestände ebenfalls schon stark dezimiert sind. In vielen Fällen dürfte das biotische Potential der noch vorhandenen Populationen bereits zu gering für ein erfolgreiches Weiterbestehen dieser Arten sein. Lediglich 12 Fischarten, also 21%, sind nicht gefährdet. Nur sehr robuste Fische, z. B. Rotauge, Brachsen und Ukelei, konnten die sich immer mehr verschlechternden Lebensbedingungen durch ein hohes Maß an Genügsamkeit und/oder Anpassungsfähigkeit kompensieren. Dieser Tatbestand war in den Jahren der extremen Gewässerverschmutzung nicht in der Deutlichkeit zu erkennen wie heute.

Damals schien allein die Verschmutzung der begrenzende Faktor für eine ausgeglichene Fischfauna zu sein.

Bei einem derart hohen Gefährdungsgrad stellt sich natürlich als erstes die Frage, ob nicht die Nutzung – etwa in Form einer übermäßigen Befischung – zu dieser Situation führte. Doch ergab schon vor Jahren eine Aufschlüsselung der gefährdeten Fischarten Baden-Württembergs in fischereilich interessante und nicht interessante, daß zwar auch rund 76% der Angelfische gefährdet sind, bei den fischereilich uninteressanten Arten – in erster Linie also den Kleinfischen – dieser Anteil jedoch mehr als 95% beträgt. Damit scheidet, von wenigen Ausnahmen abgesehen, die fischereiliche Nutzung als Gefährdungsfaktor unserer Süßwasserfischbestände aus. Die Gründe für den erschreckenden Rückgang der Artendiversität sind also anderswo zu suchen, wobei der jahrzehntelangen Mißachtung der elementarsten Lebensbedürfnisse unserer Fische, vor allem aber der weitgehenden Denaturierung nahezu aller aquatischen Lebensräume eine Schlüsselfunktion zukommt.

Die Eingriffe des Menschen in die Lebensräume der Fische – der Ökologe spricht in derartigen Fällen von Defektsetzungen – sind vielgestaltig. Wasserbaumaßnahmen stehen unter ihnen an erster Stelle, gefolgt von der Abwasser- und Schadstoffbelastung und anderen Aktivitäten in und an Gewässern, wie Schiffahrt und Freizeitgestaltung. Bei der Bewertung dieser Eingriffe darf man jedoch nicht übersehen, daß nicht nur die jeweilige Defektsetzung allein für das Fischvolk wirksam wird, sondern gleichzeitig auch eine meist nur schwer abzuschätzende Vielzahl eng miteinander verflochtener Folgeerscheinungen.

Der Bau von Stauhaltungen vernichtet generell die Vielfalt der ökologischen Bedingungen eines Fließgewässers und schafft monotone Lebensräume, deren Lebensgemeinschaften durch reduzierte Bestandsdichten und geringe Artenmannigfaltigkeit charakterisiert sind.

Diese Umwandlung zieht natürlich auch eine totale Umstrukturierung der Fischfauna nach sich. Strömungsliebende Arten, wie die Kieslaicher Barbe und Nase, verlieren durch die Überstauung der Kiesbänke ihre Laichplätze und gehen merklich zurück, wohingegen Stillwasserarten gefördert werden. Durch die veränderten hydrographischen Verhältnisse verringern sich aber auch die Bestände an Über- und Unterwasserpflanzen. Hierdurch fallen nicht nur wichtige Laichplätze und Nährtiervorkommen für die Fische weg, sondern gleichzeitig auch unentbehrliche Schutz- und Erholungsbereiche. Somit werden nicht nur die Fließwasserarten zurückgedrängt, ja sogar zum Aussterben gezwungen, es verschlechtern sich auch die Lebensbedingungen für Krautlaicher, wie Schleie, Karausche und zahlreiche Kleinfischarten ganz erheblich. Daneben führt die durch die herabgesetzte Fließgeschwindigkeit bedingte starke Sedimentation zur Verschlammung des Gewässergrundes und mindert durch verstärkte Sauerstoffzehrung die Wasserqualität.

Stauspiegelschwankungen und -absenkungen schädigen Laich und Brut und führen häufig zum Ausfall ganzer Fischjahrgänge. In den bei der Flußregulierung entstandenen Altwässern fallen durch den Bau von Rückhaltebecken die Hochwasserspitzen fort bzw. kommen zur Unzeit. Ein Beispiel hierfür: Durch den Bau zahlreicher Speicherseen im Einzugsgebiet des Bodensees, die bei der Schneeschmelze erst aufgefüllt werden müssen, treten – vor allem in regenarmen Jahren – die stark abgeschwächten Frühjahrshochwässer mehrere Wochen später auf als normal. Hierdurch wird die natürliche Vermehrung der Hechte, die auf Überschwemmungsgebiete als Laichplätze angewiesen sind, stark beeinträchtigt. Denn zum einen ist die zeitliche Koordination Laichreife – Hochwasser gestört, zum anderen werden zu wenig Landflächen überflutet. Auf diese Weise verlieren Hochwässer ihre natürliche Funktion für das Leben in und am Gewässer. Das Gewässer verarmt an ökologisch unersetzlichen Regenerationszonen.

Besonders gravierend wirkt sich die Behinderung oder Unterbindung des Fischwechsels aus. Die noch immer weitverbreitete Ansicht, Fischpässe seien nur für die »klassischen« Wanderfische, wie Aal oder Lachs, von Bedeutung, ist heute nicht mehr haltbar. Es gibt kaum eine Fischart, die nicht wenigstens zeitweise und lokal begrenzt wandert. Diese Wechsel, seien sie Laich-, Nahrungs- oder Bestandsausgleichs-Wanderungen, sind aber für die Erhaltung der betreffenden Arten lebenswichtig. Werden sie durch Bauwerke im Gewässer unterbunden, hat dies sehr nachteilige Auswirkungen und kann letztlich zum Erlöschen eines Bestandes führen. Hierfür existieren leider zahlreiche Beispiele. Manches Wehr bildet trotz einer Fischtreppe ein unüberwindliches Hindernis. Fische orientieren sich bei ihren Wanderungen in der Regel nach der Hauptströmung. Fischtreppen, deren Einstiege im strömungsarmen Bereich des Flusses liegen, werden daher nicht gefunden und verfehlen ihren Zweck. Dies gilt auch für »unphysiologische« Konstruktionen, z. B. zu große Höhenunterschiede zwischen den einzelnen Becken der Fischtreppe.

Auf die zum Teil erheblichen Verluste an Fischen infolge mechanischer Verletzungen durch den Turbinenbetrieb, z. B. bei der Abwanderung von Aalen, sei nur am Rande hingewiesen.

Im Zuge von Begradigungen, Flußbettabsenkungen und Verrohrungen verödet zwangsläufig die vielgestaltige natürliche Gewässermorphologie:

- Zahllose Kleinstandorte gehen verloren, was zu einer erhöhten Störanfälligkeit des gesamten Ökosystems führt.
- Durch die herabgesetzte Rückhaltekraft der Landschaft treten gehäuft extreme Hoch- und Niedrigwasserstände auf.
- Mit dem Verlust von Überflutungszonen und der Abtrennung von Altwässern gehen viele ernährungs- und fortpflanzungsbiologisch wichtige Areale verloren.
- Die erhöhte Fließgeschwindigkeit zusammen mit der verstärkten Erosion machen die Existenz von Fischnährtieren und Fischen unmöglich.
- Mit der Zerstörung der natürlichen Ufervegetation fällt ein ganz wesentlicher Bestandteil der sogenannten Urnahrung des tierischen Lebensbereichs aus.
- Die biologische Selbstreinigungskraft wird deutlich herabgesetzt.
- Verbauungen, wie Sohlabstürze, unterbinden jegliche Tierwanderung im Ge-

wässer und verhindern eine erfolgreiche Wiederbesiedlung.
- Uferauffüllungen vernichten die im Lebenszyklus vieler Fischarten wichtigen Flachwasserbereiche.
- Verrohrungen schließlich sind gleichbedeutend mit dem biologischen Tod des Gewässers.

Vor allem kleine und kleinste Gewässer waren in den vergangenen Jahrzehnten im Zuge der Flurbereinigung in erheblichem Umfang von derartigen Defektsetzungen betroffen.

Künstliche Ufersicherung, Gewässerreinigung und -entkrautung, aber auch Kiesentnahme greifen ebenfalls tief in das Wirkungsgefüge limnischer Ökosysteme ein.

Der künstliche Ausbau der Uferzone behindert oder unterbindet den Austausch zwischen Oberflächen- und Grundwasser und damit auch die Wanderungen der zahlreichen tierischen »Pendler« in den Lückensystemen des Gewässerbodens. Es kommt zu einer deutlichen Artenverarmung.

Eine naturnahe Ufersicherung ist demgegenüber von erheblichem Vorteil für die Lebewesen in einem Fließgewässer:

- Die Durchlässigkeit des Gewässergrundes und der Böschungen bleibt gewährleistet.
- Die reiche Strukturierung der Uferzone in unterschiedliche Standorte mit ausreichenden Verstecken und Ruheplätzen schafft die Voraussetzung für das Auftreten mannigfaltiger Nährtiere und Fischarten.
- Die biologische Selbstreinigung wird unterstützt.

– Bei eutrophierten Wasserläufen verhindert die Beschattung durch Ufergehölze eine übermäßige Verkrautung und schränkt dadurch Schäden an der Fischfauna durch zu häufige Entkrautungsmaßnahmen etwas ein.

Die Bedeutung von Unterwasserpflanzen für die Fischbestände ist unumstritten. In sandigen Fließgewässern ist ein Fischleben ohne sie aus Nahrungs- und Versteckmangel undenkbar. Daher haben selbst nur gelegentlich durchgeführte Entkrautungsaktionen für bestimmte Fischpopulationen zumeist verheerende Folgen.

Auch die Entnahme von Kies wirkt sich für einzelne Fischarten und Fischnährtiere sehr negativ aus. Einmal führt sie zur Vernichtung der Laichplätze von Kieslaichern, zum anderen kommt es durch die mit dem Abbau unweigerlich verbundene Dauertrübung des Wassers auf weiten Strecken zur Verlehmung oder Versandung der Gewässersohle. Die Bodenbesiedlung mit Fischnährtieren wird dadurch auf Jahre hinaus vernichtet.

Die Abwasserlast unserer Gewässer hat sich, wie bereits angedeutet wurde, gewandelt. Durch die verbesserte Abwasserreinigung nahm die organische Belastung unserer Fließgewässer deutlich ab und das ausgeprägte, unästhetische Schadensbild bei den Fischen in Gestalt von Geschwüren und Verpilzungen verschwand weitgehend. Dagegen treten heute in immer stärkerem Maß Substanzen in Erscheinung, die auch in modernen Klärwerken nicht oder nur ungenügend abgebaut werden. Die Zahl dieser Industrieschadstoffe, wie z. B. chlorierte Kohlenwasserstoffe, polychlorierte Biphe-

nyle, Metalle, Biozide u. a. m., hat die Millionengrenze bereits überschritten. Je nach ihrer Konzentration im Wasser wirken sie auf Fische entweder akut giftig, oder sie reichern sich bei langfristiger Einwirkung über die Nahrungsketten in ihnen an. Gesicherte Angaben, ob und inwieweit derartige Langzeitbeeinflussungen Veränderungen in den Fischpopulationen bewirken, können nur selten gemacht werden, da allzuwenig über die Wirkung dieser Stoffe bekannt ist. Allein zur Charakterisierung der heute existierenden Schadstoffe werden von Fachleuten schon 200 bis 300 Jahre Arbeitszeit veranschlagt!

Aber schon die jahrzehntelange Belastung mit organisch-fäulnisfähigen Substanzen führte in fast allen Gewässern zu deutlichen Populationsverschiebungen. Nur so widerstandsfähige Arten wie Plötze, Brachsen und Ukelei überlebten. Sie machen heute z. B. im Rhein wie auch in anderen großen Flüssen der Bundesrepublik mehr als 50%, stellenweise sogar 90% des gesamten Fischbestandes aus.

Nach wie vor spielen auch die zur Überdüngung führenden Phosphor- und Stickstoffverbindungen noch eine große Rolle, da sie in den herkömmlichen zweistufigen Klärwerken nur ungenügend eliminiert werden. Die Fischbestände stehender Gewässer sind von dieser Milieuveränderung besonders hart betroffen. So haben im Bodensee bestimmte Felchenarten erheblich abgenommen. Doch auch in den Fließgewässern hat die anhaltende Eutrophierung wesentlich zu der schon beschriebenen Artenverschiebung beigetragen. Die generelle Nachschaltung einer weitergehenden, dritten Abwasserreinigungsstufe zur Entfernung des Phosphors ist daher letztlich ebenso unerläßlich wie der Um- bzw. Ausbau der biologischen Stufe aller Klärwerke zur Beseitigung der Stickstoffverbindungen. Zusammen mit einer Drosselung der Phosphatzufuhr in die Gewässer ist dies, langfristig gesehen, der einzige Weg diese Defektsetzung zumindest abzuschwächen.

Die Gefahren für die Fische durch die bei Niederschlägen stoßartig anfallenden erheblichen Schmutzfrachten aus Siedlungsgebieten und von Verkehrswegen – eine Folge der weitgehenden Versiegelung unserere Landschaft – sind durch den verstärkt vorangetriebenen Bau von Regenwasserbehandlungsanlagen zwar herabgesetzt worden, doch noch nicht völlig aus der Welt geschafft. Vor allem unsere kleinen Fließgewässer und die Oberläufe, also die Bereiche, die als »Kinderstuben« und Regenerationsareale für unsere Fischwelt unentbehrlich sind, müssen verstärkt vor dieser Beeinträchtigung geschützt werden.

Das Einbringen von Abwärme aus Kraftwerksanlagen wirkt in zweifacher Weise verhängnisvoll auf das Fischvolk. Zum einen wird die Sauerstoffbilanz des Gewässers negativ beeinflußt – warmes Wasser löst nur wenig Sauerstoff –, zum anderen verstärkt sich die Giftwirkung im Wasser enthaltener Schadstoffe.

Abschließend müssen noch einige Einflüsse aufgeführt werden, die zwar nicht die Tragweite der bisher erwähnten besitzen, dessenungeachtet aber wirksam sind und nicht unterschätzt werden sollten.

Der starke Schiffsverkehr auf unseren großen Flüssen vertreibt viele Fischarten oder drängt sie in die Tiefe ab, wo kaum Nahrung zur Verfügung steht. Flachwasserbereiche, wenn überhaupt noch vorhanden, können zur Nahrungsaufnahme nur kurzfristig und zur Nachtzeit aufgesucht werden. Der durch den Verkehr verstärkte Wellenschlag schädigt darüber hinaus den abgelegten Laich, vor allem aber die in Ufernähe stehende Brut.

Wassersport, wie Motorbootfahren, Segeln, Surfen, ja selbst intensiver Badebetrieb, bringt ebenfalls erhebliche Beunruhigungen für den Fischbestand eines Gewässers mit sich und ist daher langfristig gesehen als Defektsetzung zu werten. Gleichzeitig fallen wichtige Uferareale, wie Schilfgürtel und Überschwemmungswiesen dem vermehrten Bau von Bootshäfen und Campingplätzen zum Opfer.

Auch die Überfischung in früheren Jahren mag eine gewisse Rolle spielen, vor allem beim Rückgang bestimmter Wanderfische.

In einigen Fällen bedeutet sicher auch der Verlust der genetischen Identität eine Gefährdung. So gibt es heute durch die umfangreichen Besatzmaßnahmen mit künstlich erbrüteten Fischen im alpinen Raum kaum noch genetisch reine Felchenpopulationen. Gleiches dürfte auch für die meisten Forellenpopulationen gelten, die ja überhaupt nur über Besatzmaßnahmen bis heute erhalten werden konnten.

Sicherlich ist diese Darlegung nicht in allen Einzelheiten endgültig. Neue umfangreiche faunistische Untersuchungen werden vermutlich für die eine oder andere Fischart etwas veränderte Aspekte ergeben – in Einzelfällen vielleicht sogar zum Guten. Im ganzen gesehen wird der düstere Tatbestand jedoch seine Gültigkeit behalten.

Die dringend notwendigen Hilfsmaßnahmen für die einheimische Fischwelt ergeben sich aus den geschilderten Gefährdungsfaktoren zwangsläufig. Patentrezepte können allerdings nicht angeboten werden. Entsprechend der Individualität jeden Gewässers sind hierfür die Zusammenhänge im Einzelfall zu unterschiedlich gelagert. Es sei jedoch noch einmal ausdrücklich betont, daß die katastrophale Lage unserer Fischbestände ausschließlich auf die anthropogenen Veränderungen ihrer Lebensräume zurückzuführen ist. Ein noch besserer Schutz aller aquatischen Lebensräume ist daher auch künftig unerläßlich. Doch wird für die Rettung mancher Art Biotopschutz allein nicht ausreichen. Daher müssen vor allem Kleingewässer, entsprechend ihrer Bedeutung als Regenerationsgebiete, wieder für Fische bewohnbar gemacht werden. Gleichzeitig ist dafür Sorge zu tragen, daß Fischarten, deren biotisches Potential schon zu klein für eine natürliche Wiederausbreitung ist, in ausreichendem Maß zum Auswildern zur Verfügung stehen – in erster Linie wird dies für die sogenannten Kleinfischarten notwendig werden.

Dies alles bringt jedoch eine Vielzahl von Problemen mit sich: Welche Kleingewässer werden gewissermaßen renaturalisiert und wie, welche Kleinfischarten lassen sich überhaupt in entsprechendem Umfang züchten, wer übernimmt diese Aufgaben und vor allem wer finanziert sie. Ohne solche Maßnahmen aber bleiben Hegevorschriften und Artenschutzlisten bloße Absichtserklärungen, die zwar gut gemeint sind, aber alleine keine durchschlagenden Erfolge auf lange Sicht zeigen werden.

Lebewesen Fisch

Als Fische bezeichnet der Zoologe im Wasser lebende wechselwarme Tiere, die mit Kiemen atmen und ein inneres Achsenskelett, also eine Wirbelsäule oder wenigstens eine Rückensaite, besitzen. Sie sind somit Wirbeltiere, und zwar die stammesgeschichtlich ältesten. Von den übrigen Wirbeltieren unterscheiden sich die Fische aber noch durch eine ganze Reihe von Besonderheiten, z. B. die Gliederung der Wirbelsäule, die Anlage des Herzens, die Schuppen und anderem mehr.

Die stammesgeschichtliche Ordnung der Fische und ihre Gruppierung in ein natürliches, d. h. ein auf verwandtschaftlichen Beziehungen basierendes System, ist schwierig, da sie eine außerordentliche Formenfülle aufweisen und äußerliche Ähnlichkeiten durch Anpassungen an bestimmte Lebensweisen und Umweltbedingungen nähere Verwandtschaft vortäuschen können. Hinzu kommt, daß die verschiedenen Verwandtschaftsmerkmale von den einzelnen Forschern sehr unterschiedlich bewertet werden. Daher kennzeichnet die Geschichte des Systems der Fische ein rascher Wechsel in oft grundsätzlichen Auffassungen.

Die frühere Gruppe Fische (Pisces) wird heute in sechs Klassen aufgeteilt: die Kieferlosen (Agnatha) mit den Rundmäulern, vor allem den Neunaugen; die ausgestorbenen Panzerfische (Placodermata) des Erdaltertums; die Knorpelfische (Chondrichthyes), zu denen Haie und Rochen

zählen; die Strahlflosser (Actinopterygii), die die Mehrzahl aller heutigen Fische umfassen; die altertümlichen Quastenflosser (Crossopterygii) mit der berühmten *Latimeria* und schließlich noch die Lungenfische (Dipnoi). In der Tierwelt Mitteleuropas sind aber lediglich die Kieferlosen und die Strahlflosser vertreten.

Wir unterscheiden heute rund 25 000 lebende Fischarten und etwa 5000 ausgestorbene. Damit sind die Fische nicht nur die häufigsten Wirbeltiere (56%), sondern auch deren mannigfaltigste Gruppe. Die meisten von ihnen leben im Meer. Nur rund 5000 Arten besiedeln die Süßgewässer unserer Erde. Von den etwa 194 europäischen Süßwasserfischarten gehören

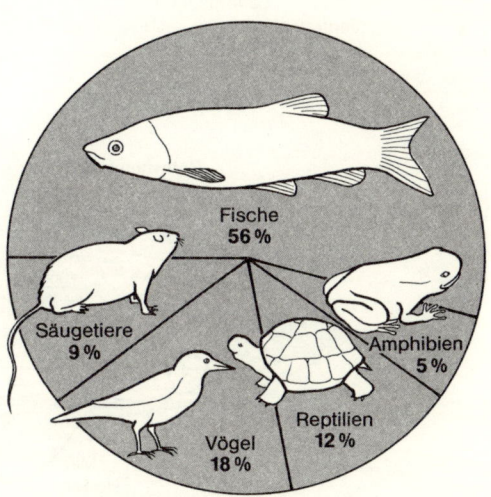

Anteil der Fischarten an der Gesamtartenzahl aller Wirbeltiere (nach Riedel 1974, verändert).

etwa 70 zu unserer einheimischen Fauna. Die größte Artenvielfalt finden wir im oberen Einzugsgebiet der Donau. Dort stellte man 50 verschiedene Fischarten fest. Allerdings ist dies eine relativ bescheidene Anzahl, vergleicht man sie mit der anderer Flußsysteme. So leben z. B. im Einzugsgebiet des Mississippi etwa 200 verschiedene Fischarten.

Auf den Körperbau der Fische wird nachfolgend nur so weit eingegangen, wie es für den Liebhaber unerläßlich ist. Wer Fische halten will, sollte schon etwas mehr von ihnen wissen als nur die Tatsache, daß sie im Wasser leben. Man muß gewisse Besonderheiten ihres Körperbaues kennen, um feststellen zu können, ob sie gesund sind und sich wohlfühlen. Dem Praktiker sollte daher zumindest das Aussehen der gesunden Haut und der gesunden Kiemen geläufig sein. Darüber hinaus sollte er die Augenstellung des Fisches beurteilen können, und er muß sich Lage und Färbung der inneren Organe einprägen und auch ihre Funktionen wenigstens in großen Zügen kennen.

Zur Freilegung der inneren Organe wird der durch Kopfschlag getötete Fisch auf der Bauchseite vom After her aufgeschnitten (Ventralschnitt). Anschließend trennt man durch einen Seitenschnitt (Lateral-

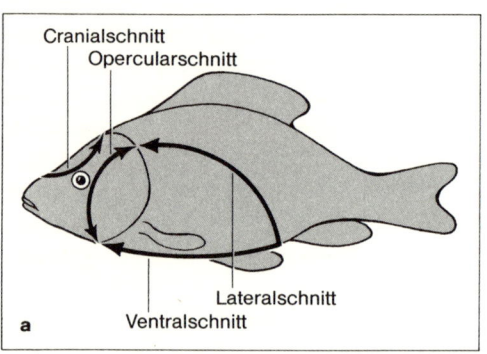

a) **Schnittführung bei der Sektion eines Fisches (nach Amlacher 1981).**
b) **Innere Organe eines männlichen Karpfenfisches nach Entfernung der Muskulatur der linken Körperseite (nach Schindler 1959, verändert).**

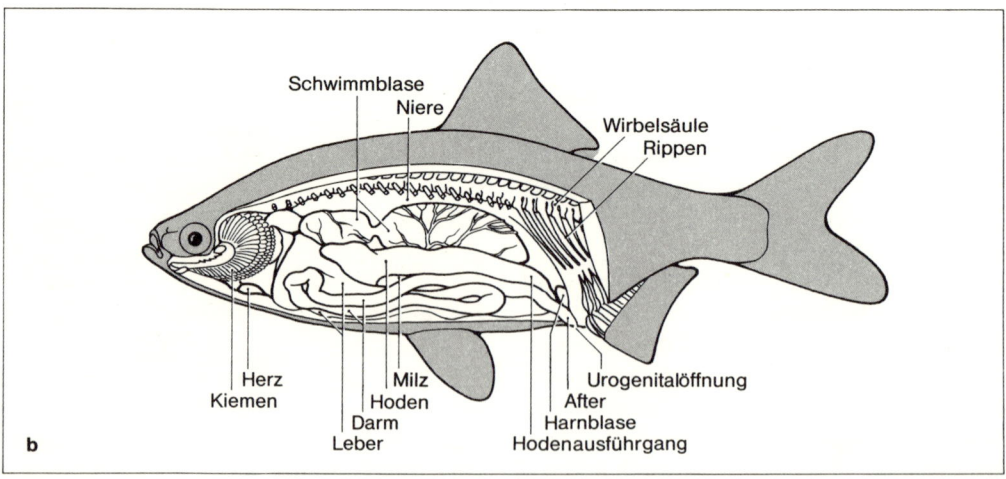

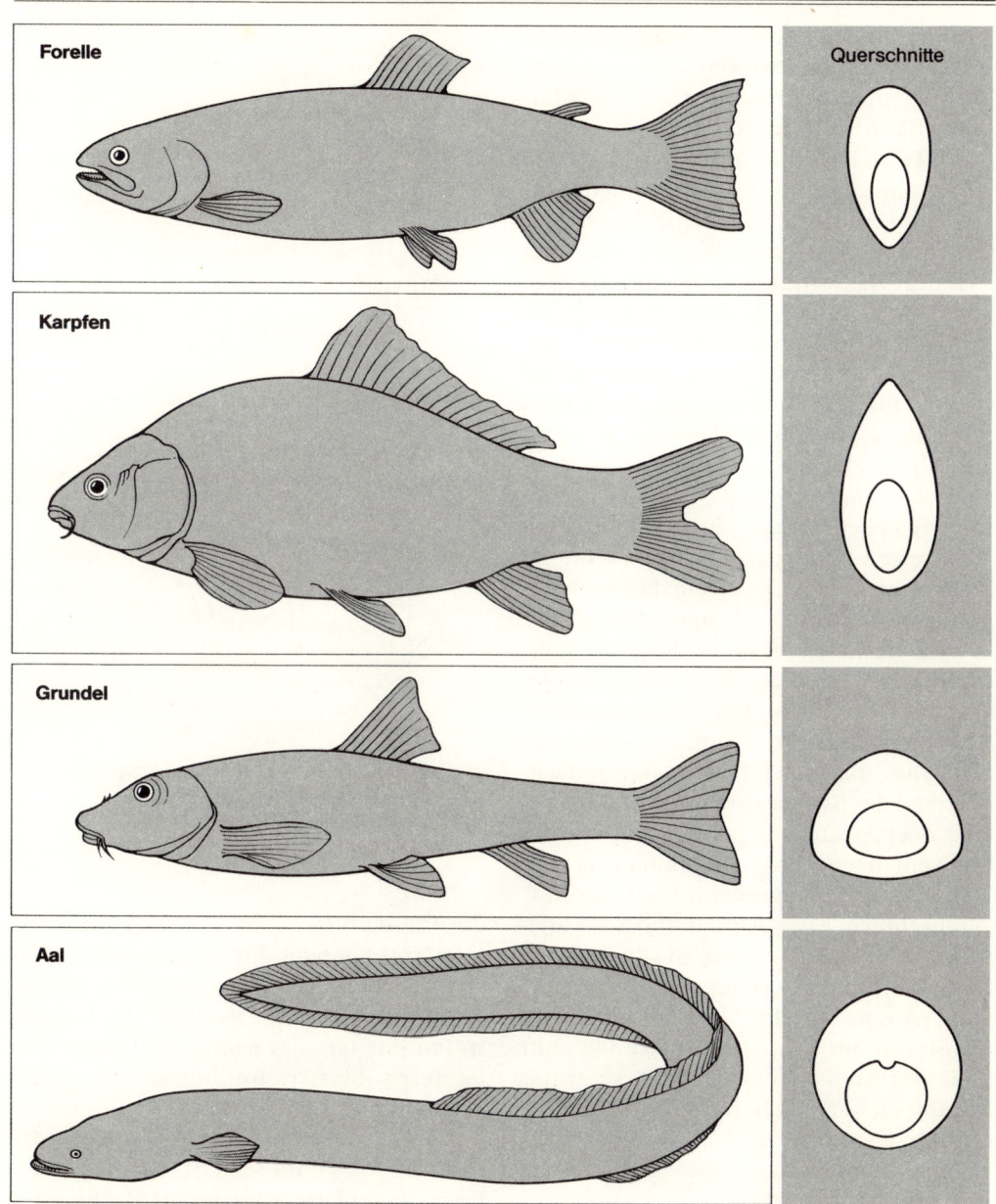

Körperformen verschiedener Süßwasserfische
(nach Schindler 1959 und Harder 1975).

25

schnitt) auf einer Seite die Muskelschicht ab, so daß die inneren Organe frei liegen. Ein Kiemendeckelschnitt (Opercular-schnitt) enthüllt die Kiemen.

Der Fisch hat eine Funktionsgestalt, die durch seine Fortbewegung, das Schwimmen, und durch die physikalischen Eigenschaften des Wassers bedingt ist. Auch bei anderen Wassertieren, z. B. den Walen, findet man fischähnliche Formen. Der ursprünglichste Habitus war sicher die Tropfen- oder Spindelform, da sie am besten zur raschen Fortbewegung im Wasser geeignet ist. Aus ihr ergaben sich im Laufe der Entwicklungsgeschichte verschiedene Abwandlungen, die jeweils an besondere Lebensräume oder bestimmte Lebensweisen angepaßt sind. Schnelle Schwimmer, z. B. Forellen, besitzen einen torpedoförmigen Körper, Fische stehender Gewässer, wie der Karpfen, weisen dagegen eine seitlich zusammengedrückte Gestalt auf. Für ausgesprochene Bodenfische, wie die Grundel, ist eine abgeflachte Bauchseite charakteristisch, während der Körper sich im Schlamm bewegender Arten, z. B. beim Aal, drehrund und schlangenförmig ausgebildet ist.

Man unterscheidet beim Fisch die Körperabschnitte Kopf, Rumpf und Schwanz, deren Abgrenzung allein nach äußerlichen Merkmalen erfolgt. Der Kopf geht ohne Absatz in den Rumpf über und reicht von der Schnauzenspitze bis zum Ende des Kiemendeckels. Dort setzt der Rumpf an, der sich bis zum After erstreckt. Der Rest wird als Schwanz bezeichnet und besteht aus Schwanzstiel und Schwanzflosse.

Flossen. Ein »typischer« Fisch besitzt eine Anzahl von Körperanhängen, die Flossen. Es sind dies dünne Hautsäume,

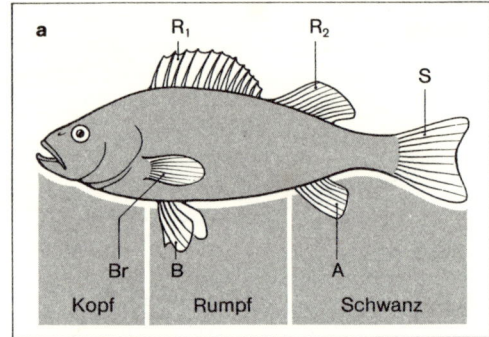

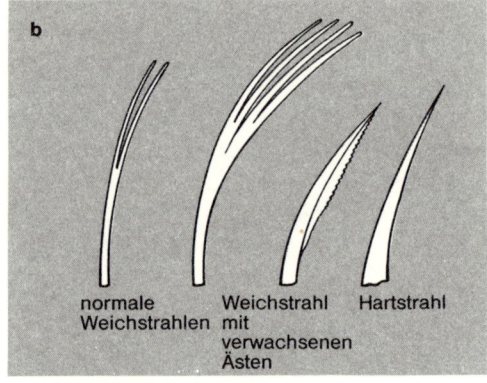

a) Körperabschnitte eines Knochenfisches und typische Anordnung der Flossen.
b) Die verschiedenen Flossenstrahlen (nach Reichenbach-Klinke 1970).

die durch einfache, harte »Stacheln«, sog. Hartstrahlen oder durch gegliederte, weiche Glieder- oder Weichstrahlen ausgespannt und gestützt werden. Die Flossen treten unpaar oder paarig auf, wobei von letzteren die Extremitäten der Vierfüßer abgeleitet werden.

Bei den unpaaren Flossen unterscheidet man die Rückenflossen (R), die Schwanzflosse (S) und die Afterflosse (A). Die Rückenflosse kann in zwei oder mehrere Abschnitte unterteilt sein. Diese werden dann – vom Kopf aus gesehen – als R_1, R_2

usw. bezeichnet. Bei den Lachsartigen fehlt R_2, statt dessen ist für sie eine sog. Fettflosse ohne Flossenstrahlen charakteristisch.

Neben diesen unpaaren Flossen sind im typischen Fall noch zwei Flossenpaare angelegt, die Brustflossen (Br) und die Bauchflossen (B). Die Brustflossen finden sich fast immer wenig variabel, seitlich am Körper hinter den Kiemendeckeln. Die Bauchflossen dagegen liegen oft an unterschiedlichen Stellen der Bauchseite. Bei der Mehrzahl unserer einheimischen Fische sind sie jedoch wirklich bauchständig, z. B. beim Karpfen und bei der Forelle. Brustständig, d. h. unter den Brustflossen liegen sie beim Barsch, und von kehlständiger Lage spricht man, wenn sie, wie bei der Trüsche (Quappe), vor den Brustflossen angesetzt sind. Die Bauchflossen können, wie beim Aal, sogar völlig fehlen. Manchen Fischarten fehlt auch die Schwanzflosse. In unserer Fischfauna gibt es jedoch hierfür kein Beispiel.

Da die Zahl der Flossenstrahlen bei jeder Fischart nahezu konstant ist, wird sie in der sog. *Flossenformel* zur Bestimmung der einzelnen Arten verwendet. In dieser Formel werden Hartstrahlen mit römischen, Weichstrahlen mit arabischen Ziffern angegeben. So lautet die Formel für den Flußbarsch: R_1 XIII – XVI, R_2 I – II/13 – 15, Br I/5, A II/8 – 10. Dies besagt, die erste Rückenflosse, vom Kopf aus gesehen, weist dreizehn bis sechzehn Hartstrahlen auf und keine Weichstrahlen. Die zweite Rückenflosse dagegen besteht aus ein bis zwei Hartstrahlen und dreizehn bis fünfzehn Weichstrahlen usw.

Kopfform. Sie wird vor allem durch die Ausbildung der Kieferknochen bestimmt. Sind Ober- und Unterkiefer gleich lang,

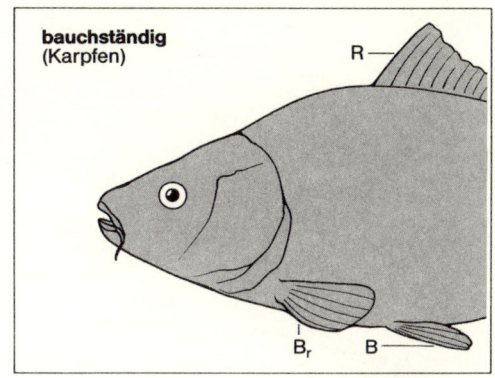

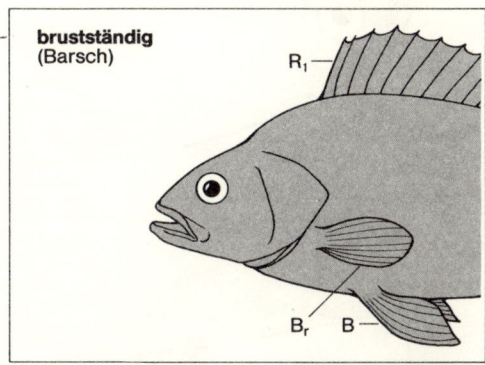

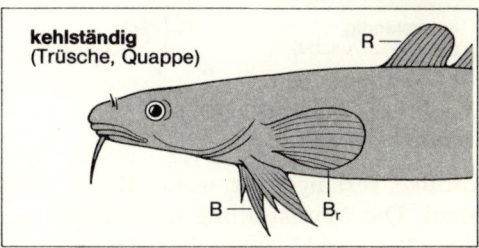

Stellung der Bauchflossen (nach Schindler 1959).

sprechen wir von einem endständigen Maul (Schleie), ist der Oberkiefer länger als der Unterkiefer, von einem unterständigen (Quappe) und im umgekehrten Fall von einem oberständigen Maul (Ziege). Daneben treten aber auch noch andere Formen auf, etwa schnabel- oder röhren-

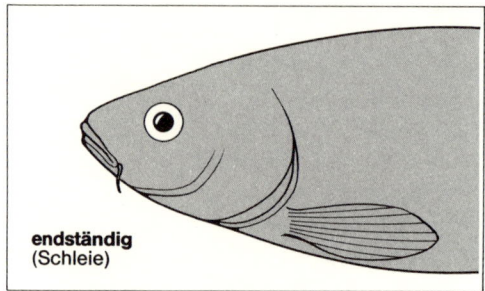

endständig
(Schleie)

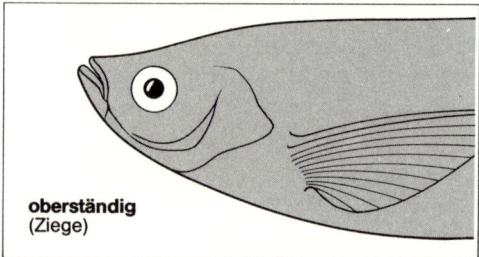

oberständig
(Ziege)

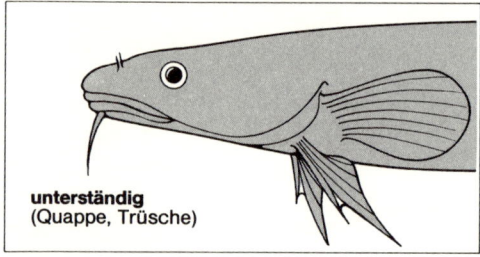

unterständig
(Quappe, Trüsche)

**Verschiedene Maulstellungen
(nach Schindler 1959).**

förmige Verlängerungen von Kiefer oder Maul. Die Maulstellung läßt bereits gewisse Rückschlüsse auf die Nahrungsaufnahme zu. Umgeben ist das Maul von Lippen, die gelegentlich stark verhornt sind und zum Abraspeln von Algenbewuchs dienen. Außerdem können bei manchen Arten unterschiedlich zahlreiche und verschieden lange, fadenförmige Kieferanhänge, sog. Barteln, auftreten (Karpfen, Wels).

Augen und »Nase« liegen symmetrisch auf den Kopfseiten.

Bewegung. Der Fisch bewegt sich durch ein Schlängeln, das aus dem von vorn nach hinten fortschreitenden, abwechselnd rechts und links erfolgenden Zusammenziehen der starken Seitenmuskulatur des Rumpfes hervorgeht. Wie die Beobachtung eines schwimmenden Fisches zeigt, ist die aus diesen Muskelkontraktionen resultierende Bewegung fließend und elegant. Bei kranken Fischen dagegen kann der Bewegungsablauf sichtbar gestört sein. Die Fortbewegung wirkt dann eckig und schwerfällig.

Die Flossen haben bei der Bewegung besondere Aufgaben. Rücken-, Schwanz- und Afterflosse, die ja in einer Ebene liegen, unterstützen das Schlängeln, wohingegen die paarigen Brust- und Bauchflossen das Gleichgewicht halten und gleichzeitig als Steuer und Bremse dienen. Die Fettflosse hat keine Funktion bei der Bewegung.

Haut. Der Fischkörper ist mit einer Haut bedeckt, in die zumeist Hartgebilde, die Schuppen, eingelagert sind. Fehlen Schuppen, so wird von der Haut eine besonders starke Schleimschicht ausgeschieden. Beide Bildungen stellen für den

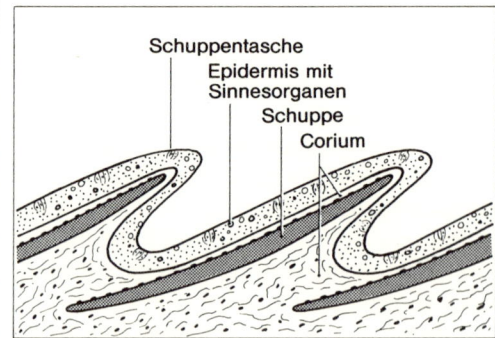

Schuppentasche
Epidermis mit Sinnesorganen
Schuppe
Corium

**Schematischer Schnitt durch die Fischhaut
(nach Reichenbach-Klinke 1970).**

Fisch einen gewissen Schutz vor Verletzungen dar. Die Haut besteht aus zwei Schichten, der Oberhaut (Epidermis) und der darunter liegenden Lederhaut (Corium).

Die Oberhaut ist je nach Körperstelle aus mehreren lebenden Zellschichten aufgebaut, zwischen denen die schleimabsondernden Zellen liegen. Der Schleimüberzug, dessen äußerste Lage leicht abgestoßen werden kann, verhindert in begrenztem Umfang die Ansiedlung kleinerer Schmarotzer. Auch gegen Giftstoffe im Wasser bildet er einen gewissen Schutz. Gelangen z. B. aggressive Stoffe ins Wasser, wird die Schleimschicht erheblich verstärkt. Größere Verletzungen der Schleimschicht, etwa durch unsachgemäße Behandlung des Fisches, beim Transport oder aber auch durch ätzende Abwässer, führen zu schweren Schädigungen der Tiere und können große Ausfälle nach sich ziehen.

Bei den Männchen der Karpfenartigen treten während der Laichzeit in der Oberhaut Verhornungen in Form von Wärzchen und Körnchen auf, die man als Laichausschlag bezeichnet. Überwiegend befindet er sich auf dem Rücken und erstreckt sich an den Seiten vom Maul über die Kiemendeckel bis zum Schwanzstiel. Nach der Laichzeit verschwindet der Laichausschlag wieder.

Schuppen. Die Lederhaut ist komplizierter gebaut als die Epidermis. Auch sie ist mehrschichtig und enthält neben Muskelfasern, Nerven und Blutgefäßen vor allem die Schuppen und Farbzellen. Die Schuppen liegen in der Regel dachziegelartig übereinander oder wie beim Aal nebeneinander. Sie werden aus direkt unterhalb der Epidermis liegenden Bindege-

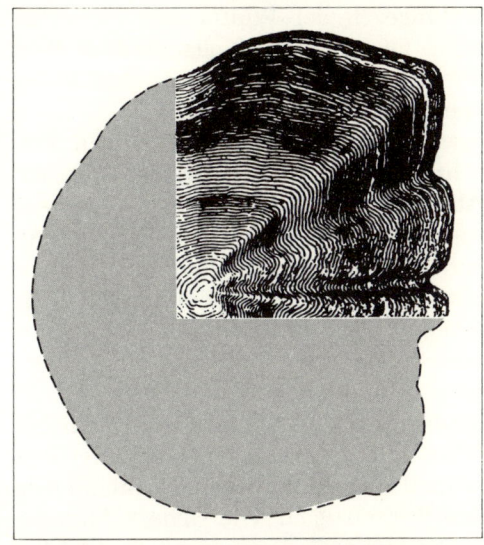

Rundschuppe. Die unterschiedlich dichten Zuwachsstreifen (Sommer- und Winterringe) sind nur in einem Ausschnitt dargestellt. Der rechts vom Zentrum liegende Teil ragt in die Schuppentasche hinein (nach Harder 1975, verändert).

webszellen der Lederhaut gebildet. Jedoch ragen die Schuppen nicht – wie es den Anschein hat – frei aus der Haut heraus, vielmehr werden sie von beiden Hautschichten bedeckt, die sich mit ihnen vorwölben, wodurch die Schuppentaschen gebildet werden. Beim Entfernen einer Schuppe entsteht daher eine verhältnismäßig tiefe Wunde, die leicht zum Ausgangspunkt für Infektionen werden kann.

Die Schuppen wachsen mit der gleichen Geschwindigkeit wie der Fisch. Daher liegen ihre Zuwachsstreifen, ähnlich wie bei Bäumen, um so weiter auseinander, je schneller das Wachstum erfolgt. Während der nahrungsreichen Sommerzeit werden so weiter auseinanderliegende, helle Zuwachsstreifen gebildet, wohingegen der Winter, die nahrungsarme Jahreszeit, sich als dunkler Ring (dichte Lage der Zuwachsstreifen) in der Schuppe abzeichnet.

Man kann daher mit gewissen Einschränkungen anhand dieser Ringe das Alter der Fische bestimmen. Der Abschnitt von Winterring zu Winterring entspricht dem Zuwachs eines vollen Jahres. Die Schuppe eines einsömmerigen Karpfens hat also nur einen Sommerring, die eines einjährigen Karpfens einen Sommer- und einen Winterring usw. Ist der Sommer jedoch kalt und arm an Nahrung, fallen allerdings auch die Sommerringe schmal und dunkel aus und ähneln sehr den Winterringen. Die sichere Altersbestimmung nach dieser Methode erfordert somit beachtliche Erfahrung.

Da die Zuwachsringe in den Rückenschuppen am deutlichsten ausgeprägt sind, verwendet man am besten diese. Bei Fischen, die keine Winterruhe halten (Warmwasserhaltung), ist diese Art der Altersbestimmung freilich nicht möglich. Neben den Schuppen können aber auch die Steine aus dem Gleichgewichtsorgan (Otolithen), die Kiemendeckelknochen oder die Wirbelkörper, die ebenfalls alle konzentrische Zuwachsstreifen aufweisen, zur Altersbestimmung herangezogen werden.

Nach der Ausbildung des in die Oberhaut hereinragenden Schuppenrandes unterscheiden wir Rund- oder Cycloidschuppen, deren Rand glatt ist, und Kamm- oder Ctenoidschuppen, bei denen der Rand mit kleinen Dornen besetzt ist. Von unseren heimischen Fischarten tragen aber lediglich die Barschartigen Kammschuppen. Alle anderen Fische besitzen Rundschuppen, oder die Schuppen

fehlen ihnen völlig, wie den Groppen und Welsen.

Hinsichtlich Zahl und Anordnung sind die Schuppen für die einzelnen Fischarten kennzeichnend. Daher kann man zur Artbestimmung auch die *Schuppenformel* verwenden. Hierzu wird die Schuppenzahl entlang der Seitenlinie vor einen Bruch gestellt, dessen Zähler der Schuppenzahl zwischen Seitenlinie und Rückenflossenansatz entspricht, während der Nenner die Schuppenzahl zwischen Seitenlinie und Bauchflossenansatz angibt. Für den Flußbarsch lautet diese Formel beispielsweise:

$$80-98 \, \frac{8-10}{17-20}.$$

Farbzellen. Weitere wesentliche Bestandteile der Lederhaut sind die Farbzellen oder Chromatophoren. Sie sind für die oft herrliche Färbung der Fische verantwortlich. Obwohl Fische alle erdenklichen Farben zeigen können, kommt die Farbenpracht einer Bachforelle oder eines Barsches lediglich durch das Zusammenwirken von vier Zellarten zustande: den drei Farbzelltypen Schwarz-, Gelb- und Rotzellen (Melano-, Xantho- und Erythrophoren) und den sog. Glanzzellen (Guanophoren oder Iridozyten), die reflektierende Guaninkristalle enthalten. Blau entsteht z. B. durch eine trübe Schicht von Glanzzellen vor Schwarzzellen oder Grün durch zusätzliche Gelbzellen. Die stark verzweigten Farbzellen stehen in direkter Verbindung mit dem Nervensystem, weshalb die Ausbreitung der in den Zellen enthaltenen Pigmente veränderlich ist. Ballen sie sich in der Zellmitte zusammen, blaßt der Fisch ab, breiten sie sich aus, wird die Färbung intensiver.

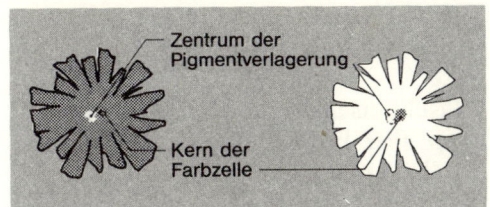

Zentrum der Pigmentverlagerung

Kern der Farbzelle

Schematische Darstellung des Farbwechsels bei Fischen am Beispiel einer einzelnen Farbzelle. Die Färbung ist am intensivsten, wenn der Farbstoff über die ganze Zelle verteilt ist (linke Zelle). Mit zunehmender Zusammenballung des Chromatins blaßt die Färbung ab (rechte Zelle) (nach Riedel 1974, verändert).

Dieser Farbwechsel kann sehr schnell ablaufen, wobei sich die Färbung meist weitgehend dem jeweiligen Untergrund anpaßt. Ist dieser dunkel, wird auch die Färbung dunkler, ist er hell, werden die Fische heller. Zwischenstufen ergeben Grau. Erblindete Fische werden völlig schwarz. Einseitig dunkle Fische weisen oft Trübungen der Augenlinse auf. Von den genannten Farbstoffen ist nur das Melanin der Schwarzzellen beständig und bleibt auch nach dem Tod erhalten. Die Gelb- und Rotzellen dagegen sind sehr hinfällig, daher gelingt es nur schwer, bei präparierten Fischen die natürliche Färbung zu erhalten.

Die intensivste Färbung zeigen die Männchen bestimmter Arten während der Laichzeit, z. B. der Stichling. Die Farbenpracht des Hochzeitskleides wird hormonell gesteuert. Das einheitliche Farbkleid mancher Fische, z. B. des Goldfisches, kommt durch Ausfall bestimmter Farbzellen zustande. Fehlen alle Farbzellen, wird der Fisch zum Albino.

Muskulatur. Die unter der Lederhaut liegende Muskulatur kann man nach ihren Aufgaben in drei Gruppen einteilen, in die Körper-, Kopf- und Flossenmuskulatur. Neben diesen Muskeln, die im mikroskopischen Bild quergestreift erscheinen, gibt es auch noch die glatte Eingeweidemuskulatur.

Linksseitige Rumpfmuskulatur des Karpfens. In der mittleren Rumpfregion ist ein Teil der oberflächlichen Muskulatur abgetragen zur Darstellung der tieferen Schicht (nach Starck 1982).

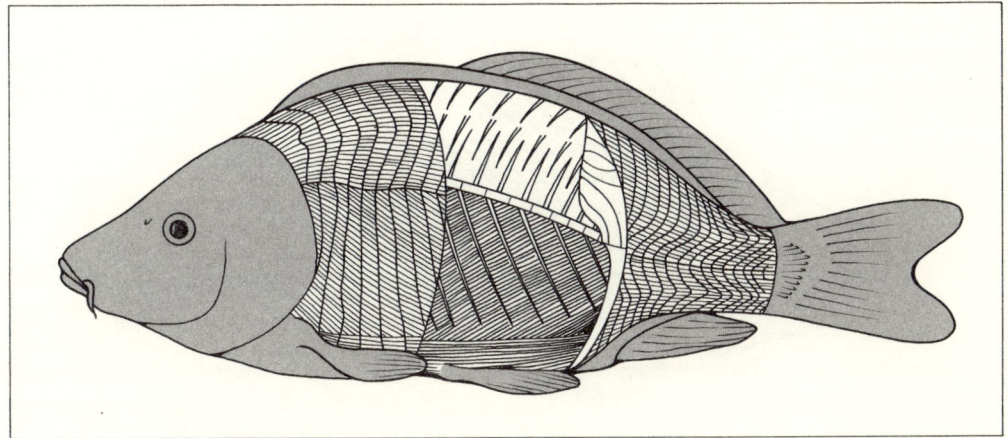

Die mächtigen Rumpfmuskeln liegen symmetrisch rechts und links der Wirbelsäule. Zusätzlich verlaufen auf Bauch- und Rückenseite kleine Längsmuskeln. Erstere bilden das Fleisch, nach dem der Fisch als Nahrungsmittel bewertet wird. Es besteht aus einzelnen, ungefähr kegelförmigen Segmenten, die wie Tüten ineinanderstecken und die durch bindegewebige Häute voneinander getrennt sind. Ein derartiges Septum verläuft auch beiderseitig horizontal entlang der Körperseite und trennt die Muskelstränge in einen oberen und einen unteren Teil. Bei der Zubereitung des Fisches gehen diese Septen weitgehend verloren.

Die Flossenmuskulatur – Heber und Senker der paarigen Flossen und die kleinen Muskeln zur Bewegung der Strahlen der unpaaren Flossen – sind durch ihre dunklere Färbung deutlich von der Rumpfmuskulatur zu unterscheiden.

Zur Kopfmuskulatur zählen die Muskelgruppen, die das Heben und Senken der Kiefer sowie das Öffnen und Schließen der Kiemendeckel bewirken. Bei manchen Raubfischen ist auch die Kaumuskulatur stark ausgebildet. Beim Verzehr von Forelle und Karpfen gelten die »Bäckchen« als ausgesprochene Delikatesse.

Fischfleisch ist in der Regel weiß. Es kann aber bedingt durch die Nahrung, z. B. bei einem großen Anteil von Krebstieren, auch rötlich werden (Carotinoide), wie bei den Forellen, oder aber bei manchen Weißfischen auch einen gelblich-grünen Farbton annehmen (Luteine). Letzteres ist durch einen hohen Algenanteil an der Nahrung bedingt.

Skelett. Da das Körpergewicht der Fische vom Wasser getragen wird, dient das Skelett in erster Linie als Stütze der Gesamtmuskulatur und ist daher weit weniger robust als das der landbewohnenden Wirbeltiere. Dies gilt besonders für die Wirbelsäule und das Flossenskelett. Zum Knochengerüst zählen das Kopf-, Rumpf- und Flossenskelett. Die wesentlichsten Kopfknochen sind der Hirnschädel, die Kiefer, die Kiemendeckel, 5 Paar Kiemenbögen und der Schultergürtel. Der Hirnschädel besteht aus einer großen Anzahl

**Skelett des Flußbarsches
(nach Schindler 1959, verändert).**

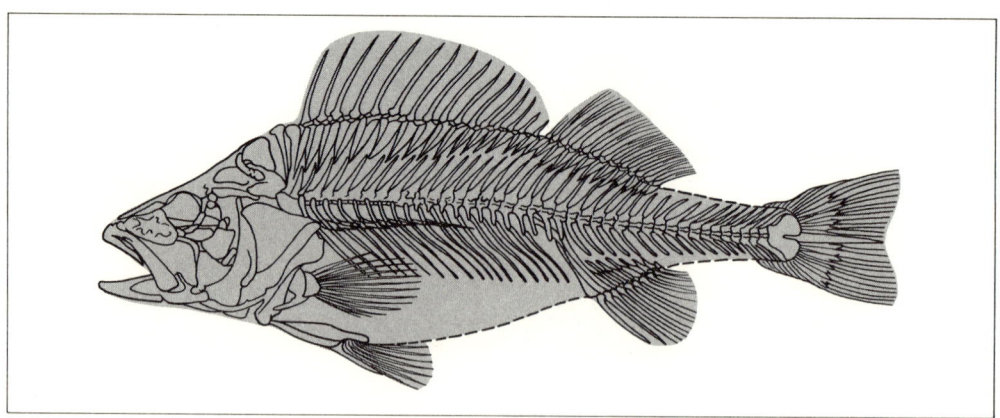

von Knochen, deren Aufzählung in diesem Zusammenhang jedoch von untergeordneter Bedeutung ist. Er umschließt Gehirn, Auge, Nase und Ohr. Am Dach der Mundhöhle, in der Mitte des Gaumens, liegt bei den Lachsartigen das längliche, für die einzelnen Arten charakteristisch bezahnte Pflugscharbein, der Vomer. Er ist von großer Wichtigkeit für die Artbestimmung.

Zähne können aber auf allen die Mundhöhle umgebenden Knochen stehen. Der Zahnwechsel ist unbegrenzt, d. h. nach ihrer Abnützung werden die Zähne laufend erneuert. Da fast alle Fische ihre Nahrung ganz hinunterschlingen, dienen die Zähne meist auch nur zum Ergreifen und Festhalten der Beute. Lediglich die Schlundzähne bei den Karpfenfischen fungieren als Mahlzähne zum Zerkleinern von Nahrung. Sie liegen am Eingang zum Schlund, zum Teil in mehreren Reihen angeordnet, bauchseitig hinter den Kiemen. Die Nahrung wird von ihnen gegen eine darüberliegende Platte gequetscht und zerrieben. Daher können Karpfen auch grobe Körner fressen.

Zahl und Stellung der Schlundzähne bilden für die verschiedenen Karpfenfische ein wichtiges Unterscheidungsmerkmal, denn sie können lang und spitz oder gedrungen und breit ausgebildet und in einer oder mehreren Reihen vorhanden sein. Nach ihrer Anordnung stellt man für die einzelnen Arten eine *Zahnformel* auf, bei der die Anzahl der Zähne in der Reihenfolge außen-median-median-außen angegeben werden. Für den Karpfen lautet diese Formel: 1. 1.3 – 3. 1. 1.

Der zum Kopfskelett zählende Schultergürtel trägt die Brustflossen. Die Knochenspangen der Bauchflossenträger sowie die der Rücken- und Afterflosse liegen frei in der Muskulatur.

Die Wirbelsäule baut sich aus hintereinander liegenden, beweglich miteinander verbundenen trommelförmigen Wirbeln auf und durchzieht den ganzen Körper. Mit dem Hirnschädel ist sie, im Gegensatz zu den anderen Wirbeltieren, durch kein Gelenk verbunden. Der einzelne Fischwirbel stellt einen Knochenzylinder dar, der vorn und hinten ausgehöhlt ist und verschiedene Fortsätze aufweist: Die oberen Bögen (Neuralbögen) umschließen den Rückenmarkstrang, und die zur Bauchseite gerichteten Hämalbögen schützen die große Körperarterie und die hinteren Hauptvenen. Die Bauchhöhle wird von den Rippen umschlossen, die oben fest mit seitlichen Ausstülpungen der Rumpfwirbel verbunden sind und auf der Bauchseite frei in der Muskulatur enden.

Die Lage der Wirbel im Achsenskelett bestimmt die unterschiedliche Ausbildung dieser Fortsätze. So weisen Hals-

Schlundknochen und Schlundzähne des Karpfens (nach Huet 1970).

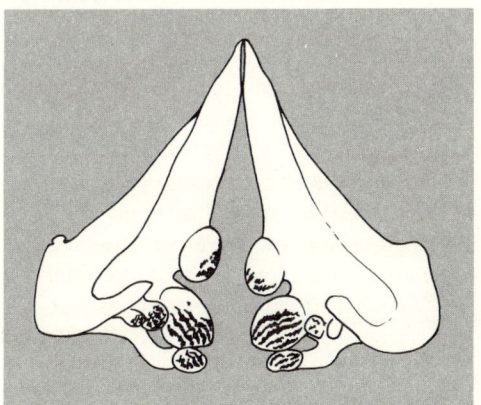

und Rumpfwirbel keine Fortsätze nach unten auf, sondern nur nach oben, während die Schwanzwirbel Neural- und Hämalbögen besitzen. Die Wirbelsäule ist häufig Mißbildungen ausgesetzt. So kommt es bei Krankheiten, die von Störungen im Kalk- und Phosphorstoffwechsel begleitet sind, zuerst zur Erweichung der Wirbelsäule und anschließend zu Verkrümmungen, z. B. bei Bauchwassersucht und Pocken.

Die für viele Verbraucher den Fischgenuß schmälernden Gräten liegen in waagerechter Anordnung frei zwischen den einzelnen Muskelsegmenten. Man faßt sie heute als verknöcherte Sehnen auf und schreibt ihnen eine Stützfunktion zu. Die Grätenzahl ist von Fischart zu Fischart unterschiedlich. Neben völlig grätenlosen Fischen, wie dem Aal, kennen wir auch solche mit sehr vielen Gräten, z. B. manche Weißfische. Beim Karpfen beträgt ihre Zahl 70 bis 134.

Verdauungskanal. Die Organe in der Leibeshöhle werden durch die Rippen und die ihnen aufliegende Muskulatur geschützt. Der größte Teil der Bauchhöhle wird vom Verdauungskanal ausgefüllt. Da Fische sehr unterschiedliche Nahrung zu sich nehmen, ist der Verdauungsapparat vielgestaltig ausgebildet. Die meisten Arten sind Kleintierfresser, deren Nahrung aus Kleinkrebsen, Insekten, Schnecken, Muscheln und Würmern besteht. Viele sind jedoch Räuber und verschlingen ihre Beutetiere, oft auch Fische, die nur wenig kleiner als sie selbst sind, als Ganzes. Nur wenige einheimische Fische sind Pflanzenfresser, wobei vorwiegend Algen auf ihrem Speisezettel stehen.

Zu den Organen des Verdauungsapparates zählen wir die der Nahrungsaufnahme (Mund, Zähne), die der Nahrungsverarbeitung (Magen, Darm) sowie die Darmanhangsdrüsen (Leber, Galle, Pankreas).

Gestalt und Form des Maules werden, wie schon erwähnt, durch den Bau der Kiefer bestimmt. Fische, die ihre Nahrung aus den über ihnen liegenden Wasserschichten holen, haben meist ein oberständiges Maul. Ein unterständiges findet man bei Arten, die ihre Nahrung vom Boden aufnehmen, während die Fische mit endständigem Maul die Nahrung direkt »vor dem Maul« suchen. Allerdings ist diese Regel – wie immer – nicht ohne Ausnahmen. Speicheldrüsen fehlen allen Fischen.

An die Mundhöhle schließt sich der Schlund, auch Speiseröhre genannt, an. Er besitzt kräftige Muskelwände, ist stark dehnungsfähig und führt auf kürzestem Weg zum Magen, wobei dieser allerdings manchen Arten, z. B. den Karpfenartigen, fehlt. Ist ein Magen vorhanden, ähnelt er einem U-förmigen Rohr. Die Magendrüsen produzieren die Verdauungsenzyme. Bei Fischen mit Magen ist der Magensaft normalerweise sauer, bei magenlosen dagegen schwach alkalisch. Der Magenausgang, der Pförtner, ist mit Ausnahme der Karpfenfische durch eine Vielzahl von blinddarmähnlichen Anhängseln (Blindsäcke) gekennzeichnet, deren Aufgabe und Zweck noch nicht einwandfrei geklärt sind. Der sich anschließende Mitteldarm, der eigentlich verdauende und resorbierende Darmabschnitt, ist meist in Form einer oder mehrerer Schlingen angelegt. Vor allem seine Länge ist von der Art der Ernährung abhängig. So ist er bei fleischfressenden Fischen (Forelle, Hecht) in der Regel viel kürzer als bei Pflanzenfressern, da Fleisch schneller verdaut wird als pflanzliche Nahrung. Den Abschluß des Verdauungstraktes bildet schließlich der End- oder Dickdarm. Er mündet durch den stets bauchseitig gelegenen After nach außen und hat ausschließlich ableitende Funktion.

Leber. Form und Größe der Leber – neben Darm und Schwimmblase das auffälligste Organ der Leibeshöhle – sind von der Fischart und dem jeweiligen Ernährungszustand abhängig. Wir finden mehrlappige Lebern, die sich weitgehend der räumlichen Lage der Darmschlingen anpassen und die Darmschlingen ganz ausfüllen (Karpfenfische) und kompakte, kaum gelappte Lebern, wie bei den Lachsartigen. Die gesunde Leber ist braunrot und wohl das wichtigste innere Organ, das über den Gesundheitszustand des Fisches Aufschluß gibt. Sie ist Speicherorgan für Glykogen und Fette sowie Produktionsstätte für die Gallenflüssigkeit. Die Gallenblase ist in die Leber eingebettet und normalerweise an ihrer gelbgrünen Färbung erkennbar.

Bauchspeicheldrüse (Pankreas). Sie liegt gewöhnlich versteckt zwischen den Darmblindsäcken und längs des vorderen Mitteldarmabschnittes. Wegen ihrer diffusen Struktur ist sie nur schwer zu erkennen.

Milz. Schließlich muß auch noch die Milz – bei unseren einheimischen Fischen dicht am Magen und Mitteldarm gelegen – erwähnt werden. Sie ist an ihrer dunkelroten bis schwarzbraunen Färbung leicht zu erkennen und spielt eine Rolle bei der Blutbildung und der Auflösung der roten Blutkörperchen.

Schwimmblase. Sie wird als Ausstülpung des Vorderdarms gedeutet und ist in ihrer einfachsten Form ein dünnhäutiger Sack, der nahezu den ganzen oberen Teil der Leibeshöhle ausfüllt. Die Karpfenfische besitzen eine im vorderen Drittel eingeschnürte Schwimmblase. Gefüllt ist sie mit einem Gasgemisch aus Stickstoff, Sauerstoff und Kohlendioxid, dessen Mengenanteile veränderlich sind. Die Schwimmblase ist in erster Linie ein Schwebeapparat, mit dem der Fisch sein spezifisches Gewicht ändern kann, so daß er ohne besonderen Kraftaufwand in jeder Wasserschicht stehen kann. Bei eben geschlüpften Jungfischen ist die Schwimmblase leer und muß durch Luftschlucken gefüllt werden. Es gibt aber auch Fische, die gar keine Schwimmblase besitzen (Groppe).

Nieren. Die paarig angelegten, später aber meistens miteinander verschmolzenen Nieren des Fisches liegen dicht unterhalb der Wirbelsäule und erstrecken sich über die gesamte Körperlänge. Sie sind an ihrer dunkelroten Färbung gut zu erkennen. Der Vorderabschnitt, die Kopfniere, dient der Fischlarve als Ausscheidungsorgan, übernimmt aber bei älteren Tieren dann die Blutbildung. Bei ihnen ist die Rumpf- oder Urniere das eigentliche Ausscheidungsorgan. In der Schwanzregion gehen die Nieren in die Harnleiter über, die nach ihrer Verschmelzung in die Harnblase münden, welche für gewöhlich hinter dem After nach außen führt. Die Harnmenge eines Süßwasserfisches ist beachtlich. Sie beträgt etwa 20% seines Körpergewichtes. Allerdings wird bei den Fischen ein nicht unbedeutender Teil des Ammoniaks und Harnstoffes auch über die Kiemen ausgeschieden.

Geschlechtsorgane. Unsere Süßwasserfische sind getrenntgeschlechtlich. Die paarigen Geschlechtsorgane sind strangförmig ausgebildet und liegen zu beiden Seiten der Schwimmblase. Bei den Fischen sind die Geschlechtsorgane von stets wechselnder Größe und Gestalt. Dies ist bedingt durch den jährlichen Reifezyklus, der aus den verschwindend kleinen Keimdrüsen während der Fortpflanzungspause zur Laichzeit sehr große, die ganze Leibeshöhle ausfüllende Organe werden läßt. Die Hoden des männlichen Fisches erzeugen Samen in Riesenzahl, der wegen seines milchig-rahmigen Aussehens Milch genannt wird. Die Eier, die man als Rogen bezeichnet, werden in den Eierstöcken gebildet. Daher nennt man männliche Tiere Milchner und weibliche Rogner.

Im Bereich der Schwanzregion verjüngen sich die Gonaden zum Samen- oder Eileiter. Je nach Fischart mündet der Samenleiter entweder zwischen After und Harnleiter nach außen oder vereinigt sich kurz vorher mit dem Harnleiter. Den lachsartigen Fischen fehlt ein Eileiter. Bei ihnen bricht die Eierstockwand, und die reifen Eier gelangen zunächst in die Leibeshöhle und anschließend durch einen kurzen Gang ins Wasser. Bei einigen einheimischen Arten bildet sich am Eileiteraustritt eine Geschlechtswarze, die beim Bitterling zur Legeröhre auswächst.

Neben diesen primären Geschlechtsmerkmalen besitzen manche Fische auch sekundäre, die oft jedoch auf ein Geschlecht beschränkt sind. So zeigen die Milchner der Karpfenartigen den schon beschriebenen Laichausschlag, männliche Salmoniden entwickeln einen hakenartig nach oben gebogenen Unterkiefer (Lachshaken), und bei laichreifen Schleienmilchnern ist der erste Brustflossenstrahl deutlich verdickt.

Fischeier können klebrig oder nicht klebrig sein, je nachdem, ob sie an Pflanzen angeheftet werden (Karpfen), auf dem Boden liegen (Forellen) oder im Wasser schweben (Hering). Das Schweben wird durch eingelagerte Öltröpfchen ermöglicht. Eizahl und Eigröße sind von Art zu Art sehr unterschiedlich (siehe Tabelle).

Eigröße und Eizahl bei einigen Süßwasserfischen (nach Reichenbach-Klinke 1970, gekürzt)

Fischart	Durchmesser (mm)	Eizahl/ Individuum
Aal	1	1 Million
Karpfen	1,5–2,0	200–700 000
Regenbogen- forelle	4,5–5,0	500– 2 500
Stichling	1,6–1,8	70– 120

Die männlichen Samenzellen, die Spermien, sind mikroskopisch klein. Im Aussehen erinnern sie etwas an Kaulquappen. Sie bestehen aus einem Kopf und einem beweglichen Schwanz. Im Kopf des Spermiums liegt die männliche Erbsubstanz. Wenn bei der Besamung der Kopf in das Eiinnere eingedrungen ist, fällt der Schwanz ab.

Bei den meisten Fischarten der gemäßigten Zone setzt die Geschlechtsreife bei den Männchen im zweiten Jahr, bei den Weibchen im dritten Jahr ein, doch erreicht die Eizahl erst im vierten und fünften Jahr ihr Maximum. Sind die Fische einmal geschlechtsreif geworden, reifen die Keimdrüsen in den nachfolgenden Jahren regelmäßig heran (Laichreife). Die eigentliche Eiablage, die Laichzeit, ist jahreszeitlich meist genau festgelegt und hängt vor allem von der Wassertemperatur, aber auch vom Licht und vom Wasserstand ab. Unsere Zuchtfische laichen nur einmal im Jahr, manche Warmwasserfische wie der Guppy oder *Tilapia* dagegen mehrmals. Für Karpfenartige, Hechte und Barsche fällt die Laichzeit in das Frühjahr oder den Frühsommer, für Lachsartige in den Winter. Die Befruchtung des Eies erfolgt außerhalb des Körpers, deshalb müssen Rogner und Milchner zur gegebenen Zeit Eier und Samenzellen gleichzeitig ins Wasser ausstoßen.

Während sich die Geschlechtsprodukte in Wolken mischen, vollzieht sich die Besamung. Dies muß in kürzester Zeit geschehen, da Eier und Spermien im freien Wasser nur sehr begrenzt lebensfähig sind. Die Geschlechtspartner harmonisieren sich zunächst in Liebesspielen, die dem Ablaichen vorausgehen. Dadurch wird sichergestellt, daß Samen und Eier praktisch gleichzeitig abgegeben werden. Bei der Besamung gelangt das Spermium durch eine im Ei vorgebildete Öffnung in das Innere des Eies, wo die Befruchtung stattfindet. Unmittelbar nach der Befruchtung nimmt das Ei kräftig Wasser auf, wodurch es prall und dick wird.

Damit ist die Befruchtung vollzogen, und die Entwicklung des jungen Fischchens setzt ein. Sie dauert bei den einzelnen Arten unterschiedlich lang und ist vor allem von der Temperatur abhängig. Beim Karpfen dauert sie nur wenige Tage, bei den Frühjahrslaichern (Hecht und Zander) etwa zwei Wochen und bei den Winterlaichern (Forellen) verstreichen etwa 2 bis 3 Monate, bis die Brut aus den Eiern schlüpft. In den ersten Tagen nach dem Schlupf ernährt sich die Brut aus einem Dottersack, der an der Bauchseite des Fischchens hängt.

Fische wachsen nach der ersten Laichperiode stetig weiter, wenn auch die Zuwachsmasse von einem gewissen Alter an immer geringer wird. Dabei können Fische oft ein beträchtliches Alter erreichen, z. B. die Bachforelle 30 Jahre, der Karpfen sogar 40 Jahre und mehr.

Kiemen. Die Fische veratmen mit Hilfe von Kiemen den im Wasser gelösten Sauerstoff (Wasseratmer). Die Kiemen sind kompliziert gebaute, von einem dichten System dünnster Blutgefäße durchzogene, in Doppelreihen stehende Hautblättchen. Sie liegen in der Regel auf je vier Kiemenbogen zu beiden Seiten des Kopfes im hinteren Mundhöhlenbereich. Um diese zarten Gebilde vor Fremdkör-

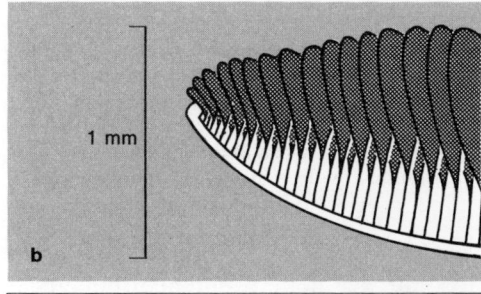

1 mm

b

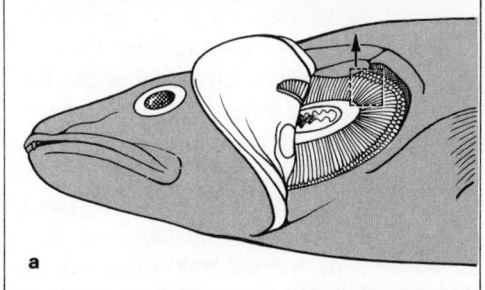

a

a) Lage der Kiemen bei einem Knochenfisch (nach Grassé 1958).
b) Spitze eines Kiemenblattes mit den Kiemenlamellen (zur besseren Übersicht wurde jede zweite Lamelle entfernt) (nach Harder 1975).

37

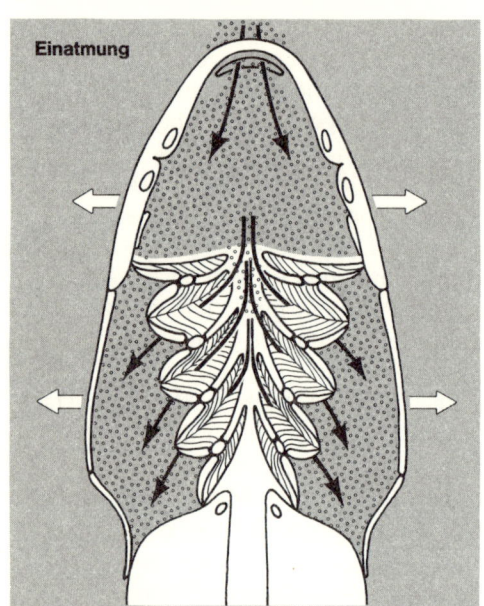

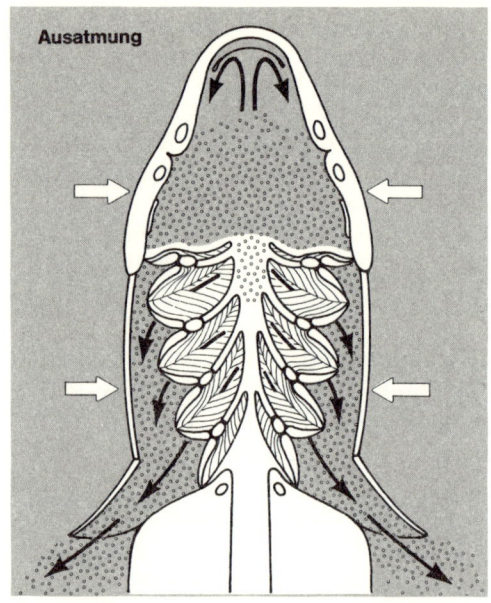

Kiemenatmung eines Knochenfisches. Die hellen Pfeile entsprechen den Bewegungen der Mundhöhlenwand und der Kiemendeckel, die dunklen der Richtung des Atemwasserstromes. Beim Einatmen ist das Maul geöffnet, die Mundhöhle erweitert sich, die Kiemendeckel bewegen sich nach außen, und das Atemwasser wird angesaugt. Beim Ausatmen wird das Maul geschlossen, die Mundhöhle verengt sich, die Kiemendeckel bewegen sich einwärts, und das Atemwasser wird durch die Kiemen nach hinten ausgepreßt (nach Harder 1975).

pern im Atemwasser zu schützen, finden sich auf der dem Kiemenepithel abgewandten Seite der Kiemenbogen mehr oder weniger lange Dornen, die Kiemenreusen. Nach außen hin werden die Kiemen durch die knöchernen Kiemendeckel geschützt, die sich im Atmungsrhythmus gleichmäßig öffnen und schließen. Die Sauerstoffaufnahme der Kiemen ist um so größer, je größer ihre Oberfläche ist. Beim Karpfen hat man etwa 2000 Kiemenblättchen gezählt, was ungefähr einer Fläche von einem halben Quadratmeter entspricht. Daß Fische an der Luft (außerhalb des Wassers) ersticken, obwohl Luft mehr Sauerstoff enthält als im Wasser gelöst ist, liegt daran, daß die durch das Wasser gestützten Kiemenblättchen an der Luft umknicken, verkleben und austrocknen. Hierdurch wird die wirksame Atmungsfläche extrem verkleinert, und der Fisch muß ersticken.

Die Sauerstoffaufnahme erfolgt während des Vorbeipressens des Wassers an den Kiemenblättchen. Bei geschlossenen Kiemendeckeln saugt der Fisch mit dem Maul das Atmungswasser ein, preßt es an den Kiemenblättchen vorbei – hierbei erfolgt der Gasaustausch – und stößt das Wasser durch die nun abgespreizten Kiemendeckel wieder aus.

Neben den Kiemen können zusätzlich

auch noch besonders durchblutete Hautteile der Wasseratmung dienen. Dies trifft vorwiegend für die Brut zu. Manche Fischarten besitzen aber auch Organe zur Luftatmung, die aufzuführen jedoch den hier vorgegebenen Rahmen sprengen würde.

Blut. Das Blut der Fische unterscheidet sich nicht grundsätzlich von dem der anderen Wirbeltiere. Es besteht aus dem flüssigen Blutplasma, in dem Eiweiße und Fibrinogen gelöst sind, und den festen Blutzellen. Auch beim Fisch sind die hier kernhaltigen roten Blutzellen (Erythrozyten) die Träger des Blutfarbstoffes. Neben den roten Blutkörperchen finden sich verschiedene Arten weißer Blutkörperchen, wie Leukozyten und Thrombozyten, wobei letztere die sehr rasche Blutgerinnung bewerkstelligen. Fische haben relativ wenig Blut. Die Blutmenge entspricht nur etwa $1/50$ ihres Körpergewichtes, während sie bei den Säugern etwa $1/13$ ausmacht.

Das **Blutgefäßsystem** der Fische ist wie das aller Wirbeltiere geschlossen. Von dem der Vögel und Säuger unterscheidet es sich vor allem durch das Fehlen eines gesonderten Kreislaufes für Körper- und Atmungsorgane. Die ganze Blutmenge wird in einem einfachen Kreislauf – abgesehen von den Abzweigungen in die einzelnen Organe – durch den Körper getrieben. Dementsprechend besitzt das Herz auch nur eine Vorkammer und eine Kammer. Diese weist eine sehr kräftige Muskulatur auf, denn die Arbeit, die beim Durchpumpen des Blutes durch den Körper geleistet werden muß, ist sehr groß. Umhüllt ist das Herz von einem Herzbeutel, der unten, im hinteren Kopfbereich, also gewissermaßen an der »Kehle« des Fisches liegt.

Alles Blut, das sauerstoffarm (venös) aus dem Körperkreislauf kommt, strömt über die Vorkammer in die Hauptkammer und wird über die zwiebelförmige Erweiterung des Arterienbulbus (Bulbus arteriosus) in die großen Kiemenarterien und zu den Kiemen getrieben. Hier verweilt es einige Sekunden in den haarfeinen Blutgefäßen, wobei Kohlendioxid abgegeben und Sauerstoff aufgenommen wird. Das nun mit Sauerstoff beladene Blut strömt dann über die Arterien zu den

Schematische Darstellung des Blutgefäßsystems eines typischen Knochenfisches (nach Roberts 1985).

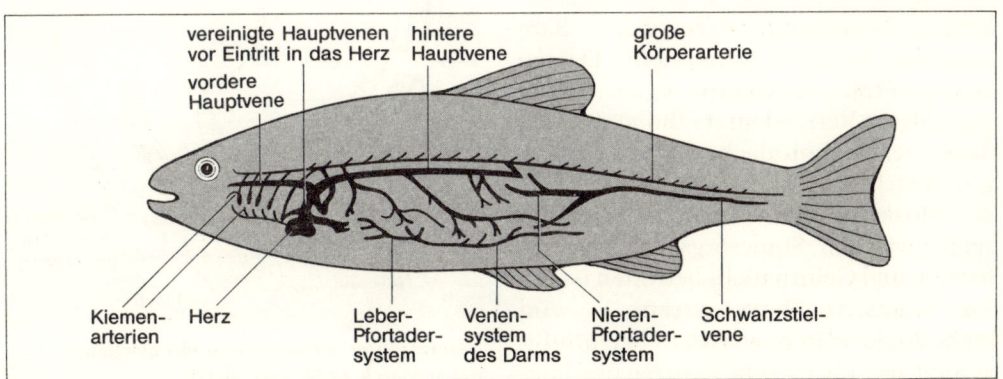

vereinigte Hauptvenen vor Eintritt in das Herz / hintere Hauptvene / große Körperarterie / vordere Hauptvene

Kiemenarterien / Herz / Leber-Pfortadersystem / Venensystem des Darms / Nieren-Pfortadersystem / Schwanzstielvene

einzelnen Körperabschnitten und Organen und versorgt diese mit Sauerstoff. Deren rückführende Blutgefäße vereinigen sich in der Hauptvene, die das jetzt wieder kohlensäurereiche Blut zum Herzen führt, womit der Kreislauf geschlossen ist. Das Herz der Fische enthält also nur sauerstoffarmes Blut.

Das Fischherz schlägt etwa 20- bis 50mal in der Minute. Die Schlagfrequenz ändert sich unabhängig vom Sauerstoffgehalt des Wassers mit der Wassertemperatur. Steigt diese, schlägt das Herz schneller, wird es kälter, nimmt die Frequenz ab. In enger Verbindung mit dem Venensystem steht das Lymphsystem. Es bildet wie das Blutgefäßsystem einen Kreislauf, fließt aber, da ihm in der Regel ein Herz (Pumpe) fehlt, wesentlich langsamer. Nur sehr wenig Fische verfügen über ein Lymphherz, das gewöhnlich im Gewebe des Schwanzstiels liegt, z. B. beim Aal oder der Forelle. In den Lymphgefäßen werden Ausscheidungsstoffe des Organismus gesammelt und zum Venensystem transportiert.

Zentralnervensystem. Mit seiner Umwelt steht der Fisch über die Sinnesorgane in Verbindung. Die Eindrücke, die er wahrnimmt, informieren über die zugehörigen Nervenzellen (sensorische Bahnen) das Zentralnervensystem. Dessen Schaltzentrale, das Gehirn, registriert den gemeldeten Reiz, »deutet« ihn und erteilt dann über die motorischen Nervenleitungen »Befehle« an die Erfolgsorgane, z. B. die Muskeln. Von diesem Zusammenspiel zwischen Sinnesorganen, Nervenbahnen und Gehirn nicht betroffen ist das sog. vegetative Nervensystem. Es wird nicht direkt vom Bewußtsein beeinflußt, verfügt aber über eigene Zentren und Nervenstränge, die z. B. die Tätigkeit der Verdauungsorgane steuern.

Das Gehirn des Fisches liegt in der Schädelkapsel. Im Vergleich zu dem der höheren Wirbeltiere ist es klein und geht geradlinig in das Rückenmark über. Man kann aber auch an ihm die üblichen Abschnitte: Vorder-, Mittel-, Klein- und Nachhirn, unterscheiden.

Augen. Sie gleichen in ihrem Aufbau denen der landbewohnenden Wirbeltiere. Bei den meisten Arten sind sie gut entwickelt. Sie können jedoch weder geschlossen werden noch tränen. Augenlider und Tränendrüsen fehlen unseren Fischen. Die kugelige Linse, deren Dicke unveränderlich ist, liegt sehr weit vorn. Damit besitzt der Fisch zwar ein sehr großes Gesichtsfeld, ist aber kurzsichtig. Normalerweise sieht er nur auf etwa ei-

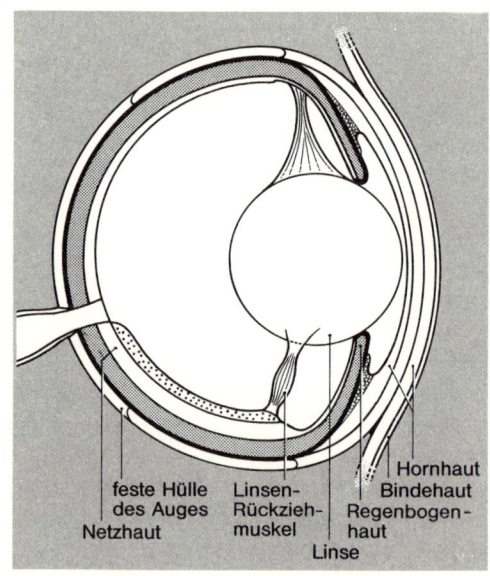

Vereinfachter Schnitt durch ein Fischauge (nach Starck 1982, verändert).

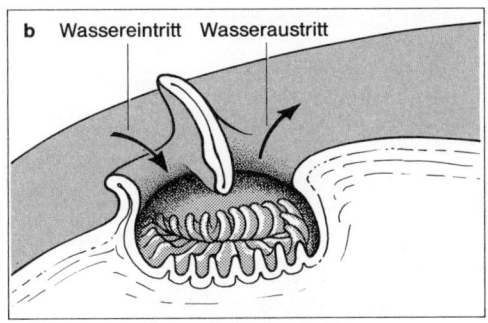

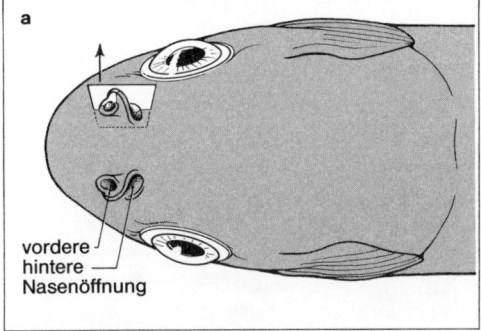

Lage (a) und Bau (b) der Nase einer Elritze.
Am Boden der Nasenhöhle liegen rosettenförmig angeordnete Hautfalten, die mit
Riechschleimhaut überzogen sind
(nach Harder 1975, verändert).

nen Meter Entfernung. Diese Kurzsichtig-
keit kann jedoch durch ein Zurückziehen
der Linse insgesamt etwas korrigiert werden. Die optische Wirkung ist jedoch gering, denn mehr als 10 bis 12 m entfernte
Gegenstände bleiben für den Fisch nach
wie vor unscharf. Da die Sichtweite in den
meisten Gewässern jedoch ohnehin begrenzt ist, entstehen dem Fisch hierdurch
sicherlich kaum Nachteile. Fische verfügen aber über ein sehr gutes Farbsehen.

In Schwimmlage sieht der Fisch waagerecht nach links und rechts. Wird er in
Seitenlage gebracht, reagiert das Auge
blitzschnell auf die Veränderung. Das
obere Auge sieht nun zum Bauch, das untere zum Rücken. Man nennt diese Reaktion Umdrehreflex. Bei kranken Fischen
verläuft dieser Vorgang so langsam, daß er
verfolgt werden kann, und bei besonders
schwer geschädigten Fischen kann er sogar völlig unterbleiben. Derartig kranke
Fische starren stets geradeaus. Der Augenreflex kann daher verwendet werden,
um kranke Fische aus einem Bestand aus-
zusortieren.

Geruchs- und Geschmackssinn sind chemische Sinne, wobei ersterer ein Fern-,
letzterer ein Nahsinn ist. Die Nase, oder
besser das Riechorgan der Fische, ist, da es
im Unterschied zu den Landwirbeltieren
nichts mit der Atmung zu tun hat, gegen
die Mundhöhle abgeschlossen. Es besteht
aus zwei kleinen Gruben, die auf der
Oberseite der Schnauze, beiderseits vor
den Augen liegen. Das Innere der Nasen-
grube ist mit zahlreichen rosettenförmig
angeordneten Riechfalten ausgestattet,
denen – sobald sich der Fisch bewegt –
eine häutige Stauklappe Wasser zuleitet.

Außerordentlich fein ist die »Nase« bei
den Lachsartigen ausgebildet, die zur
Laichzeit auf viele Kilometer ihre Süß-
wasserheimat, auf die sie in ihrer Jugend
geprägt wurden, wiederfinden. Als Ge-
schmacksorgane fungieren Sinnesknospen, die nicht nur im Maulbereich und auf
den Lippen und Barteln verstreut sind,
sondern über den ganzen Kopf, ja sogar
über den Rumpf. Das Schmeckvermögen
einiger Fische ist – wenigstens für bestimmte Stoffe – wesentlich feiner ausgeprägt als das von Säugern. Die Ge-
schmacksschwelle von Elritzen für Rohr-
zucker liegt z. B. um das 512fache unter
der des Menschen.

Seitenliniensystem. Es ist ein höchst eigentümliches Sinnesorgan, das sich vom Kopf bis zum Schwanz erstreckt. Äußerlich ist es vor allem an den zu Reihen angeordneten Kanalporen in der Haut zu erkennen bzw. an den durchbohrten Schuppen (Name!). Allerdings ist es nicht auf diese beiden markanten Linien beschränkt. Seine größte Entfaltung zeigt das Seitenliniensystem im Bereich des Kopfes. Der Funktion nach ist es eine Art Ferntastsinn. Mit ihm kann der Fisch feinste Schwankungen im Staudruck wahrnehmen, wie sie z. B. durch Schwimmbewegungen anderer Organismen hervorgerufen werden. Da auch akustische Energie Staudruckwellen erzeugt, kann als gesichert gelten, daß das Seitenliniensystem auch beim Hören der Fische als Geräuschdetektor eine Rolle spielt. Dagegen werden Wasserströmungen nicht, wie früher angenommen wurde, über das Seitenlinienorgan, sondern über Tastsinn und Auge wahrgenommen.

Anatomisch ist dieses Organsystem nicht einheitlich aufgebaut. Der Prototyp des ursprünglichen Seitenorgans ist der frei in der Oberhaut liegende Sinneshügel. Bei den meisten Knochenfischen ist aber ein Teil dieser Sinneshügel in die Tiefe verlagert, und zwar in unter der Haut verlaufende Kanäle. Dabei bleibt jeweils zwischen zwei Sinneshügeln eine Öffnung nach außen bestehen. Die Kanäle selbst sind mit Schleim gefüllt, so daß die Staudruckschwankungen vom Wasser zuerst auf den Schleim und von diesem auf die eigentliche Sinnesknospe übertragen werden müssen. Diese Verlagerung der Sinneshügel ist als Schutz vor zu starken Strömungsreizen zu verstehen. Je nach Fischart und Lebensweise bleiben aber stets noch zahlreiche freie Sinneshügel erhalten.

Stato-akustisches Sinnesorgan. Es steht in engem Zusammenhang mit dem Seitenliniensystem und hat, wie schon aus dem Namen hervorgeht, eine doppelte Aufgabe: Zum einen dient es der Erhaltung des Körpergleichgewichts und der Orientierung im Raum, zum anderen vermag es Schallwellen wahrzunehmen. Die erste Aufgabe dürfte jedoch von vorherrschender Bedeutung sein. Allerdings besitzen die Fische nur das in die Schädel-

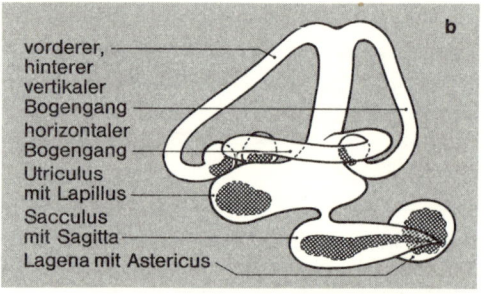

vorderer, hinterer vertikaler Bogengang
horizontaler Bogengang
Utriculus mit Lapillus
Sacculus mit Sagitta
Lagena mit Astericus

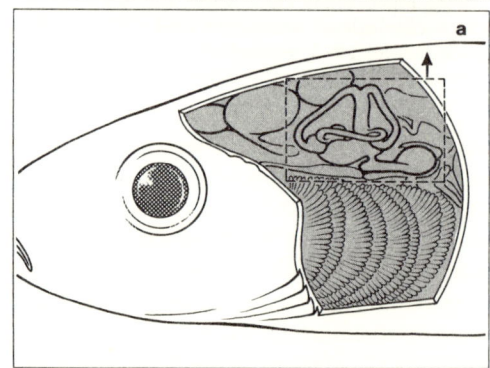

Stato-akustisches Organ (Gleichgewichts- und Hörorgan) einer Elritze. a) Die natürliche Lage des linken Labyrinths nach Entfernung des Kiemendeckels und der seitlichen Schädelknochen (nach Grassé 1958, verändert). b) Labyrinth mit Gehörsteinchen (nach Reichenbach-Klinke 1970).

kapsel fest eingebettete innere Ohr, das keine Verbindung zur Außenwelt aufweist. Es ist dies ein verwickelt aufgebautes Organ, das aus drei aufeinander senkrecht stehenden, bogenförmigen Gängen besteht. Diese weisen an ihrer Basis ampullenförmige Erweiterungen sowie eine sackartige Erweiterung (Sacculus) im unteren Teil auf. Die drei Bogengänge sind mit einer Flüssigkeit, der Endolymphe, gefüllt, während sich in den ampullenförmigen Erweiterungen kleine Gehörsteinchen und Sinnesknospen befinden. Letztere gleichen in ihrem Feinbau den Sinnesknospen der Seitenlinien. Bei Bewegungsänderungen des Fisches werden die Sinnesknospen durch die Endolyphe und die Steinchen gereizt, der Reiz teilt sich dem Gehirn mit und signalisiert dem Fisch die jeweilige räumliche Position.

Für das Gehör ist offensichtlich nur das untere Säckchen, der Sacculus, von Bedeutung, was sich durch operative Eingriffe bei auf Töne dressierten Elritzen zeigen läßt. Bei den karpfenartigen Fischen und den Welsen kommt es zu einer zusätzlichen Verbesserung des Tonempfangs durch den Weberschen Apparat, einer Reihe von Knöchelchen, die das innere Ohr mit der Schwimmblase verbinden. Die Schwimmblase dient dabei als Resonanzkörper für aufgenommene Tonschwingungen. Da die Gehörsteinchen dem Wachstum des Fisches entsprechende Anlagerungen (Jahresringe) aufweisen, kann man sie, ähnlich wie die Schuppen, zur Altersbestimmung heranziehen.

Neben den bisher genannten Organen existieren in der Oberhaut des Fisches noch zahllose freie Nervenendigungen, die die einfachsten Sinnesorgane darstellen. Ihre Leistungen sind jedoch beachtlich, kann doch der Fisch mit ihrer Hilfe Temperaturschwankungen von $1/20\,°C$ wahrnehmen.

Organe mit innersekretorischer Funktion sind Organe, die in die Blutbahn Stoffe absondern. Diese Hormone (Botenstoffe) sind von höchster Lebenswichtigkeit, denn sie beeinflussen entscheidend alle Stoffwechselvorgänge und sind bereits in kleinsten Mengen wirksam. Einige dieser Organe wirken ständig, andere nur zu gewissen Zeiten, z. B. während der Fortpflanzungsperiode. Die endokrinen Organe sind über den ganzen Körper verteilt, stehen aber durch den Blutkreislauf miteinander in Verbindung, wobei vielfach oft noch ein sehr enger Kontakt zum Nervensystem besteht. Viele dieser Organe werden aber heute in ihrer Funktion noch nicht voll verstanden, und die Forschung bringt ständig neue Erkenntnisse.

Die wichtigsten dieser Organe und ihre Aufgaben: Die kompliziert gebaute Hypophyse oder der Hirnanhang findet sich an der Unterseite des Gehirns und ist der übergeordnete Regulator des ganzen Hormonsystems. Einige ihrer zahlreichen Aufgaben bestehen in der Steuerung des Wachstums, der Reifung der Geschlechtsorgane, der Ausbreitung der Farbzellen u. a. m.

Die Schilddrüse (Thyreoidea), die verstreut an den Blutgefäßen im Kehlbereich verteilt ist, reguliert den Stoffumsatz.

Die Thymusdrüse, im Bereich der Kiemenbogen liegend, beeinflußt Wachstum und Entwicklung des Fisches sowie sein Abwehrsystem.

Das aus verschiedenen Organen bestehende Nebennierensystem steht in enger Verbindung zu den Nieren und wirkt auf

Atemhäufigkeit, Herzschlag und vegetatives Nervensystem.

Die Bauchspeicheldrüse (Pankreas) ist bei den Fischen ebenfalls noch kein einheitliches Organ und findet sich verstreut an Leber und Darm. Sie erzeugt Verdauungsenzyme und steuert den Blutzuckerspiegel.

Die Hormone der Keimdrüsen wiederum regeln das sexuelle Verhalten und sind für die Ausbildung der sekundären Geschlechtsmerkmale verantwortlich.

Die wichtigsten Nutzfische für kleine Teichanlagen

In den biologischen Wissenschaften wird von den Systematikern – gewissermaßen den Standesbeamten unter den Biologen – jede Art mit einem zweiteiligen wissenschaftlichen Namen benannt, der zumeist aus dem Griechischen oder Lateinischen hergeleitet wird. Diese Benennung unterliegt international vereinbarten Regeln. Die vollständige wissenschaftliche Bezeichnung einer Art besteht sogar aus drei Teilen: Der erste Teil entspricht dem Gattungsnamen, der zweite ist zusammen mit dem ersten der Artname und anschließend wird noch der Forscher aufgeführt, der das Tier oder die Pflanze als erster gültig beschrieb. Um völlig sicher zu gehen, wird zusätzlich auch noch die Jahreszahl, in der diese Beschreibung veröffentlicht wurde, angegeben. So heißt unser Karpfen wissenschaftlich korrekt und vollständig: *Cyprinus carpio* Linné 1758. Dies besagt, daß der Karpfen im Jahre 1758 von dem berühmten schwedischen Naturforscher Linné beschrieben und benannt wurde. Mit dieser Regelung, die in der ganzen Welt gilt, ist der zoologische Namen für den Karpfen eindeutig festgelegt und darf für keine andere Fischart mehr verwendet werden.

In der Systematik werden verwandte Arten zu Gattungen und die Gattungen wiederum zu Familien zusammengefaßt. Einander nahestehende Familien bilden eine Ordnung und mehrere Ordnungen schließlich eine Klasse.

Bei den nachfolgenden stichwortartigen Darstellungen der in unserem Interesse wichtigsten Fischarten wird nach der systematischen Gliederung der Fische von Ladiges und Vogt (1965) vorgegangen. Die Beschreibungen folgen alle dem gleichen Schema: Neben dem gebräuchlichsten deutschen Namen und der wissenschaftlichen Artbezeichnung werden auch die wichtigsten Lokalnamen aufgeführt.

Der Abschnitt »Kennzeichen« umfaßt die Flossenformel (vgl. Seite 27), die Schuppenformel (vgl. Seite 30) und, wenn vorhanden, die Schlundzahnformel (vgl. Seite 33) sowie andere charakteristische Angaben zum Äußeren der jeweiligen Art. Dabei finden als Abkürzungen Verwendung: R = Rückenflosse, Br = Brustflossen, B = Bauchflossen, S = Schwanzflosse, Sch = Zahl der Schuppen entlang der Seitenlinie sowie ober- und unterhalb der Seitenlinie und Schl-Z = Schlundzähne.

Bachforelle
Salmo trutta f. *fario* Linné 1758
Fluß-, Wald-, Berg-, Stein- und Schwarzforelle

Kennzeichen: R III – IV/9 – 12, Br I/10 – 13, B I/7 – 10, A III – IV/6 – 10, S 17 – 19; Sch 105 – 120, 13/19.

Körperform: Gedrungen, spindelförmig, seitlich leicht zusammengedrückt;

variiert je nach Umweltbedingungen erheblich; relativ große Fettflosse; Maulspalte bis hinter die Augen reichend; Maul mit zahlreichen spitzen Zähnen; auf der Platte des Pflugscharbeines 2 bis 6, auf dem Stiel 9 bis 18 Zähne, meist in doppelter Reihe angeordnet, die nie ganz verloren gehen.

Färbung stark wechselnd, meist grünlich bis bräunlich gefärbter Rücken; Seiten und Bauch heller; auf den Seiten schwarze und rote Punkte, letztere von weißbläulichen Ringen umgeben. Jungfische unter 10 cm mit 6 bis 9 dunklen Querbändern. Mittellänge 25 bis 40 cm.

Biologie: Über ganz Europa bis zum Ural verbreitet; in Fließgewässern und Seen vorzugsweise mit Geröllgrund und kühlem, sauerstoffreichem Wasser; Sauerstoffbedarf > 8 mg/l, Vorzugstemperatur 8 bis 10 °C, pH-Bereich 5,5 bis 9,2; Standfisch, der sich nie für längere Zeit vom Standort entfernt.

Laicht von Oktober bis Januar; Weibchen schlägt mit dem Schwanz eine Laichgrube von 25 bis 50 cm Durchmesser.

Die Nahrung besteht aus Kleintieren aller Art, wobei neben Wassergetier auch Anflugnahrung genommen wird; größere Exemplare erbeuten auch Fische.

Wirtschaftliche Bedeutung: Sehr geschätzter, wohlschmeckender Speisefisch, der zum Teil auch in Zuchten überwiegend für Besatzzwecke vermehrt wird.

Regenbogenforelle
Salmo gairdneri Richardson 1836

Bastardform, die durch Kreuzungen aus mehreren amerikanischen Forellenarten entstand, wurde 1880 nach Deutschland eingeführt.

Kennzeichen: R IV/10, Br I/12, B I/8, A III/10, S 19; Sch 135 – 150, 21/20.

Körperform und Kopf ähnlich Bachforelle; Maulspalte reicht nur bis zum Hinterrand des Auges; Fettflosse klein; Platte des Pflugscharbeines fünfeckig mit 4 Zähnen an Hinterrand; Pflugscharbeinstiel stark gekrümmt und ein- bis zweireihig bezahnt.

Dunkel- bis braungrüne Rückenfärbung, Seiten heller, Bauch silberglänzend; entlang den Seiten ein rötlich bis regenbogenfarben schillerndes breites Band; Kopf, Körperseiten sowie Rücken-, Fett- und Schwanzflosse mit vielen kleinen, unregelmäßigen schwarzen Flecken. Mittlere Länge: 25 bis 50 cm.

Biologie: Bewohnt die gleichen Gewässer wie die Bachforelle, verträgt aber höhere Wassertemperaturen; Sauerstoffbedarf > 7 mg/l, Vorzugstemperatur 12 bis 14 °C, pH-Bereich: 5,6 bis 9,2.

Laichzeit: Dezember bis Mai (früh- und spätlaichende Stämme): Männchen beteiligen sich am Schlagen der Laichgrube. Eigröße schwankend, kleiner als bei Bachforelle, 1600 bis 2000 Eier/kg Körpergewicht.

Nahrung wie Bachforelle, bei der Futterauswahl jedoch nicht so wählerisch, im Alter Raubfisch.

Wirtschaftliche Bedeutung: Geschätzter Speisefisch, welcher überwiegend in Zuchtbetrieben künstlich erbrütet und zum Speisefisch oder zum Satzfisch für natürliche Gewässer herangezogen wird. Zur Haltung in Teichen eignet sich kein anderer Salmonide so gut wie die Regenbogenforelle. Das Hauptaugenmerk gilt dabei heute der Frohwüchsigkeit.

Bachsaibling

Salvelinus fontinalis (Mitchill 1815)
1884 aus Nordamerika nach Europa
eingeführt.

Kennzeichen: R III – IV/9 – 10, Br I/10 –
12, B I/7, A III/9 – 10, S 19; Sch 160 – 230,
37/30.

Forellenartige Gestalt, im Alter gedrungen mitunter plump; kleine Fettflosse; Platte des Pflugscharbeins mit 8 Zähnen in zwei Reihen, die nach hinten zusammenlaufen, Stiel ohne Zähne.

Rücken dunkeloliv mit hellerer Marmorierung; Seiten heller mit gelblich bis roten Punkten; Bauch weiß, gelb oder rötlich; Rücken- und Fettflosse mit ähnlicher Färbung und Zeichnung wie Rücken; Schwanzflosse mit einigen dunklen Querbändern; Br, B und A am Vorderrand weiß und schwarz gesäumt. Mittlere Länge 20 bis 40 cm.

Biologie: Kalte, stark strömende Fließgewässer bis in die Quellregion sind die Heimat dieses Fisches. Sauerstoffbedarf > 8 mg/l, Vorzugstemperatur 8 bis 10 °C, pH-Bereich: 5,5 bis 9,2. Jagt im freien Wasser und ist weniger auf Verstecke angewiesen als die Bachforelle, daher besonders geeignet für begradigte Fließgewässer.

Laichzeit: Oktober bis März; laicht in Gruben auf Kiesgrund im rasch fließenden Wasser; Eidurchmesser etwa 4 mm; 2000 Eier/kg Körpergewicht.

Wirtschaftliche Bedeutung: Sehr guter Speisefisch; wird zum Teil auch in Zuchten vermehrt und zu Satzfischen herangezogen. Wird gelegentlich gekreuzt mit Seesaibling = »Elsässersaibling« (Bastarde fruchtbar) oder mit Bachforelle = »Tigerfisch« (Bastarde unfruchtbar).

Plötze

Rutilus rutilus (Linné 1758)
Rotauge, Rottel, Ridele, Weißfisch, Bleier

Kennzeichen: R III/9 – 11, Br I/15, B II/8, A III/9 – 11, S 19; Sch 42 – 45, 7 – 8/3 – 4; Schl-Z 6 – 5 oder 5 – 5.

Körper seitlich zusammengedrückt, im Alter zunehmend hochrückiger; Maul end- bis halbunterständig, enge Maulspalte; Schuppen am Bauch zwischen B und A gerundet, kaum gekielt; Vorderende R über der Basis von B, selten knapp dahinter.

Rücken und Oberseite des Kopfes dunkelgrau mit bräunlich bis grünlichem Ton, Seiten silberglänzend, zum Bauch hin aufhellend; B und A orangerot, rot oder messinggelb, Br, R und A hellgrau; Augenkreis rot. Mittellänge 15 bis 30 cm.

Biologie: Bewohnt langsam fließende Gewässer in ganz Europa nördlich von Alpen und Pyrenäen, mit Ausnahme von Irland. Sauerstoffbedarf > 4 mg/l, Vorzugstemperatur 12 bis 20 °C, pH-Bereich 5,5 bis 10,4. Sehr häufig in Schwärmen auftretend.

Laicht im April und Mai in bewachsenen Uferzonen, Männchen dann mit Laichausschlag; 250000 Eier/kg Körpergewicht; Laich klebrig, wird an Wasserpflanzen angeheftet.

In der Jugend Plankton- und Pflanzenfresser; später Übergang zu Bodentieren einschließlich Muscheln und Schnecken, gelegentlich auch Wasserpflanzen und Insekten, sehr anpassungsfähig.

Wirtschaftliche Bedeutung: Billiger, aber grätenreicher Speisefisch, vor allem in Norddeutschland als Speisefisch geschätzt, wichtiger Nahrungsfisch für Raubfische.

Rotfeder

Scardinius erythrophthalmus
(Linné 1758)
Rotkarpfen, Rotflosser, Rötel,
Unechtes Rotauge

Kennzeichen: R II – III/8 – 9, Br I/15 – 16, B II/8, A III/9 – 11, S 19; Sch 40 – 43, 7 – 8/3 – 4; Schl-Z 3.5 – 5.3.

Bei größeren Tieren Körper seitlich abgeplattet, ziemlich hochrückig; Maul endständig, Maulspalte eng, sehr schräg; Schuppen zwischen B und A bilden einen scharfen Kiel. Vorderende von R hinter der Ansatzstelle von B liegend.

Färbung wechselnd; Rücken und Kopfoberseite meist braungrün, Seiten glänzend messinggelb, Bauch silbrig weiß; B, A und R orange bis blutrot mit grauer Basis; Augenkreis messing- bis goldglänzend. Mittellänge 20 bis 30 cm.

Biologie: Bewohnt ganz Europa, ausgenommen die Pyrenäenhalbinsel, Schottland und Süditalien; häufiger Schwarmfisch stehender und langsam fließender Gewässer, vor allem in bewachsenen Uferbereichen nahe der Wasseroberfläche, eng an Wasserpflanzenbestände gebunden. Sauerstoffbedarf > 4 mg/l, Vorzugstemperatur 12 bis 20 °C, pH-Bereich 5,5 bis 10,4.

Laicht von April bis Juni im seichten Uferwasser an Pflanzen; Männchen mit feinkörnigem Laichausschlag.

Ernährung wie Plötze.

Wirtschaftliche Bedeutung: Billiger, grätenreicher Speisefisch, wichtiger Futterfisch für wertvolle Raubfische.

Schleie

Tinca tinca (Linné 1758)
Schlei, Schleiforelle, Schlie,
Schuster, Schlein

Kennzeichen: R IV/8 – 9, Br I/15 – 17, B II/8 – 9, A III – IV/6 – 7, S 12; Sch 95 – 100, 30 – 32/20 – 23; Schl-Z 4 – 5 seltener 5 – 5.

Körper gedrungen; Maul endständig, Maulspalte klein mit je einer Bartel in den Winkeln; kleine Schuppen, tief unter der schleimigen Oberhaut liegend; Flossen abgerundet; Männchen an den verlängerten B und dem auffällig verdickten zweiten Strahl erkennbar.

Färbung je nach Wohngewässer stark wechselnd, Rücken und Seiten dunkel- bis hellolivgrün, meist mit goldenem Schimmer; Bauch heller; Flossen stets dunkel. Gelegentlich treten goldrote Farbvarietäten (Goldschleien) auf. Mittellänge 20 bis 30 cm.

Die im Bild gezeigte Bachforelle (1. Reihe links) ist noch nicht völlig ausgewachsen. Neben den Tüpfeln der Altersfärbung sind die verblassenden dunklen Flecke des Jugendkleides noch deutlich zu erkennen.
Bei der Regenbogenforelle (1. Reihe rechts) kann man den namengebenden rot-violetten Längsstreifen nur ahnen, doch unterscheiden sie auch die vielen schwarzen Flecke und der gedrungene Leib von der Bachforelle.
Die unregelmäßige Marmorierung und die schwarzweißen Ränder der paarigen Flossen kennzeichnen den Bachsaibling (2. Reihe links). Schönheiten sind die Rotfeder (2. Reihe rechts) mit ihren dunkelroten Flossen und die silbern glitzernde Plötze (3. Reihe rechts).
Die behäbige Schleie (3. Reihe links) hat ein goldschimmerndes Schuppenkleid.
Die robuste Karausche (4. Reihe links) ist ein genügsamer Bewohner armer Gewässer.
Der kleine Silberkarpfen (4. Reihe rechts) stammt aus dem Flußgebiet des Amur.

Biologie: Fast in ganz Europa heimisch, Ausnahme Mittel- und Nordskandinavien und Island. In stark bewachsenen, stehenden oder langsam fließenden Gewässern mit weichem Grund; fast immer in Bodennähe; sehr widerstandsfähig; hält im Schlamm Winterruhe; Sauerstoffbedarf > 3 mg/l, Vorzugstemperatur 20 bis 24 °C, pH-Bereich 5,5 bis 10,8.

Laicht gesellig zwischen Mai und Juli an Wasserpflanzen; Eier sehr klein bis zu 900 000 je Rogner. Die Nahrung besteht aus Bodentieren aller Art, die im Bodenschlamm aufgewühlt werden, und Pflanzen.

Wirtschaftliche Bedeutung: Wichtiger, wohlschmeckender Speisefisch; wird vielfach als Beifisch in Karpfenteichwirtschaften vermehrt; wächst deutlich langsamer als der Karpfen.

Karausche

Carassius carassius (Linné 1758)
Bauernkarpfen, Moorkarpfen,
Steinkarpfen u. v. a.

Kennzeichen: R III/17 – 19, Br 14 – 16, B 8 – 9, A III/7, S 19; Sch 31 – 35, 7 – 8/5 – 9; Schl-Z 4 – 4.

Körper besonders im Alter hockrückig, gedrungen, seitlich zusammengedrückt; Kopf groß; endständiges Maul mit kleiner Spalte; Rückenflosse lang und hoch.

Rücken dunkel olivgrün; Seiten aufgehellt, Bauch messinggelb; auf der Schwanzwurzel ein dunkler Fleck; B, Br und A bei Jungtieren matt rot. Mittlere Länge 15 bis 20 cm.

Im Äußeren sehr ähnlich ist der Giebel, *Carassius auratus gibelio* (Bloch). Er unterscheidet sich von der Karausche vor allem durch die unterschiedliche Schuppenzahl längs der Seitenlinien (27 – 31), das Fehlen des dunklen Flecks am Schwanzstiel und längerer und dünnerer Kiemenreusendornen (Giebel: 35 – 48, Karausche 23 – 33). Der Giebel ist die Stammform des Goldfisches.

Biologie: Über fast ganz Europa verbreitet; Bodenfisch in stehenden oder langsam fließenden, weichgründigen flachen Gewässern, die auch verschmutzt sein können, sehr widerstandsfähig gegen Sauerstoffmangel. Sauerstoffbedarf > 3 mg/l, Vorzugstemperatur 20 bis 24 °C, pH-Bereich 5,5 bis 10,8. Sehr zählebig.

Laichzeit Mai bis Juni; Eier werden an Wasserpflanzen abgelegt; bastardiert leicht mit Karpfen; große Weibchen legen bis zu 300 000 Eier.

Kleintier- und Pflanzenfresser.

Wirtschaftliche Bedeutung (Karausche): Größere Exemplare sind vor allem

Einer unserer stärksten Raubfische ist der Hecht (oben). Er hat eine vorzügliche Tarnfärbung, die ihn fast unsichtbar macht, wenn er regungslos zwischen Wasserpflanzen lauert.
Der Brachsen (Mitte links) ist ein äußerlich unscheinbarer Friedfisch mit dunklen, samtgrauen Flossen. Er tummelt sich, meist in großen Schwärmen, in Seen und Flüssen.

Zu den farbenprächtigsten Fischen unserer Gewässer zählt der meist in Gruppen lebende und jagende Flußbarsch (Mitte rechts).
Der Karpfen (unten), schon seit Jahrhunderten domestiziert, ist neben der Forelle der bekannteste Speisefisch des Süßwassers. Links ein sogenannter Zeilkarpfen, rechts ein Spiegelkarpfen.

in Norddeutschland beliebte Speisefische; Fleisch wohlschmeckend; zum Besetzen wenig ertragreicher Gewässer geeignet; guter Futterfisch für Raubfische.

Brachsen
Abramis brama (Linné 1758)
Blei, Brassen, Bressen, Breitling

Kennzeichen: R III/9, Br I/15, B II/8, A III/23 – 28, S 19; Sch 50 – 57, 12 – 14/6 – 8; Schl-Z 5 – 5.

Hochrückiger seitlich zusammengedrückter Fisch; Maul fast unterständig; Augendurchmesser kleiner als Schnauzenlänge.

Rücken und Kopf schwarzgrau gefärbt, hellere Seiten, Bauch weiß-silberig; R, S und A dunkelgrau, Br und B hellgrau, gelegentlich mit dunklen Spitzen. Mittlere Länge 30 bis 50 cm.

Biologie: Bewohnt Seen und langsam fließende Gewässer Mittel- und Osteuropas, fehlt südlich der Alpen. In der wärmeren Jahreszeit in Schwärmen im Uferbereich. Sauerstoffbedarf > 4 mg/l, Vorzugstemperatur 15 bis 20 °C, pH-Bereich 5,5 bis 10,4. Laicht von Mai bis Juli an bewachsenen Uferstellen, der Laich wird an Wasserpflanzen befestigt. Ein Rogner gibt bis 300 000 Eier ab.

In der Jugend ein ausgesprochener Planktonfresser; später Übergang zur Bodennahrung (Insektenlarven, Würmer, Schnecken, Muscheln); wühlt bei der Nahrungssuche mit vorgestrecktem Maul im Boden.

Wirtschaftliche Bedeutung: Wichtiger Seenfisch, Fleisch im Geschmack karpfenähnlich, allerdings sehr grätenreich; gilt geräuchert als Delikatesse.

Karpfen
Cyprinus carpio (Linné 1758)
Karpf, Donaukarpfen, Fluß-, Moos-, Leder-, Zeil- und Spiegelkarpfen

Die Männchen werden Milchner oder Treiber, die Weibchen Rogner, Laicher, Lager- oder Schlagmutter genannt; sterile Karpfen heißen Laimer oder Leimer, kastrierte Milchner Zwicke.

Kennzeichen: R III – IV/17 – 22, Br I/15 – 16, B II/8 – 9, A III/5, S 17 – 19; Sch 35 – 39, 5 – 6/5 – 6, Schl-Z 1.1.3 – 3.1.1.

Maul endständig, vorstülpbar, mit vier Barteln an der Oberlippe. Nach der Beschuppung werden neben der langgestreckten, schwach hochrückigen, vollbeschuppten Wildform vier gezüchtete Schläge unterschieden:

Schuppenkarpfen: Hochrückig und vollbeschuppt.

Zeilkarpfen: Hochrückig, beiderseits mit einer an der Seitenlinie entlanglaufenden Reihe großer Schuppen.

Spiegelkarpfen: Hochrückig, mit unregelmäßig verteilten großen Schuppen.

Lederkarpfen: Hochrückig und unbeschuppt.

Die fünf bedeutendsten geographischen Karpfenschläge sind: Böhmischer, Lausitzer, Gallizischer, Aischgründer und Fränkischer Karpfen. Sie unterscheiden sich in ihrem Höhen-Längen-Verhältnis, der Färbung und der Beschuppung. Allerdings sind diese Rassen durch Einkreuzungen heute weitgehend verwischt.

Die Körperfärbung variiert sehr stark. Der Rücken erscheint häufig dunkelgrün bis blau, die Seiten blaugrün bis goldgelb; Flossen blaugrün, gelegentlich mit rötlichem Ton, R ausgenommen. Der Karpfen kann bis zu einem Meter lang werden, mittlere Länge 25 bis 50 cm.

Biologie: Heute mit Ausnahme der nördlichen Gebiete über ganz Europa verbreitet. Stammt ursprünglich aus Mittelasien. Bevorzugt warme, nahrungsreiche Seen mit starkem Bewuchs, Teiche und langsam fließende, pflanzenreiche Gewässer; Sauerstoffbedarf > 3 mg/l, Vorzugstemperatur 20 bis 24 °C, pH-Bereich 3,5 bis 10,8; im Winter Ruhezeit an tieferen Stellen.

Laicht von Mai bis Juli; dann Milchner mit schwachem Laichausschlag am Kopf und auf Br. Die Laichreife tritt bei Milchnern im 3., bei Rognern im 3. oder 4. Jahr ein. Die klebrigen Eier werden im seichten Wasser an Pflanzen abgelegt. Die Eizahl je Rogner liegt zwischen 200 000 und 700 000.

In der Jugend Planktonfresser, später besteht die Nahrung aus Kleintieren des Boden- und Uferbereiches sowie aus pflanzlichen Stoffen.

Wirtschaftliche Bedeutung: Sehr geschätzter Saison-Speisefisch (Weihnachten, Neujahr, Karfreitag). Wird in der Karpfenteichwirtschaft vermehrt. Alle Tiere in unseren Wildgewässern sind Abkömmlinge der verschiedenen obengenannten Zuchtformen, also nicht identisch mit der Wildform.

Wels

Silurus glanis (Linné 1758)
Waller, Weller, Scheid, Scharn, Wälinen

Kennzeichen: R I/4, Br I/14 – 17, B 11 – 13, A 90 – 92, S 17 – 19.

Keine Schuppen; Körper vorne rund, hinten seitlich zusammengedrückt; Kopf breit und abgeplattet; Maul sehr groß mit Hechelzähnen, ebenso wie das Pflugscharbein; Oberkiefer trägt zwei lange bewegliche Barteln, Unterlippe vier kleine.

Die Körperoberseite ist dunkel marmoriert, der Bauch ist zumeist bläulichweiß und zuweilen leicht rötlich; mittlere Länge 100 bis 150 cm; wird aber über 3 m lang und bis zu 300 kg schwer.

Biologie: Bewohnt Seen und größere Flüsse Mittel- und Osteuropas; einsam lebender Bodenfisch, der nachts auf Beutefang geht; bevorzugt als Aufenthaltsorte Kolke und Löcher ruhiger Gewässer mit weichem Grund; Sauerstoffbedarf > 3 mg/l, Vorzugstemperatur 14 bis 20 °C, pH-Bereich 5,6 bis 10,2.

Laichzeit: Mai bis Juni an pflanzenbewachsenen Ufern; Weibchen legt bis zu 100 000 schwach gelbliche Eier von etwa 3 mm Durchmesser.

In der Jugend Kleintierfresser, später gefräßiger Raubfisch, der gelegentlich auch Wasservögel und Kleinsäuger aller Art frißt.

Wirtschaftliche Bedeutung: Fleisch jüngerer Tiere sehr wohlschmeckend, im Alter jedoch meist zäh; wird vor allem in Süddeutschland geschätzt.

Aal

Anguilla anguilla (Linné 1758)
Flußaal, Gelbaal, Steigaal,
Blankaal (abwandernde Exemplare),
Glasaal,
Aalmontée (Namen der Jugendformen)

Kennzeichen: Körper langgestreckt, vorne rund, hinten seitlich zusammengedrückt, einheitlicher Flossensaum aus R, S und A, B fehlen, Br vorhanden; Kopf je nach Ernährung mehr oder weniger spitz (Spitz- oder Breitkopf); Kiemenspalten sehr eng, senkrecht gestellt; Schuppen klein und oval, in der dicken, schleimigen Haut verborgen.

Rücken dunkelgrau, braun oder olivfarben; Bauch gelblich (Gelbaal) oder während der Abwanderung grauweiß bis silberglänzend (Blankaal).

Biologie: Kommt in stehenden und fließenden Gewässern Europas vor, die mit dem Atlantik in Verbindung stehen. In abgeschlossenen Gewässern künstlich eingesetzt, kann sich dort aber nicht vermehren. Bevorzugt Gewässer mit schlammigem Boden, geht nachts auf Nahrungssuche. Sauerstoffbedarf > 3 mg/l, Vorzugstemperatur 14 bis 20 °C, pH-Bereich 5,6 bis 10,2.

Laicht im Atlantischen Ozean (Sargasso-See). Die älteren Tiere wandern bei uns stromab und kehren nach dem Ablaichen nicht ins Süßwasser zurück. Die blattförmigen Larven wandern zur europäischen Küste; hier erscheinen sie im 2. bis 3. Lebensjahr als sog. Glasaale; von April bis August steigen sie dann in die Flüsse Europas auf.

Nahrung: Die im Meer lebende Aallarve frißt ausschließlich Plankton. Während des Aufstiegs und des Süßwasseraufenthaltes werden kleine und größere Wassertiere gefressen, auch Fischlaich. Der Breitkopfaal nimmt vorwiegend größere Tiere als der Spitzkopfaal. Der zum Laichplatz wandernde Aal frißt nicht.

Wirtschaftliche Bedeutung: Hervorragender und gut bezahlter Speisefisch; heute vielfach Einsatz von Satzaalen, die zu Beginn des Aufstiegs in die Flüsse gefangen und dann versandt werden. Wichtiger Brotfisch der Fluß- und Seenfischer.

Hecht

Esox lucius Linné 1758

Hengste, Schnock, Schnöck, Wasserwolf

Kennzeichen: R VII – VIII/13 – 15, Br I/13, B I/8, A IV – V/12 – 13, S 19; Sch 105 – 130, 12 – 15/14 – 15.

Seitlich leicht zusammengedrückter, walzenförmiger Körper mit langem Kopf und abgeflachter Schnauze – einem Entenschnabel ähnlich. Maul tief gespalten und mit großen Fang- und kleinen Hechelzähnen bewehrt; Unterkiefer länger als Oberkiefer. Rückenflosse weit nach hinten versetzt. Seitenlinie mehrfach unterbrochen.

Jungfische meist hellgrün: Grashechte. Im Alter je nach Standort recht verschieden gefärbt: Rücken dunkel olivgrün oder braun und graugrün; Seiten heller mit dunklen Flecken oder Marmorierungen in unterschiedlicher Anzahl und Größe. Bauch weißlich. R, S und A mit unregelmäßigen Flecken auf braunrotem Grund; paarige Flossen rötlichgelb mit dunklem Ton. Mittlere Länge 40 bis 100 cm.

Biologie: Tritt in Unterwasserpflanzen-bestandenen Fließgewässern und Seen Europas auf, aber auch in klimatisch entsprechenden Gebieten Nordamerikas und Asiens. Der Hecht ist ein Standfisch und hält sich gern in Ufernähe an der Wasseroberfläche auf oder unter überhängenden Uferbereichen und versunkenen Bäumen. Sauerstoffbedarf > 5 mg/l, Vorzugstemperatur 10 bis 17 °C, pH-Bereich 4,5 bis 10,4.

Laicht von Februar bis Mai. Die braunen, klebrigen Eier werden in seichten Uferpartien auf Wasserpflanzen oder aber auf überschwemmten Wiesen an Gräsern abgelegt.

Nur während der ersten Lebenswochen Planktonfresser, später gefräßiger Räuber (Fische, Amphibien, Kleinsäuger).

Wirtschaftliche Bedeutung: Sein mageres, festes wohlschmeckendes Fleisch machen den Hecht zum geschätzten Speisefisch. Wird auch in Zuchtanstalten erbrütet und zu Setzlingen herangezogen, was jedoch wegen der großen Gefräßigkeit der Brut schwierig ist.

Flußbarsch

Perca fluviatilis Linné 1758
Barsch, Egli, Kretzer, Schratzen,
Bürschling

Kennzeichen: R_1 XIII – XVII, R_2 I – II/13 – 15, Br 14, B I/5, A II/8 – 10, S 17; Sch 58 – 68, 7 – 9/13 – 15.

Körper hoch, seitlich zusammengedrückt; Bauchflossen brustständig; Kopf stumpf mit endständigem Maul, das viele kleine Zähne trägt; Kiemendeckel hinten spitz ausgezogen; festsitzende Kammschuppen.

Körperoberseite dunkelgraublau bis braungrün, manchmal bis ins Braune oder Gelbe spielend, Bauch heller bis mattweiß; 6 bis 9 dunkle Querbinden; am Hinterrand von R_1 ein dunkler Fleck; gelegentlich treten goldglänzende Farbvarietäten (Goldbarsch) auf. Mittlere Länge 15 bis 30 cm.

Biologie: Bewohnt ganz Europa, Nordamerika und Nordasien. Lebt in Fließgewässern und Seen. Sauerstoffbedarf > 6 mg/l, Vorzugstemperatur 12 bis 16 °C, pH-Bereich 4,8 bis 10,5.

Laicht von März bis Juni vorzugsweise jedoch im April und Mai; das Weibchen gibt 200000 bis 300000 Eier ab, die in lange Gallertschnüre eingebettet an Wasserpflanzen befestigt werden.

In der Jugend Kleintierfresser, im Alter Raubfisch und gelegentlich auch Laichräuber.

Wirtschaftliche Bedeutung: Wegen ihres Wohlgeschmacks sind größere Barsche geschätzte Speisefische und daher lokal von wirtschaftlicher Bedeutung.

Zander

Stizostedion lucioperca Linné 1758
Schill, Hechtbarsch, Fogas, Sandbarsch,
Schiel, Sandart

Kennzeichen: R_1 XIII – XV, R_2 I – II/12 – 23, Br 15, B I/5, A II/11 – 12, S 17; Sch 80 – 95, 13 – 16/30 – 35.

Spindelförmiger, hechtähnlicher Fisch mit endständigem Maul; Maulspalte groß bis hinter das Auge reichend, Maul mit vielen kleinen Zähnen und dazwischen liegenden einzelnen großen »Hundszähnen«; Kiemendeckel mit kleinem Dorn; relativ kleine Kammschuppen.

Grundfarbe des Körpers grau, seitlich grüngrau, Unterseite matt silberweiß; in der Jugend 8 bis 10 braune Querstreifen an den Seiten, die im Alter meist verwaschen erscheinen; R_1 und R_2 mit dunklen, in Längsstreifen angeordneten Flecken. Mittlere Länge 40 bis 50 cm.

Biologie: Über ganz Mitteleuropa verbreitet, im Osten bis Rußland, im Süden bis Norditalien. Bevorzugt warme, flache und sommertrübe Gewässer mit hartem Grund. Sauerstoffbedarf > 6 mg/l, Vorzugstemperatur 15 bis 20 °C, pH-Bereich 5,0 bis 9,2.

Laicht von April bis Anfang Juni bei Wassertemperaturen zwischen 12 und

15 °C in einer Wassertiefe von 1 bis 3 m in Ufernähe; die Eier werden einzeln an Pflanzen geklebt.

Bis zu einer Größe von etwa 15 cm Plankton- und Bodentierfresser, später Raubfisch, der kleine Fische bevorzugt.

Wirtschaftliche Bedeutung: Sehr wichtiger Speisefisch, mit wohlschmeckendem, fast grätenlosem Fleisch; wird in zunehmendem Maß in Zuchtanstalten künstlich erbrütet und zu Setzlingen herangezogen.

Graskarpfen

Ctenopharyngodon idella
(Cuvier et Valenciennes 1844)
Weißer Amur, Amurkarpfen, Grasfisch

Kennzeichen: R I – II/8, Br I/14 – 16, B I/7 – 8, A II/8 – 9, S V – VI/17; Sch 38 – 45,6 – 7/5; Schl-Z 2.5 – 4.2 oder 2.4 – 4.2.

Langgestreckte, mehr oder weniger walzenförmige Gestalt, seitlich leicht abgeflacht; große, lockersitzende Schuppen, Maul halb unterständig; Schl-Z zweireihig, seitlich zusammengedrückt mit sägeartigen Kronen.

Rückenfärbung dunkelgrün, an den Seiten aufgehellt, Bauch weiß; die Ränder der großen Schuppen sind dunkel, wodurch der Körper wie mit dunklen Halbmonden gemustert erscheint. In seiner Heimat werden Längen von 1 m bei 50 kg Gewicht erreicht.

Biologie: Heimat sind die Flüsse der Ebenen Chinas. Er laicht dort, in der Regel bei steigendem Wasserstand, während des Sommers in mehreren Schüben im Flußbett. In unseren Breiten ist nur künstliche Vermehrung in Fischzuchten möglich.

Die Brut ernährt sich bis zu einer Größe von 6 bis 10 cm von tierischem Plankton. Anschließend wird der Graskarpfen zu einem reinen Pflanzenfresser, wobei sowohl harte als auch weiche Wasserpflanzen genommen werden. Der Nahrungsbedarf ist sehr groß und der Fisch wächst schnell. Sauerstoffbedarf und pH-Bereich entsprechen ungefähr den Werten wie beim Karpfen. Nahrung wird erst bei Temperaturen über 12 °C aufgenommen. Das Optimum der Nahrungsaufnahme liegt zwischen 25 und 30 °C.

Wirtschaftliche Bedeutung: In seiner Heimat wichtiger Wirtschaftsfisch; sein Fleisch ist wohlschmeckend und erinnert an Karpfenfleisch. In der Bundesrepublik als Konsumfisch noch unpopulär (starke Beschuppung?); wird in erster Linie nur zur Wasserpflanzenbekämpfung in Teichen verwendet.

Silberkarpfen

Hypophthalmichthys molitrix
(Valenciennes 1844)
Tolstolob, Silberfisch

Kennzeichen: R III/6 – 7, A II – III/12 – 14; Sch 110 – 124, 28 – 30/16 – 28; Schl-Z 4 – 4.

Seitlich zusammengedrückte Gestalt; das Maul ist oberständig und reicht etwa bis zur Mitte des Auges; die Augen liegen sehr weit unten; die Schlundzähne sind stark angeplattet. Die Kiemenreusendornen sind miteinander verschmolzen und bilden ein »Netz«. Die Schuppen sind klein und glänzen bei Jungtieren silbrig, bei älteren bleigrau; die ganze Bauchlinie zwischen Kiemenöffnung und A bildet einen scharfen Kiel. In seiner Heimat wird der Silberkarpfen über 1 m lang und bis zu

20 kg schwer; bei uns wächst er langsamer als der Graskarpfen.

Biologie: Heimat ist das Amur-Flußgebiet; laicht im Sommer an sandigen Stellen; in Mitteleuropa Vermehrung nur in Fischzuchten. Optimale Nahrungsaufnahme erst bei Wassertemperaturen über 14 °C; sehr sauerstoffbedürftig. Erstickt beim Abfischen leicht im Schlamm (sehr feine Kiemenblättchen); sehr springfreudig.

Bis zu einer Körperlänge von 10 cm besteht die Nahrung aus tierischem Plankton. Während dieser Zeit entwickeln sich auf den Kiemenbögen die miteinander vernetzenden Kiemenreusendornen, anschließend wird ausschließlich pflanzliches Plankton als Nahrung aufgenommen. Es erfolgt keine Futteraufnahme vom Boden.

Wirtschaftliche Bedeutung: Hier gilt das für den Graskarpfen Gesagte. Der Fisch ist aber auch als Speisefisch von beachtlicher Qualität und sollte daher nicht nur zur Algenbekämpfung verwendet werden.

Marmorkarpfen
Hypophtalmichthys (Aristichthys) nobilis (Richardson 1844)

Kennzeichen: R III/7; A III/12; Sch 95 – 102; Schl-Z 4 – 4.

Ähnelt dem Silberkarpfen, ist jedoch gedrungener und hat einen größeren Kopf; auch ist sein Maul oberständig.

Der Filterapparat der Kiemen ist grob; die Bauchseite ist leicht gerundet und lediglich zwischen B und A gekielt; die Schuppen der Br reichen über den Ansatz der B hinaus.

Die Färbung ist dunkler als die des Silberkarpfens, gelegentlich leicht gelblich, aber immer mit deutlicher dunkler Marmorierung. Das Maximalgewicht liegt bei 40 kg.

Biologie: Heimat ist das südliche China. Der Marmorkarpfen laicht im Sommer in den großen Strömen über sandigen Bereichen an der Grenze des Strömungssogs. Seine Anforderungen an die Wasserqualität ähneln denen der beiden anderen pflanzenfressenden Cypriniden.

Die Nahrung der Brut besteht ebenfalls anfangs ausschließlich aus tierischem Kleinplankton; mit zunehmendem Alter wird immer mehr auf pflanzliches Plankton übergegangen. Größere Tiere nehmen dann sowohl Phyto- und Zooplankton. Erst die zwei- und dreisömmrigen Marmorkarpfen sind in der Lage, sich ausschließlich von Blaualgen zu ernähren und dabei gut abzuwachsen.

Die wirtschaftliche Bedeutung entspricht der des Silber- und Graskarpfens.

Krebse

Die Höheren Krebse der Ordnung Decapoda – und nur von ihnen ist hier die Rede – gehören selbstverständlich nicht zu den Fischen. Entwicklungsgeschichtlich sind sie sehr weit von ihnen entfernt. Der Zoologe zählt alle Krebstiere (Crustacea) neben anderen Tiergruppen, wie auch Spinnen und Insekten, zu den Gliederfüßern oder Arthropoden. Da Fisch- und Krebsnutzung aber von jeher zusammengehören, wie alte Fischereirechte belegen, sollen diese interessanten Tiere hier kurz erwähnt werden. Hinzu kommt, daß unsere heimischen Krebsbestände seit dem ausgehenden 19. Jahrhundert durch die Krebspest, eine seuchenhafte Erkrankung durch den Pilz *Aphanomyces astaci*, weitgehend vernichtet wurden, so daß eine verstärkte Wiederansiedlung auch aus der Sicht des Artenschutzes sehr erfreulich wäre.

Edelkrebs
Astacus astacus (Linné 1758)
Flußkrebs

Kennzeichen: Typische Krebsgestalt.

Charakteristisch für den Krebs ist der starre, aus Chitin bestehende und durch eingelagerte Kalksalze verstärkte Hautpanzer. Er dient als Außenskelett, wächst aber nicht mit und muß daher von Zeit zu Zeit abgestoßen und erneuert werden. Der Körper besteht aus zwei Hauptabschnitten, dem einheitlichen Kopfbruststück (Cephalothorax), »Krebsnase« genannt, und dem Hinterleib (Abdomen), der auch als »Krebsschwanz« bezeichnet wird. Oben und an den Seiten wird das Kopfbruststück von dem gewölbten und besonders harten Rückenschild (Carapax) umschlossen. Es läuft zum Kopf hin spitz aus (Rostrum) und schützt die auf der rechten und linken Körperseite liegenden Kiemen. Die Augen sitzen auf Stielen, können unabhängig voneinander bewegt und bei Gefahr in Aussparungen des Panzers zurückgezogen werden. Der Hinterleib besteht aus sechs gegeneinander beweglichen Abschnitten. Der letzte bildet dabei das Mittelteil des Schwanzfächers (Telson). Auf der Bauchseite fallen vor allem die zahlreichen Gliedmaßenpaare auf. Sie wurden im Verlauf der Entwicklungsgeschichte ihren Funktionen entsprechend unterschiedlich stark abgewandelt und bieten auf den ersten Blick ein verwirrendes Bild. Dem ersten und zweiten Gliedmaßenpaar entsprechen die beiden Antennenpaare (Fühler). Sie dienen dem Tast-, Geruchs- und Gleichgewichtssinn. An weiteren Kopfgliedmaßen finden sich dann je ein Paar Oberkiefer (Mandibeln) sowie erster und zweiter Unterkiefer (Maxillen). Die ersten drei Beinpaare des Brustteils sind zu Kieferfüßen umgewandelt. Ober- und Unterkiefer bilden zusammen mit den Kieferfüßen einen komplizierten Kauapparat. Das vierte Brustbeinpaar, es ist zugleich das erste Schreitfußpaar, sind die bekannten, großen Scheren, mit denen der Krebs seine Nahrung ergreift oder kämpft. Ihm folgen vier weitere Schreitfußpaare, die die Fortbewegungsorgane darstellen. Der Hinterleib weist bei männlichen Krebsen 5, bei weiblichen 4 Beinpaare auf. Sie unterstützen die Tiere beim Schwimmen, weshalb man sie auch Schwimmfüße nennt. Bei den Männchen sind die ersten beiden Beinpaare des Hinterleibs zu Begattungsorganen umgewandelt. Die Weibchen benützen die Schwimmfüße auch zum Tragen der befruchteten Eier und der Embryonen. Das letzte Gliedmaßenpaar ist zu breiten Platten abgewandelt, die die Seitenteile des beweglichen Schwanzfächers bilden.

Krebse atmen zwar auch mit Kiemen, doch unterscheidet sich der Atmungsvorgang erheblich von dem der Fische. Die Kiemen befinden sich beiderseits des Kopfbruststückes unter dem gewölbten, unten eng anliegenden Rückenschild. In diesen Kiemenhöhlen, die sich nach vorn bis auf eine kleine Öffnung verengen, sitzen die feinhäutigen, büscheligen Kiemen an den Ansatzstellen des zweiten und dritten Kieferfußpaares sowie an denen der Schreitbeinpaare. Diese Anordnung ist für die Versorgung mit frischem Atemwasser sehr günstig, da die Beinbewegungen für eine ständige Wassererneuerung sorgen. Das Einströmen des Atemwassers in die Kiemenhöhlen erfolgt dabei durch mehrere Öffnungen von unten, das Ausströmen durch die vordere Verengung. Im Gegensatz zu den Fischen können Krebse ihre Atmung auch außerhalb des Wassers aufrechterhalten. Ihre Kiemen sind elastisch und legen sich nach dem Ablaufen des Wassers nicht so fest zusammen wie die der Fische. Dadurch bleiben sie in feuchter Umgebung tagelang funktionsfähig.

Färbung: Oberseite je nach Standort bräunlich bis oliv gefärbt, auf Mergelboden gelegentlich aber auch blau; Unterseite der Scheren und Beine, letztere vor allem im Bereich der Gelenke, rotgefärbt; je steiniger der Gewässeruntergrund, desto schöner ist die Färbung. In Seen lebende Tiere in der Färbung meist etwas heller. Tiere von 15 cm Länge und 150 g Gewicht gelten als ausgewachsen.

Biologie: Verbreitung ursprünglich in ganz Mitteleuropa; durch die Krebspest stark dezimiert und heute selten. Während seines Wachstums häutet sich der Krebs öfters, d. h. der zu enge Panzer reißt auf und wird abgestreift. Die Härtung der neuen Körperhaut dauert mehrere Tage. Während dieser Zeit ist der weichhäutige »Butterkrebs« besonders gefährdet, er nimmt zu dieser Zeit keine Nahrung auf und verläßt seinen Unterschlupf nicht.

Typische Krebsgewässer sind langsam fließende, buschbestandene, saubere Bäche und Flüsse, ebenso aber Bergseen, Teiche und Tümpel ohne Faulschlammablagerungen. Wesentlich für seine Existenz sind ausreichende Verstecke wie Wurzelhöhlen, überhängende Böschungen, hohlaufliegende Steine u. a. m., da der Krebs die flachen Uferzonen bevorzugt. Wassertemperaturen im Sommer 15 bis max. 25 °C, pH-Bereich 5 bis 10, Sauerstoffgehalt hoch, in jedem Fall > 5 mg/l.

Die Paarung erfolgt in der Zeit von Oktober bis November. Die befruchteten Eier heftet das Weibchen an die Hinterleibsgliedmaßen an, wo sie dann etwa ein halbes Jahr mit herumgetragen werden. Im darauffolgenden Mai oder Juni schlüpfen die Jungen, die sich anfangs noch an der Mutter festklammern. Erst nach der ersten Häutung werden sie selbständig. Die Eizahl schwankt zwischen 10 und mehreren Hundert, wobei aber nur etwa ein Drittel zur völligen Entwicklung gelangt.

Die Nahrung wird hauptsächlich bei Dunkelheit aufgenommen und besteht aus Kleintieren (Würmer, Insekten, Schnecken), gelegentlich auch aus kleinen Fischen.

Wirtschaftliche Bedeutung: Krebsfleisch gilt als besonderer Leckerbissen und erzielt einen hohen Marktpreis. Nutzbar am Krebs sind jedoch nur 20 bis 30% des Lebendgewichtes, im wesentlichen die Scheren und der Schwanz. Beim Fang von Krebsen sind die Vorschriften der jeweiligen Fischereigesetze und -ordnungen zu beachten (Schonzeiten, Fangmaße etc.). Die künstliche Erbrütung und Zucht nimmt stetig zu, wobei die Bestandserhaltung und -vergrößerung der durch die Krebspest verödeten Gewässer im Vordergrund steht. Die Herauszüchtung verbesserter Merkmale, wie erhöhte

Resistenz gegen Krankheiten und schädliche Umwelteinflüsse sowie größere eßbare Fleischanteile, sind vorläufig noch Wunschziele.

Ein kombinierter Besatz aus Fischen und Krebsen im Teich ist durchaus möglich. Allerdings dürfen keine Aale vorhanden sein. »Butterkrebse« zählen zu den bevorzugten Beutetieren des Aals. Infolge seiner Körpergestalt sind sie nicht einmal in ihren Verstecken vor ihm sicher. Aalbesatz schließt also Krebsbesatz aus! Besonders Teiche, die nicht intensiv bewirtschaftet werden, eignen sich recht gut zur Krebszucht. Je nach Fischbesatz rechnet man mit 1 Krebs-Sömmerling je Quadratmeter, wenn gefüttert wird sogar bis zu 5 Stück.

Von einem Besatz mit anderen Krebsarten, wie Signalkrebs, *Pacifastacus leniusculus* (Dana), oder Camberkrebs, *Oronectes limosus* Raf., ist aus vielerlei Gründen abzuraten. Anders als manche fremde Fischart, die in den letzten Jahren bei uns ausgesetzt wurde, wie z. B. die ostasiatischen, pflanzenfressenden Cypriniden, stellt beispielsweise der aus Nordamerika stammende Signalkrebs eine weitaus größere Konkurrenz für unsere einheimischen Krebse dar. Einmal ist er erheblich robuster und toleriert daher mindere Wasserqualität. Darüber hinaus wächst er merklich schneller und vermehrt sich außerdem erheblich stärker als unser Edelkrebs. Es ist daher zu befürchten, daß durch einen vermehrten Besatz unserer Gewässer mit diesem Fremdling die noch vorhandenen Restbestände des einheimischen Edelkrebses über kurz oder lang völlig verdrängt würden. Dies wäre besonders fatal, da die zum Teil doch erheblich verbesserte Gewässergüte mancherorts eine Wiederansiedlung des Edelkrebses durchaus zulassen würde.

Der Teich als Lebensraum

Ökosystem Teich

Nachdem wir die wichtigsten Eigenarten des Lebewesens Fisch und einige für unsere Zwecke geeignete Fischarten kennengelernt haben, müssen wir nun ihren Lebensraum betrachten, also das Gewässer. Das ist in unserem speziellen Fall der Teich.

Was ist ein Teich? Der Hydrobiologe versteht unter einem Teich ein künstliches, von Menschen angelegtes, ablaßbares Gewässer, das so flach ist, daß das Sonnenlicht an allen Stellen bis zum Grund eindringen kann. Der gesamte Teichbo-

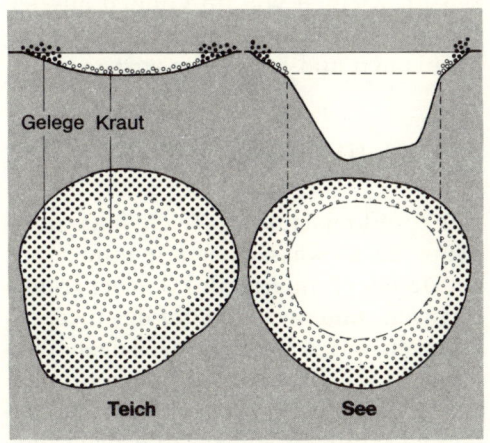

Verteilung der höheren Wasserpflanzen (Gelege = Überwasserpflanzen, Kraut = Unterwasserpflanzen) in einem Teich und in einem See. Die gestrichelte Linie markiert die Untergrenze der durchlichteten Wasserschicht (nach Uhlmann 1975).

den kann daher von festsitzenden Wasserpflanzen besiedelt werden, und die photoautotrophe Produktion läuft in allen Wasserschichten ab. Auch fehlt in der Regel eine stabile Wärmeschichtung des Wassers wie im See. Die natürlichen Produktionsbedingungen wechseln im Teich ständig, da der Wind und die Wärmeströmungen fast immer für einen Austausch von Stoffen und Gasen sorgen. Daher sind z. B. auch Schwankungen des Sauerstoffgehaltes in einem Teich örtlich und zeitlich meist viel ausgeprägter als in einem See. Ein natürlich entstandenes, jedoch nicht ablaßbares, flaches, stehendes Gewässer bezeichnet der Fachmann als Weiher.

Bei einem See und seinem vom Menschen angelegten Gegenstück, dem Stausee oder der Talsperre, ist nur der Uferbereich so flach, daß er voll durchlichtet wird und auch von wurzelnden Pflanzen besiedelt werden kann. Die Freiwasserzone hingegen ist so tief, daß das Sonnenlicht nicht bis zum Grund reicht und sich das Tiefenwasser nicht erwärmt. Somit ist keinesfalls die Flächenausdehnung das wesentlichste Unterscheidungsmerkmal zwischen Weiher und See bzw. Teich und Stausee, sondern die Existenz einer Tiefenzone mit kühlem Wasser ohne Vegetation. Die Umgangssprache nimmt allerdings auf diese Definition wenig Rücksicht. So nennt man in Mittelfranken jeden Teich Weiher und in Unterfranken und Schwaben sogar See.

61

Ein Teich ist aber mehr als nur eine mit Wasser gefüllte Vertiefung im Boden. Er ist vor allem die Lebensstätte unserer Fische und einer Vielzahl anderer tierischer und pflanzlicher Lebewesen. Sie alle leben im Teich, vermehren sich dort und gehen auch dort zugrunde. Untereinander stehen diese Lebewesen alle in einem Zusammenhang, z. B. durch eine Räuber-Beute-Beziehung, also – stark vereinfacht gesprochen – durch die Tatsache, daß die kleineren von den größeren gefressen werden (Nahrungsketten). Alle Lebewesen des Teiches sind aber auch abhängig von den unbelebten Faktoren unseres Teiches, z. B. der Wasserqualität oder der Art des Bodengrundes, kurz gesagt, von ihrer Umwelt. Dabei – und das ist sehr wichtig – beeinflussen sich Organismen und Umwelt gegenseitig, was für die Erhaltung des Lebens im Teich von grundsätzlicher Bedeutung ist. Mithin ist der Teich also ein kleines Ökosystem. Jedes Ökosystem baut sich aus verschiedenen Lebensräumen (Biotopen) auf, deren Lebensgemeinschaften (Biozönosen) sich in ihrem Artbestand unterscheiden. Jeder Organismus lebt dabei gemäß seinen Ansprüchen an mehr oder weniger eng umgrenzten Örtlichkeiten (Habitat) und übt eine seinen Erbanlagen entsprechende Funktion im Ökosystem aus.

Die Strategie der Natur ist nun vor allem auf die Stabilisierung der Funktion von Ökosystemen ausgerichtet, was in den biozönotischen Grundprinzipien zum Ausdruck kommt, die sinngemäß wie folgt formuliert werden können:
– Je vielfältiger die Lebensbedingungen einer Lebensstätte sind, um so größer ist die Artenzahl ihrer Lebensgemeinschaft.

– Je mehr sich die Lebensbedingungen einer Lebensstätte vom Normal- und vom für die Organismen optimalen Zustand entfernen, desto artenärmer wird die Lebensgemeinschaft, aber auch um so größer der Individuenreichtum dieser wenigen Arten.
– Je länger ein Standort gleichartige Umweltbedingungen aufweist, desto artenreicher ist auch seine Lebensgemeinschaft.

Für unseren Teich heißt das, daß zwischen der Besiedlung mit Bakterien, Pflanzen, Kleinlebewesen und Fischen sowie dem Gehalt des Wassers an Nährstoffen und Gasen unter den jeweiligen Verhältnissen eine natürliche Ausgewogenheit besteht, die man im Idealfall als biologisches oder ökologisches Gleichgewicht bezeichnen kann. Damit ein solches Gleichgewicht von Bestand ist, müssen im Kleinen wie im Großen ausgleichende Wechselbeziehungen, Regelmechanismen und Kreisläufe wirken.

Stoffkreislauf im Teich

Der Stoffkreislauf im Teich oder überhaupt im Gewässer beginnt immer mit der Ur- oder Primärproduktion der grünen Pflanzen, und zwar sowohl der niederen Pflanzen, wie z. B. der Schwebalgen (Phytoplankton), als auch der höheren Pflanzen (Makrophyten), wie z. B. Laichkräuter und Schilf. Sie stehen am Anfang allen organischen Geschehens im Gewässer. Nur sie sind in der Lage, aus den im Wasser gelösten Nährsalzen und seinem Kohlendioxidgehalt mit Hilfe der Sonnenenergie organische Substanz aufzubauen.

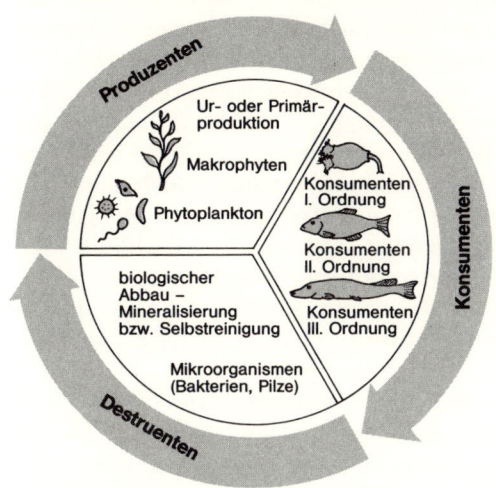

Auf- und Abbau der organischen Substanz im Gewässer (nach Bohl 1982, verändert).

Dieser Vorgang, bei dem gleichzeitig Sauerstoff entsteht, wird Photosynthese genannt. Die Pflanzen sind somit die Produzenten.

Die von dieser Urproduktion lebenden Tiere bezeichnet man als Konsumenten. Dabei unterscheiden wir zwischen den Konsumenten erster Ordnung (Pflanzenfresser), den Konsumenten zweiter Ordnung (Tierfresser) und den Konsumenten dritter Ordnung (Spitzenraubtieren, die von keinen anderen Tierfressern mehr erbeutet werden). Dieses Fressen und Gefressenwerden führt zu vielfältigen, ineinander verwobenen Nahrungsketten, deren letztes Glied im allgemeinen ein großer Raubfisch ist, z. B. ein Hecht.

Was geschieht aber nun mit den Raubfischen, die nicht vom Menschen gefangen werden, sondern die eines natürlichen Todes sterben? Nun, die Natur kennt keinen Abfall. Alles, was nach dem Tod übrig

bleibt, wird ab- und umgebaut und erneut verwertet. Im Teich besorgen dies die Abfallverwerter, vor allem die im Bodensediment lebenden Bakterienarten. Wir nennen sie Destruenten. Sie beziehen ihre Lebensenergie aus den organischen Resten, die sie in wasserlösliche Nährsalze umwandeln. Bei diesen Destruenten unterscheiden wir zwei große Gruppen: die Bakterien, die für ihre Lebensfunktion Sauerstoff benötigen, die Aerobier, und solche, die im sauerstoffarmen bzw. -freien Milieu lebensfähig sind, die Anaerobier. Art und Menge der Destruenten sind also vom Sauerstoffgehalt des Wassers abhängig.

Bei ausreichender Sauerstoffzufuhr können die organischen Substanzen ohne störende Nebenerscheinungen durch die Aerobier »mineralisiert« werden, und die Entwicklung von Faulschlamm hält sich in Grenzen. Diesen Vorgang bezeichnet man als Selbstreinigung. Bei Sauerstoffmangel dagegen erfolgt der Abbau der organischen Materie überwiegend durch Faulprozesse. Daher kommt es bei diesen Vorgängen oft zu beachtlichen Entwicklungen von unliebsamen chemischen Verbindungen, die teilweise erheblich giftig sind, wie Ammoniak, Schwefelwasserstoff u. a. m. Gleichzeitig tritt auch eine starke Faulschlammbildung auf. Diese Art der Umwandlung der organischen Stoffe verhindert im Teich unter Umständen die Ansiedlung von Fischen überhaupt.

Mit der Umwandlung der organischen Materie in Nährsalze und Gas wird der biochemische Kreislauf im Gewässer geschlossen. Das Zusammenspiel von Stoffwechselvorgängen ist fein abgestimmt und läuft in einem gesunden Gewässer (biologisches Gleichgewicht!) weitgehend harmonisch ab.

Außer diesem Gesamtschema des Stoffkreislaufes müssen wir, um unseren Teich als Lebensraum verstehen zu können, einige wichtige Ausschnitte aus diesem Kreislauf etwas näher betrachten.

Das Schema (a) Seite 65 zeigt das Sauerstoff-Kohlendioxid-System im Teich bei Tag und bei Nacht. Tagsüber wird von den Pflanzen mit Hilfe der Sonnenenergie, dem Kohlendioxid und den anorganischen, gelösten Stoffen organische Substanz aufgebaut (oben). Dieser Vorgang heißt Photosynthese, die Tätigkeit der Pflanzen Assimilation. Dabei wird Kohlendioxid (CO_2) verbraucht und Sauerstoff (O_2) gebildet. Während der Dunkelheit läuft der umgekehrte Vorgang ab, den man Dissimilation nennt, d. h. nun veratmen auch die grünen Pflanzen Sauerstoff und liefern Kohlendioxid (unten).

In einem biologisch intakten Gewässer halten sich beide Prozesse in etwa die Waage, wenngleich die Assimilation meist leicht überwiegt. Doch kann bei sich ansammelnden größeren Mengen absterbenden organischen Materials die Sauerstoffkonzentration so stark absinken, daß infolge Sauerstoffmangels Fischsterben auftreten, z. B. bei länger werdenden Nächten im Herbst.

Bei den Kreisläufen von Kohlenstoff (C), Stickstoff (N) und Schwefel (S), die eng ineinander verzahnt sind, treten unterschiedliche Endprodukte auf, je nachdem ob der Abbau in Gegenwart von Sauerstoff erfolgt (aerob) oder anaerob.

So entsteht im Kohlenstoffkreislauf aus dem Abbau von Zellulose und Fetten bei

Gesamtschema des biochemischen Stoffkreislaufes im Teich (nach Schmidt 1974).

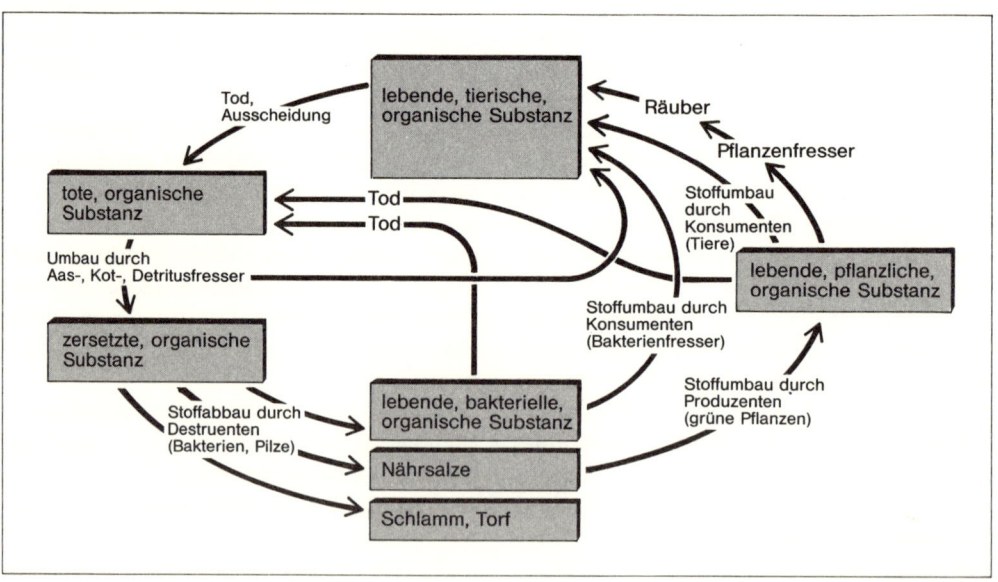

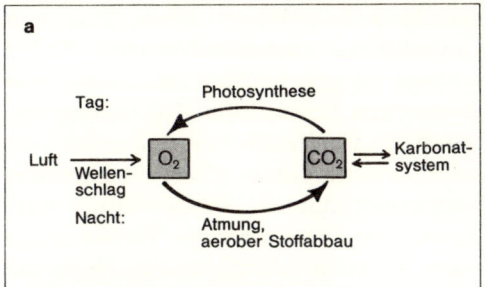

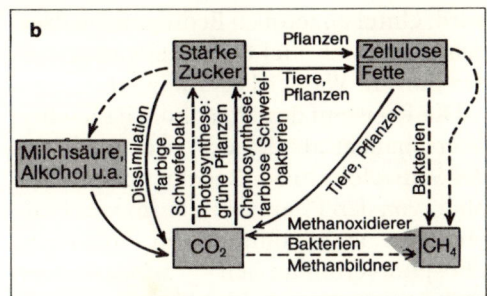

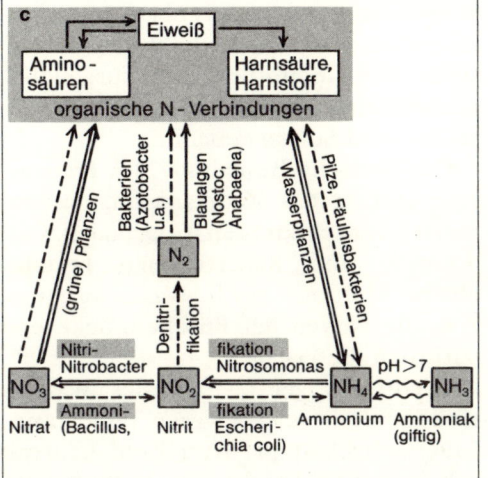

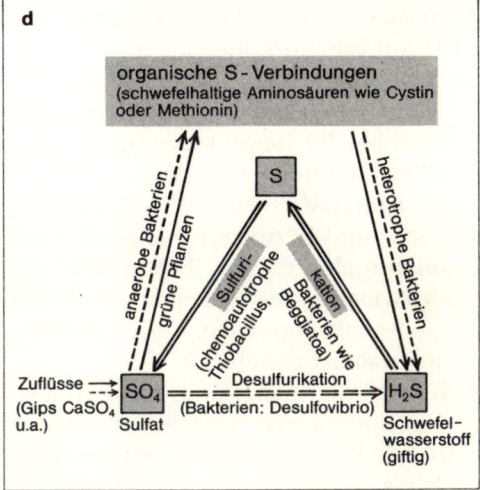

Verschiedene Stoffkreisläufe im Teich.
Durchgezogene Linien = Vorgänge in
sauerstoffreichem Milieu (aerob); gestrichelte
Linien = Vorgänge bei Sauerstoffmangel
(anaerob).
a) Sauerstoff-Kohlendioxid-System;
b) Kreislauf des Kohlenstoffes;
c) Kreislauf des Stickstoffes;
d) Kreislauf des Schwefels (nach Schmidt 1975)

aeroben Verhältnissen harmloses Kohlendioxid (CO_2), beim Fehlen von Sauerstoff jedoch giftiges Methan (CH_4).

Im Stickstoffkreislauf wird aus dem tierischen Eiweiß durch die Nitrifikation von Ammonium (NH_4^+) über Nitrit

(NO_2^-) Nitrat (NO_3^-), wenn Sauerstoff vorhanden ist. Fehlt dieser, entsteht durch die anaeroben Bakterien bei pH-Werten unter 7 ungiftiges Ammonium (NH_4^+) bzw. bei höherem pH das äußerst fischgiftige Ammoniak (NH_3). Bei der Zersetzung schwefelhaltiger organischer Verbindungen, z. B. der Eiweißfäulnis, werden kleine Mengen von Schwefelwasserstoff (H_2S) freigesetzt, der in Anwesenheit von Sauerstoff jedoch nicht beständig ist, sondern durch Bakterien sofort bis zum beständigen Sulfat (SO_4^{2-}), der Endstufe der Mineralisierung organischer Schwefelverbindungen, weiteroxidiert

65

wird. Unter anaeroben Bedingungen dagegen bildet sich viel Schwefelwasserstoff, der nun im Wasser beständig ist.

Der Kreislauf des Phosphors ist leichter überschaubar als der des Stickstoffs und des Schwefels. In der Regel wird der Phosphor, von den Pflanzen in Form von Pyrophosphat aufgenommen, in organische Phosphorverbindungen umgewandelt und aus diesen nach dem Absterben durch Bakterien wieder als Phosphat freigesetzt.

Darauf fußend können wir die Teiche nach ihrem Stoffhaushalt gliedern in:

- Teiche mit hohem Nährstoffgehalt (eutroph). Sie liegen meist inmitten ertragreicher Äcker und Wiesen und weisen nährstoffreiche Zuflüsse auf.
- Teiche mit geringem Nährstoffgehalt (oligotroph). Dieser Typ findet sich überwiegend in extensiv genutzten Landschaftsbereichen, ihre Zuflüsse sind nahezu unbelastet.
- Teiche, die nährstoffarm sind (dystroph). Sie liegen vorwiegend in Moor- und Waldgebieten und besitzen meist saures, bräunlich gefärbtes Wasser.

Lebensgemeinschaften des Teiches

Flache, stehende Gewässer gliedern sich in zwei Teilräume, die Freiwasser- und die Bodenzone.

Die in der Freiwasserzone lebenden Organismen haben keine oder zumindest nur eine zeitweilige Beziehung zum Boden und halten sich meist ständig schwebend oder schwimmend im Wasserkörper auf (Plankton).

Die pflanzliche Besiedlung dieses Lebensraumes besteht aus dem Phytoplank-

ton, das sich aus Kiesel-, Blau-, Grün- und Geißelalgen zusammensetzt. Dabei kommt es gelegentlich zu Massenvermehrungen bestimmter Algenarten, wodurch das Teichwasser eine charakteristische Färbung erhält. Diese Erscheinung bezeichnet man als »Wasserblüte«. Bakterien und Pilze sind im Wasser meist nicht frei suspendiert, sondern sitzen auf kleinen Schwebstoffpartikeln. Diese Schwebstoffe mit einem überwiegend organischen Anteil bezeichnet man als Detritus. Die Gesamtheit allen suspendierten Materials, also Plankton und Schwebstoffe, wird Seston genannt.

Die tierische Besiedlung des Freiwassers umfaßt das Zooplankton, das zumeist aus Kleinkrebsen (Copepoden, Cladoceren) und Rädertierchen besteht. Hinzu kommen noch Wasserinsekten, z. B. die Larven der Büschelmücke und natürlich die Fische.

Wichtige Eigenschaften des Wassers sind für all diese Lebewesen Temperatur, Sauerstoffgehalt, pH-Wert, Kohlendioxidgehalt und zahlreiche gelöste Stoffe, auf die an anderer Stelle noch genauer eingegangen wird.

Die Bewohner der Bodenzone leben überwiegend in oder auf dem Bodensediment oder an wurzelnden Pflanzen. Bei dem auf dem Gewässergrund wurzelnden höheren Wasserpflanzen unterscheidet man zwischen den sog. Gelegepflanzen, z. B. Schilf, Rohr und Flechtbinse, und

Wer würde diesen idyllischen Teich nicht gern sein eigen nennen? Das üppige Gelege beweist, daß hier neben Nutzfischen auch manch anderes Getier seine Heimstatt hat. Der Fischer bereitet gerade eine zusätzliche Sicherung der Stauvorrichtung durch ein Netz vor.

den krautigen Unterwasserpflanzen, wie Horn- oder Tausendblatt. Ferner finden sich Moose, z. B. das Quellmoos und evtl. Armleuchteralgen (Characeen). Aber auch Fadenalgen aus den Gruppen der Blau- und Grünalgen sind hier anzutreffen sowie einzellige Algen, Bakterien und Pilze. Die beiden letztgenannten Gruppen treten dabei als Bewuchs auf grünen Pflanzen sowie auf der Oberfläche und im Innern der Bodensedimente auf. Die Gelegepflanzen fördern durch die Bildung von schwerzersetzbaren Zelluloseschlamm nach ihrem Absterben direkt die Verlandung; deshalb müssen sie im Fischteich kurzgehalten werden. Krautpflanzen sind bis zu einem gewissen Umfang als Sauerstoffproduzenten und als Besiedlungsfläche für andere Organismen erwünscht. Vor allem aber sind sie ein beliebter Standort für Jungfische und dienen als Weidegründe und Laichplätze.

Die Algenfilme in der Kontaktzone Wasser – Schlamm tragen zur Festlegung und Isolierung des Bodenschlammes bei. Sie verringern seinen Sauerstoffverbrauch und die Abgabe von gelöstem Eisen, Mangan, Phosphat, Kohlendioxid, Methan und Schwefelwasserstoff an den Wasserkörper.

Die tierische Besiedlung des Teichgrundes besteht aus beweglichen Arten, wie Insektenlarven, Schnecken, Würmern und Urtierchen sowie nicht oder nur wenig ortsbeweglichen Arten, wie Muscheln, Schwämmen und Moostierchen.

Für den Stoffumsatz besonders wichtig sind die im Schlamm lebenden Larven der Zuckmücken (Chironomiden) und die Borstenwürmer (Tubifex). Sie tragen durch ihren schnellen Stoffwechsel in großem Maße zur Aufarbeitung organischer Substanzen bei und damit zur aeroben Stabilisierung des Bodenschlammes. Gleichzeitig sind sie wichtige Nahrungstiere für die Teichfische.

Vor allem bei der Karpfenproduktion spielt der Teichboden eine große Rolle. Er speichert die für die Fruchtbarkeit des Teiches wichtigen Nährstoffe und gibt sie nach Bedarf in Abhängigkeit von anderen Parametern wieder an das Wasser ab, wodurch sie frei verfügbar werden. Von besonderer Bedeutung ist dabei die sich allmählich bildende, etwa 5 bis 7 cm starke fruchtbare Schlammschicht, die die eigentliche Produktionszone darstellt und die sich aus der Ansammlung abgestorbener tierischer und pflanzlicher Reste bildet (vgl. Stoffkreislauf).

Natürlich gibt es im Grenzbereich beider Lebensräume Übergänge. Jedoch ist die Bodenzone im Teich im Gegensatz zu der im See nie vertikal untergliedert.

Die Organismen dieser Lebensräume, und zwar sowohl tierische als auch pflanzliche sowie z. T. sogar Detritus, bilden die natürliche Nahrung unserer Teichfische, wobei deren Nahrungsauswahl, etwa beim Karpfen, entscheidend vom jeweiligen Lebensalter abhängt.

Beeinflussung des Ökosystems Teich

Obwohl unsere geraffte Betrachtung des Fischteiches als Ökosystem nicht allen Einzelheiten gerecht werden kann, zeigt sie, daß die Leistungsfähigkeit jedes Teiches in erster Linie von einer ganzen Reihe natürlicher Bedingungen abhängt, z. B. der Lage des Teiches, der Boden- und Wasserqualität u. a. m., die sich zwangsläufig auf den Fischbestand auswirken und die bei der Fischhaltung berücksichtigt werden müssen. Andererseits besteht aber durchaus die Möglichkeit, durch gezielte Manipulation – sprich: Bewirtschaftungsmaßnahmen – das Ökosystem Fischteich so zu beeinflussen, daß es weit höhere Fischerträge bringt als z. B. ein Weiher.

Die wichtigste Eigenschaft des Teiches, die derartige Maßnahmen überhaupt erst ermöglicht, ist seine Ablaßbarkeit und die damit verbundene Trockenlegung des Teichbodens, die eine echte landwirtschaftliche Bearbeitung zuläßt. Mit dem Ablassen des Teiches ist eine restlose Entnahme der Fische möglich; es führt aber unter Umständen auch zu beträchtlichen Verlusten der fruchtbaren Produktionsschicht, des Schlammes (Ausschwemmung), und das kann in der nächsten Saison erhebliche Ausfälle an Nährtieren nach sich ziehen.

Die Trockenlegung schließlich garantiert, daß der Teichboden ausreichend mit Sauerstoff versorgt wird und im Sinn einer Ertragssteigerung bearbeitet werden kann (vgl. Pflege des Teiches). Gleichzeitig bewirkt die Trockenlegung aber auch beträchtliche Veränderungen in der Tierwelt. Die Artenhäufigkeit auch eines gut bewirtschafteten Teiches beträgt nur etwa 50% der der Uferzone eines Sees, dem einzigen annähernd einem Teich vergleichbaren Lebensraum. Behaupten können sich nur wenige Arten, z. B. Zuckmückenlarven und bestimmte Würmer (Oligochäten).

Durch den ständigen Wechsel zwischen Trockenlegung und Bespannung (Füllung mit Wasser) wird der Teich gewissermaßen ständig im »Pionierzustand« gehalten. Seine katastrophenartige Entvölkerung bei der winterlichen Trockenlegung führt zu einer besonders starken und raschen Wiederbesiedlung nach der Bespannung. Den Neusiedlern steht daher ein extrem schwach bevölkerter Lebensraum zur Verfügung, in dem sie fast oder überhaupt keine Konkurrenz haben. Die Folge ist eine – auf das Teichvolumen bezogene – Überbesiedlung mit einigen wenigen Populationen.

Dieser Effekt ist – da es sich hierbei um Nährtiere des Karpfens handelt – vor allem ganz im Sinne der Karpfenproduktion. Ökologisch gesehen nützt der Bewirtschafter dabei die extremen Schwankungen eines »enthemmten« ökologischen Systems aus. Die Folgen dieser »Enthemmung« sind allerdings im Laufe des Sommers immer deutlicher werdende Nährtier-Minima, die vom Bewirtschafter entweder durch Zufüttern oder durch erneutes Ankurbeln der Urproduktion, also durch Düngung, ausgeglichen werden müssen, wenn die Fischproduktion nicht nachteilig beeinflußt werden soll.

Diese geschilderten ökologischen Zusammenhänge erfahren in der modernen, immer intensivere Betriebsweisen bevorzugenden Fischproduktion dahingehend eine Abwandlung, daß der Teich in zunehmendem Maß nur noch als »Stall« für die Fische aufgefaßt wird – eine Entwicklung, die in der Forellenzucht schon Tradition hat. In dem Bestreben, möglichst große Erträge pro Teichfläche zu erzielen, muß in verstärktem Umfang zugefüttert werden, da die natürliche Nahrungsproduktion des Teiches nicht mehr ausreicht. Gleichzeitig verlangt die intensive Betriebsweise eine kontinuierliche Überwachung des Teichwassers, um gefährliche Situationen, wie Sauerstoffmangel oder Vergiftung durch Stoffwechsel-Endprodukte, rechtzeitig erkennen und durch verstärkten Wasserdurchsatz beheben zu können. Darüber hinaus wird durch den dichten Besatz eine verstärkte tierärztliche Kontrolle der Fische und eventuell der Einsatz von Medikamenten unerläßlich. Der Karpfenteich, der ursprünglich ein echtes Stillwasser und der »Weidegrund« für die Fische war, wird so immer mehr zum Durchflußteich und letztlich wohl zum Gehege.

Betriebsmittel Teichwasser

Auch für die extensive Bewirtschaftung eines Teiches, wie sie der Hobbyteichwirt in der Regel betreiben wird, ist eine möglichst genaue Kenntnis des Teichwassers unerläßlich. An dieses zweifellos wichtigste Betriebsmittel sind prinzipiell zwei Grundanforderungen zu stellen:
– Es muß Fischen und anderen Wassertieren möglichst günstige Lebensbedingungen bieten.
– Es muß alle Nährstoffe, vor allem die für die Primärproduktion erforderlichen, am besten in optimalen Mengen enthalten.

Die wichtigsten chemischen und physikalischen Kennwerte, ihre Bedeutung und ihre Überwachung

Die im Zusammenhang mit diesen Forderungen wichtigsten Kennwerte des Teichwassers sollen nachfolgend besprochen werden. Der Leser muß sich aber immer vor Augen halten, daß diese Parameter – aber auch noch andere, hier nicht besonders erwähnte – im Teich alle gleichzeitig wirksam werden. Hier werden sie allein wegen der besseren Übersichtlichkeit einzeln aufgeführt.

Temperaturverhältnisse

Die Temperatur ist für alle Wasserorganismen von Bedeutung, da sie die Geschwindigkeit der biologischen Vorgänge und die der im Ökosystem Teich ablaufenden chemischen Reaktionen ganz erheblich beeinflußt. Für beide gilt nämlich die van t'Hoffsche Regel, wonach sich bei einer Temperaturerhöhung von 10 °C der Stoffumsatz pro Zeiteinheit verdoppelt bis verdreifacht. Selbstverständlich hat dies für die jeweiligen Organismen aber nur innerhalb ihrer Gedeihgrenzen Gültigkeit.

Die Sonneneinstrahlung ist die natürliche Hauptwärmequelle für jedes Gewässer. Damit bekommt die Wassertiefe erhebliche produktionsbiologische Bedeutung. Eine normale, mittlere Teichtiefe von 80 bis 120 cm erlaubt, wie schon erwähnt, eine vollständige Durchlichtung und somit eine relativ rasche Erwärmung des Wasserkörpers. Andererseits hat ein Teich mit größerer Wassertiefe, von z. B. 2 bis 3 m, eine höhere Wärmekapazität,

d. h. er kühlt sich nicht so schnell ab und bewahrt die einmal aufgenommene Wärme besser. Auch seine Temperaturschwankungen sind daher geringer.

Temperaturschichtungen wie im See bilden sich im Teich nur bei völliger Windstille und kurzfristig aus. Bereits schwacher Wind führt zu völliger Durchmischung und gleichmäßiger Wärmeverteilung. Dies ist auch für die Sauerstoffverteilung günstig. Doch selbst bei Windstille kommt es durch die Wärmeausstrahlung während der Nacht, gegen Morgen zu einer gleichmäßigen Wärmeverteilung.

Der Teich ist zwar ein Stillwasser, dennoch treten in ihm genügend Wasserbewegungen auf. Strömungen, also gerichtete Bewegungen, sind meist windbedingt, während ungerichtete Wasserbewegungen, sog. Turbulenzen, auf dem unterschiedlichen spezifischen Gewicht von wärmerem und kälterem Wasser beruhen. Diese Wasserbewegungen sind produktionsbiologisch außerordentlich bedeutsam. So ist beispielsweise eine gewisse Turbulenz für das Gedeihen des Phytoplankton unerläßlich, da sie dem Absinken entgegenwirkt. Gleichzeitig beeinflussen alle Wasserbewegungen aber auch den Gas- und Stoffhaushalt innerhalb des Wasserkörpers positiv, z. B. durch Begünstigung der Lösung von Nährstoffen aus dem Boden und ihrer Verteilung.

Sauerstoffgehalt

Eine weitere für die Fischhaltung besonders wichtige Eigenschaft des Wassers ist der Sauerstoffgehalt. Wasserorganismen können zur Atmung nur den im Wasser gelösten Sauerstoff verwerten. Lediglich einige Bakterien und Pilze sind in der Lage, auch gebundenen Sauerstoff auszunützen.

Die Löslichkeit des Sauerstoffes im Wasser unterliegt – wie die aller Gase – dem Henryschen Gesetz, d. h. mit zunehmender Temperatur und abnehmendem Druck wird immer weniger Sauerstoff im Wasser gelöst. Dabei entsprechen unter natürlichen Bedingungen die im Wasser gelösten Gasmengen ihrem Partikaldruck in der Atmosphäre. Für den Sauerstoff ergeben sich daher bei 760 Torr folgende Sättigungswerte:

Temperatur	0	10	20	30	°C
Sauerstoffgehalt	14,62	11,33	9,17	7,63	mg/l

Wasser, das diese Sauerstoffmengen pro Liter enthält, ist jeweils hundertprozentig mit Sauerstoff gesättigt. Natürliche Gewässer stehen jedoch nur selten im Lösungsgleichgewicht mit der Atmosphäre. Sie weichen vielmehr von diesen Sättigungswerten häufig nach oben oder unten ab. In solchen Fällen findet dann zwar ein Austausch mit der Atmosphäre statt, der um so schneller verläuft, je größer die Abweichung des augenblicklichen Sauerstoffgehaltes vom Sättigungswert ist und je größer die Austauschfläche im Vergleich zum Wasservolumen ist; doch reicht dieser Austausch in der Regel nicht aus, akuten Sauerstoffmangel schnell auszugleichen.

Diese speziellen Lösungsbedingungen sind von großer Bedeutung für die Atmung der Wassertiere. Mit höherer Temperatur sinkt der Sauerstoffgehalt des Wassers ab, wohingegen der Sauerstoffbedarf der Tiere steigt, da die Intensität ihres

Stoffwechsels mit der Erwärmung zunimmt.

Der Sauerstoffgehalt des Teichwassers, der immer in weiten Grenzen schwankt, wird allerdings nicht nur von der speziellen Löslichkeit des Sauerstoffes und dem Austausch mit der Atmosphäre bestimmt. Wesentlich entscheidender für das Geschehen im Teich sind Sauerstoffproduktion und -verbrauch durch die Organismen. Massenhaft sich entwickelnde niedere und höhere Wasserpflanzen produzieren bei intensiver Sonneneinstrahlung durch die Assimilation sehr große Sauerstoffmengen. Übersättigungen bis zu 300% sind daher durchaus möglich! Während der Nacht kommt es jedoch durch diese Pflanzenmassen auch zu einem erheblichen Sauerstoffverbrauch (Dissimilation), so daß in den frühen Morgenstunden Sauerstoff-Minima auftreten. Gleichzeitig macht sich die Sauerstoffzehrung durch den Teichschlamm (Destruenten) stark bemerkbar. Dieses Zusammenwirken kann bei noch vorhandenen hohen Wassertemperaturen und länger werdenden Nächten im Herbst sogar zu Fischsterben durch Sauerstoffmangel führen. Entsprechendes gilt aber auch für den Winter, wenn die Eisdecke durch eine Schneeauflage lichtundurchlässig und jede Assimilation unterbunden wird. Verglichen mit diesen Vorgängen kann der Sauerstoffverbrauch durch die Fische – selbst bei höchster Besatzdichte – vernachlässigt werden. Der Sauerstoffgehalt des Teichwassers ist also nie konstant, sondern variiert entsprechend der Intensität der einzelnen Bilanzposten:

Zufuhr: Photosynthese
        Atmosphäre

Verbrauch: Atmung
          Abbau und Mineralisierung organischer Stoffe
          Verlust an die Atmosphäre.

In an Phytoplankton reichen Teichen muß daher immer mit zumindest gelegentlichem Sauerstoffmangel gerechnet werden, ebenso wenn sich zuviel organisches Material am Teichboden angesammelt hat oder wenn nach dem Mähen von Wasserpflanzen diese im Wasser verrotten.

Bei Sauerstoffmangel drängen die Fische an die Wasseroberfläche und schnappen nach Luft (Notatmung, Sauerstoffbedarf vgl. Einzelbeschreibungen und umweltbedingte Schädigungen). Es ist dann höchste Zeit, verstärkt Sauerstoff einzubringen, entweder durch Erhöhung des Frischwasserzuflusses oder aber durch Einsatz einer Belüftung (Ringgebläse). Nach dieser »ersten Hilfe« muß allerdings die Ursache der Sauerstoffnot beseitigt werden, d. h. die fäulnisfähigen Stoffe sind aus dem Teich zu entnehmen bzw. Plankton und Pflanzen müssen reduziert werden.

Der Sauerstoffgehalt des Teichwassers sollte daher laufend überwacht werden, wobei mindestens zwei Proben gezogen werden müssen, eine am Einlauf des Teiches und eine an seinem Auslauf. Wichtig ist dabei, daß die Messung an Ort und Stelle durchgeführt wird, da sich durch einen Transport der Probe der Sauerstoffgehalt grundlegend verändert.

Zur Messung des Sauerstoffgehaltes verwendet man entweder ein elektrisches Meßgerät (Sauerstoffelektrode), dessen Anschaffung allerdings teuer ist, oder –

wesentlich preiswerter — Reagenzien-sätze, wie sie von verschiedenen Herstellern angeboten werden (z. B. Aquamerck-Sauerstoff). Die Ermittlung mit dem letztgenannten Verfahren ist etwas umständlicher und weniger genau, in den meisten Fällen jedoch durchaus ausreichend.

Der gemessene Sauerstoffgehalt wird immer in Milligramm pro Liter (mg/l) angegeben. In manchen Fällen ist es jedoch instruktiver, die prozentuale Sauerstoffsättigung oder das Sauerstoffdefizit zu bestimmen, also den Fehlbetrag in Prozent gegenüber dem Sättigungswert bei der vorliegenden Temperatur (vgl. Tabelle Seite 75).

An Hand eines Beispiels sei die Berechnung dieser beiden Werte erklärt. Der gemessene Sauerstoffgehalt eines Teichwassers von 15 °C betrage 8,0 mg/l. Die Sauerstoffsättigung in Prozent errechnet sich nach der Formel

$$\text{Sättigung (\%)} = \frac{\text{gemessener Sauerstoffgehalt (mg/l)} \times 100}{\text{Sättigungswert entspr. der Temperatur (mg/l)}}$$

Setzen wir in diese Formel unsere Meßwerte ein sowie den der Tabelle entnommenen Sättigungswert bei 15 °C, also 10,15 mg/l, erhalten wir

$$\text{Sättigung} = \frac{8,0 \times 100}{10,15} = 78,82\%.$$

Das untersuchte Teichwasser weist also eine Sauerstoffsättigung von 78,82% auf. Das Sauerstoffdefizit beträgt $100,00 - 78,82 = 21,18\%$.

Aus diesem Beispiel geht eindeutig hervor, daß zu jeder Sauerstoffmessung *unbedingt* auch eine Temperaturmessung des Wassers an der Probeentnahmestelle gehört. Ohne Temperaturangabe ist jede Sauerstoffmessung unbrauchbar! Es ist ratsam, die Meßwerte für jeden Teich zu protokollieren, da nur so langjährige Vergleiche möglich sind.

pH-Wert

Der pH-Wert ist das Maß für die Wasserstoffionenkonzentration des Wassers. Die Zahl gibt an, ob und in welchem Grad ein Wasser sauer oder alkalisch ist. Die Skala der pH-Werte reicht von 0 bis 14. Der Wert 7,0 kennzeichnet dabei den Neutralpunkt, an dem das Wasser weder sauer noch alkalisch reagiert. Bei pH-Werten unterhalb des Neutralpunktes, also von pH 6,9 bis 0, wird das Wasser zunehmend saurer, während es von pH 7,1 bis 14 — dem alkalischen Bereich — immer stärker alkalisch, d. h. laugenähnlicher, wird.

Da jeder Organismus nur innerhalb eines bestimmten pH-Bereiches existieren kann, ist der pH-Wert für das Gedeihen aller Wasserorganismen und somit auch für das der Fische wichtig. Allerdings sind die pH-Bereiche, in denen die einzelnen Fischarten geschädigt werden, nicht besonders genau festzulegen, denn die pH-Verträglichkeit wird von verschiedenen Faktoren, wie Rassenzugehörigkeit oder Anpassung, beeinflußt (vgl. Abbildung sowie Einzelbeschreibungen und umweltbedingte Schädigungen).

Wie der Sauerstoffgehalt unterliegt auch der pH-Wert des Teichwassers ganz erheblichen Schwankungen. Denn auch er hängt von dem durch den Tag- und Nachtwechsel bedingten natürlichen Rhythmus der pflanzlichen Tätigkeit ab.

Sauerstoffsättigung (mg O_2/l) in Abhängigkeit von der Temperatur bei einem Gesamtdruck der wasserdampfgesättigten Atmosphäre von 760 Torr (nach Angaben der American Public Health Association 1978)

t °C	0,0	0,1	0,2	0,3	0,4	0,5	0,6	0,7	0,8	0,9
0	14,62	14,58	14,54	14,50	14,46	14,43	14,39	14,35	14,31	14,27
1	14,23	14,19	14,15	14,11	14,07	14,03	14,00	13,96	13,92	13,88
2	13,84	13,80	13,77	13,73	13,70	13,66	13,62	13,59	13,55	13,52
3	13,48	13,45	13,41	13,38	13,34	13,31	13,27	13,24	13,20	13,17
4	13,13	13,10	13,06	13,03	13,00	12,97	12,93	12,90	12,87	12,83
5	12,80	12,77	12,74	12,70	12,67	12,64	12,61	12,58	12,54	12,51
6	12,48	12,45	12,42	12,39	12,36	12,33	12,29	12,26	12,23	12,20
7	12,17	12,14	12,11	12,08	12,05	12,02	11,99	11,96	11,93	11,90
8	11,87	11,84	11,81	11,79	11,76	11,73	11,70	11,67	11,65	11,62
9	11,59	11,56	11,54	11,51	11,49	11,46	11,43	11,41	11,38	11,36
10	11,33	11,31	11,28	11,26	11,23	11,21	11,18	11,16	11,13	11,11
11	11,08	11,06	11,03	11,01	10,98	10,96	10,93	10,91	10,89	10,85
12	10,83	10,81	10,78	10,76	10,74	10,72	10,69	10,67	10,65	10,62
13	10,60	10,58	10,55	10,53	10,51	10,49	10,46	10,44	10,42	10,39
14	10,37	10,35	10,33	10,30	10,28	10,26	10,24	10,22	10,19	10,17
15	10,15	10,13	10,11	10,09	10,07	10,05	10,03	10,01	9,99	9,97
16	9,95	9,93	9,91	9,89	9,87	9,84	9,82	9,80	9,78	9,76
17	9,74	9,72	9,70	9,68	9,66	9,64	9,62	9,60	9,58	9,56
18	9,54	9,52	9,50	9,48	9,46	9,44	9,43	9,41	9,39	9,37
19	9,35	9,33	9,31	9,30	9,28	9,26	9,24	9,22	9,21	9,19
20	9,17	9,15	9,13	9,12	9,10	9,08	9,06	9,04	9,03	9,01
21	8,99	8,97	8,96	8,94	8,93	8,91	8,89	8,88	8,86	8,85
22	8,83	8,82	8,80	8,79	8,77	8,76	8,74	8,73	8,71	8,70
23	8,68	8,67	8,65	8,64	8,62	8,61	8,59	8,58	8,56	8,55
24	8,53	8,52	8,50	8,49	8,47	8,46	8,44	8,43	8,41	8,40
25	8,38	8,36	8,35	8,33	8,32	8,30	8,28	8,27	8,25	8,24
26	8,22	8,21	8,19	8,18	8,16	8,15	8,13	8,12	8,10	8,09
27	8,07	8,06	8,04	8,03	8,01	8,00	7,98	7,97	7,95	7,94
28	7,92	7,91	7,89	7,88	7,86	7,85	7,83	7,82	7,80	7,79
29	7,77	7,76	7,74	7,73	7,71	7,70	7,69	7,67	7,66	7,64
30	7,63	7,62	7,60	7,59	7,58	7,57	7,55	7,54	7,53	7,51
31	7,50	7,49	7,48	7,47	7,46	7,45	7,44	7,43	7,42	7,41
32	7,40	7,39	7,38	7,37	7,36	7,35	7,34	7,33	7,32	7,31
33	7,30	7,29	7,28	7,27	7,26	7,25	7,24	7,23	7,22	7,21
34	7,20	7,19	7,18	7,17	7,16	7,15	7,14	7,13	7,12	7,11
35	7,10	7,09	7,08	7,07	7,06	7,05	7,04	7,03	7,02	7,01

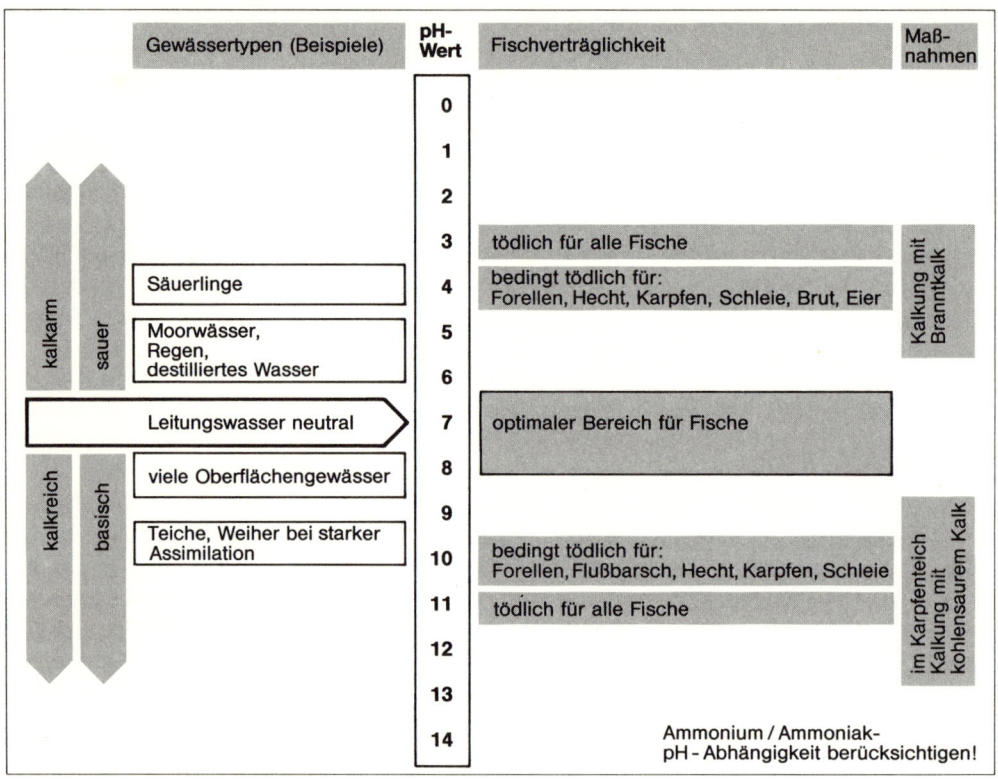

Gewässertypen (Beispiele)	pH-Wert	Fischverträglichkeit	Maß-nahmen
	0		
	1		
	2		
kalkarm / sauer	3	tödlich für alle Fische	Kalkung mit Branntkalk
Säuerlinge	4	bedingt tödlich für: Forellen, Hecht, Karpfen, Schleie, Brut, Eier	
Moorwässer, Regen, destilliertes Wasser	5		
	6		
Leitungswasser neutral	7	optimaler Bereich für Fische	
viele Oberflächengewässer	8		
kalkreich / basisch	9		im Karpfenteich Kalkung mit kohlensaurem Kalk
Teiche, Weiher bei starker Assimilation	10	bedingt tödlich für: Forellen, Flußbarsch, Hecht, Karpfen, Schleie	
	11	tödlich für alle Fische	
	12		
	13		
	14	Ammonium / Ammoniak-pH - Abhängigkeit berücksichtigen!	

Die Bedeutung des pH-Wertes in der Teichwirt schaft (nach Bohl 1982, verändert).

So steigt der pH-Wert im Verlauf eines sonnigen Tages von etwa 7 bis 7,5 am frühen Morgen bis zu Höchstwerten um 9 am Nachmittag, um in der Nacht wieder abzusinken und an die Morgenwerte anzuschließen. Gleichzeitig erfährt der pH-Wert des Teichwassers aber auch noch eine langfristige allmähliche Erhöhung durch die zunehmende Entwicklung von Pflanzen im Jahresablauf. Diese Veränderungen spielen sich bei jedem Teich in einem bestimmten Bereich ab. Um sie zu erfassen, bedarf es mehrerer Messungen pro Tag und vieler im Verlauf eines Jahres.

Man sieht, den pH-Wert eines Teiches schlechthin gibt es nicht. Als Anhaltspunkt mag gelten, daß der Wert im Teich zwischen wenigstens 6,5 und höchstens 8,5 schwanken sollte.

Neben dieser Abhängigkeit von den Wasserpflanzen bestehen aber auch noch enge Beziehungen zum Kohlendioxid- und Karbonat(Kalk-)Gehalt des Wassers. Aus den täglichen pH-Schwankungen kann man allerdings nur sehr grob schließen, ob viel oder wenig Kalk im Wasser gelöst ist. Enthält das Wasser viel gelösten Kalk, sind die pH-Schwankungen gering, ist nur wenig Kalk vorhanden, sind sie relativ groß (Pufferung).

Wie die Bestimmung des Sauerstoffgehaltes muß auch die Messung des pH-Wertes vor Ort erfolgen, da sich in der Probe immer Algen und Bakterien befinden, die das Ergebnis in kurzer Zeit verfälschen würden. Für teichwirtschaftliche Zwecke reicht im allgemeinen die Bestimmung mit einem Universalindikator (z. B. Aquamerck-pH-Bestimmung) aus. Die Methode beruht auf einem Farbvergleich zwischen der mit einigen Tropfen eines Indikators versetzten Probe und einer vorgegebenen Farbskala. Für genauere Messungen stellt der Fachhandel auch elektrometrische Meßgeräte zur Verfügung.

Säurebindungsvermögen, Härte und Kalk-Kohlensäure-Gleichgewicht

Mit dem Säurebindungsvermögen (SBV) — es wird auch als Säurekapazität, p-Wert, Alkalität oder Alkalinität bezeichnet — bestimmt man das im Wasser gelöste Kohlendioxid (CO_2). Kohlendioxid ist für den Teich aus mehreren Gründen von sehr großer Bedeutung. Zum einen ist es der wichtigste Nährstoff für die Primärproduktion, zum anderen bildet es mit dem Kalk das bestimmende Puffersystem in unseren Gewässern. Um die Aussagekraft des SBVs verwenden zu können, muß man jedoch das »Kalk-Kohlensäure-Gleichgewicht« verstehen.

Das Kohlendioxid im Wasser stammt überwiegend aus der Tätigkeit der Mikroorganismen beim Abbau der organischen Substanz, der Dissimilation der Pflanzen und der Atmung der Fische und Wassertiere.

Im Wasser entsteht nur aus knapp 0,2% des gelösten Kohlendioxids Kohlensäure (H_2CO_3). Dennoch nimmt bei CO_2-Zufuhr auch die Kohlensäuremenge zu, das Wasser wird sauer und der pH-Wert sinkt, während er umgekehrt bei CO_2-Entzug steigt, da das Wasser nun alkalisch wird. Die Kohlensäure wiederum zerfällt in zwei weiteren Schritten in Wasserstoff(H^+)-, Hydrogenkarbonat(HCO_3^-)- und Karbonat(CO_3^{2-})-Ionen. In welcher Bindungsform das Kohlendioxid jeweils auftritt, hängt vom pH-Wert des Wassers ab. Bei pH-Werten unter 6 liegt praktisch alles Kohlendioxid gelöst vor, d. h. als $CO_2 + H_2CO_3$, im schwach alkalischen Bereich bei pH-Werten um 8 ist nahezu alles CO_2 als Hydrogenkarbonat (HCO_3^-) gebunden und im stark alkalischen (pH > 11) als Karbonat (CO_3^{2-}).

Der Kalkgehalt des Wassers wird als »Härte« bezeichnet und meistens in deutschen Härtegraden (°dH) angegeben (1 °dH entspricht 10 mg/l CaO). Bei etwa bis zu 10 °dH spricht man von weichem, zwischen 10 und 30 °dH von hartem und über 30 °dH von sehr hartem Wasser. Man unterscheidet verschiedene Härten: Die Kalzium- und Magnesiumsalze, die im Wasser als Salze der Kohlensäure vorliegen (also als Hydrogenkarbonate und Karbonate) faßt man als Karbonathärte (KH) zusammen; ältere Bezeichnungen sind temporäre oder vorübergehende Härte. Alle Kalzium- und Magnesiumsalze sowie die der übrigen Erdalkalien bilden zusammen die Gesamthärte (GH), heute auch oft Summe Erdalkalien genannt.

Karbonat- und Gesamthärte müssen stets analytisch bestimmt werden. Die dritte, die Nichtkarbonathärte (NKH) — früher hieß sie permanente oder bleibende Härte –, wird dagegen berechnet aus GH – KH (°dH).

Kalziumkarbonat $(CaCO_3)$* löst sich nur in kohlendioxidhaltigem Wasser, wobei das Kalziumhydrogenkarbonat $(Ca(HCO_3)_2)$** entsteht, das aber nur in Lösung bleibt, wenn es mit einer bestimmten Menge CO_2 im Wasser – der »Gleichgewichtskohlensäure« – im Gleichgewicht steht. Diese Gleichgewichtskohlensäure ist allerdings eine nur rechnerisch zu ermittelnde, zahlenmäßig unbedeutende Größe. Der über die Gleichgewichtskohlensäure hinausgehende CO_2-Überschuß wird als »aggressive« oder »überschüssige« Kohlensäure bezeichnet. Sie vermag weiteren Kalk im Wasser zu lösen. Bei der analytischen Bestimmung des sog. freien Kohlendioxids im Wasser wird sowohl die Gleichgewichts- als auch die überschüssige Kohlensäure erfaßt.

Die bisher skizzierten Beziehungen zwischen pH-Wert, Kohlendioxid und Kalk bilden ein Gleichgewichtssystem aus Hin- und Rückreaktionen: Ist zu wenig Kohlendioxid im Wasser, zerfällt soviel Hydrogenkarbonat in unlösliches Karbonat und Kohlendioxid, bis die Restmenge aus Hydrogenkarbonat wieder im Gleichgewicht mit dem Kohlendioxid steht. Im umgekehrten Fall, wenn also überschüssiges Kohlendioxid vorhanden ist, löst dieses wieder Kalziumkarbonat unter Bildung von Hydrogenkarbonat. Die Auswirkungen dieses Puffersystems bestehen in einer Stabilisierung des pH-Wertes, da innerhalb bestimmter Grenzen die Säurewirkung durch das

---

* andere Bezeichnung: kohlensaurer Kalk
** andere Bezeichnungen: Kalziumkarbonat, doppelt-kohlensaurer Kalk

Hydrogenkarbonat, die Laugenwirkung durch die Kohlensäure abgefangen wird.

Im Teich wird dieses System vor allem durch die grünen Pflanzen (Phytoplankton, höhere Wasserpflanzen) »gesteuert«, da diese tagsüber für die Assimilation Kohlendioxid benötigen. Dabei unterscheidet man hinsichtlich der CO_2-Aufnahme wiederum verschiedene Wasserpflanzentypen. Einzelheiten sind in diesem Rahmen jedoch von untergeordneter Bedeutung. Wesentlich ist nur der oftmals extreme CO_2-Entzug aus dem Wasser. Dabei wird zunächst die überschüssige und anschließend die Gleichgewichtskohlensäure aufgebraucht, wobei sich letztere durch den Zerfall von Hydrogenkarbonat wieder ergänzt. Gleichzeitig fällt unlösliches Kalziumkarbonat aus und schlägt sich in feiner Form auf den Unterwasserpflanzen nieder. Man nennt diesen Prozeß biogene Entkalkung. Im Verlauf dieser Vorgänge steigt der pH-Wert des Wassers oft auf über 9 an, da die Pufferung nicht mehr ausreicht. Nachts, wenn die Pflanzen Kohlendioxid ausscheiden (Dissimilation), reagiert dieses mit dem tagsüber ausgefallenen Karbonat erneut zu Hydrogenkarbonat. Das SBV steigt wieder geringfügig an, während der pH um einige Dezimalstellen sinkt. Große CO_2-Überschüsse treten allerdings meistens durch eine verstärkte Zehrung organischen Materials auf. Sie sind dann mit Sauerstoffmangel verbunden und erschweren zumindest die Atmung der Fische, da unter derartigen Bedingungen die Bindung des Sauerstoffes an den roten Blutfarbstoff verringert ist.

Zusammenfassend und chemisch vereinfacht lassen sich diese Abläufe wie folgt darstellen:

78

Kalziumkarbonat	+ Kohlendioxid	+ Wasser	$\rightleftharpoons$ Kalziumhydrogenkarbonat
$CaCO_3$	+ CO_2	+ H_2O	$\rightleftharpoons Ca(HCO_3)_2$
		+ CO_2 (Dissimilation): SBV-Anstieg, pH-Senkung	
$CaCO_3$	+ CO_2	+ H_2O	$\rightleftharpoons Ca(HCO_3)_2$
		− CO_2 (Assimilation): pH-Anstieg, biogene Entkalkung	

Durch die Assimilationstätigkeit der grünen Pflanzen wird tagsüber dem Wasser CO_2 entzogen, der pH-Wert steigt an, und es kommt zur biogenen Entkalkung. Der pH-Wert verhält sich somit gleichsinnig zum Sauerstoffgehalt. Demgegenüber wird durch die bei Dunkelheit einsetzende Dissimilation von den Pflanzen CO_2 freigesetzt, deshalb sinkt der pH-Wert und steigt das SBV. Das SBV verhält sich also umgekehrt wie der pH-Wert und der O_2-Gehalt.

Diese Zusammenhänge machen deutlich, daß ein höheres SBV und damit ein größerer Kohlensäurevorrat für den Teich produktionsbiologisch vorteilhaft ist und gleichzeitig in Grenzen den pH-Wert stabilisiert. Der Kalkgehalt stellt, da er als CO_2-Quelle für die Assimilation dient, somit einen wesentlichen Produktionsfaktor dar.

Nach dem SBV kann man Teiche etwa wie folgt einteilen:

SBV < 1 = ertragsarm
SBV 2 bis 4 = mittlere Ertragsfähigkeit
SBV > 4 = fruchtbar.

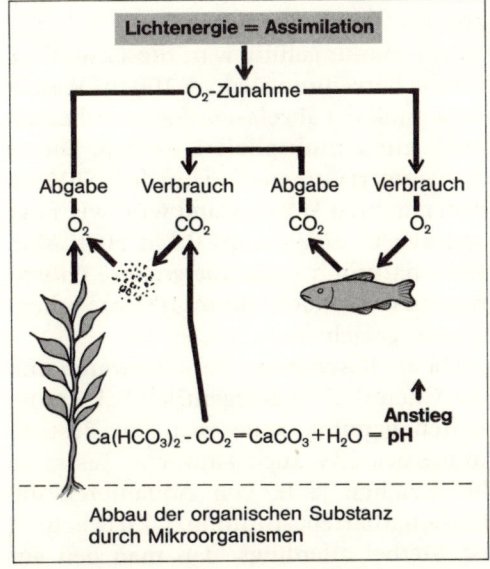

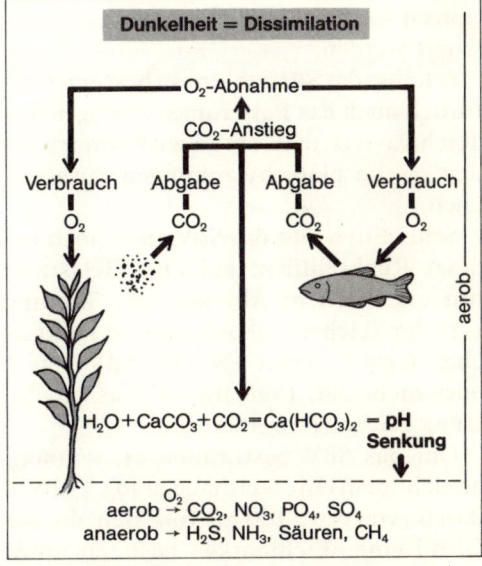

Vereinfachte Darstellung des Einflusses der pflanzlichen und tierischen Besiedlung des Tei-ches auf den Chemismus des Teichwassers (nach Bohl 1982, verändert).

Mit Hilfe des SBV kann man aber auch den im Teich gelösten Kalk schätzen bzw. überschlagen, in welchem Umfang gekalkt werden muß, um das SBV zu beeinflussen (vgl. Teichpflege, Kalkung).

Laufende Messungen des SBVs erlauben außerdem Aussagen über den Kalkhaushalt im Teich. Hierzu stellt man Vergleichsmessungen an zwischen Zulauf und Teichwasser. Sind beide Werte gleich, wird genügend Kohlensäure erzeugt, um den gelösten Kalk in Lösung zu halten. Es ist daher anzunehmen, daß auch der Teichboden aktiv genug ist (Bakterientätigkeit). Liegt das SBV des Teichwassers unter dem des Zulaufes, ist entweder die Kohlensäureproduktion im Teich unzureichend oder aber ihr Verbrauch durch die Pflanzen ist zu hoch. Bei höherem SBV im Teichwasser sind ausreichende Kalkmengen im Teichboden vorhanden, und die Kohlensäureproduktion ist so groß, daß diese Reserven mobilisiert werden.

Je höher das SBV ist, um so besser ist natürlich auch das Pufferungsvermögen des Teichwassers, d. h. um so wirksamer werden rasche pH-Schwankungen ausgeglichen.

Schließlich läßt das SBV auch noch bedingt Rückschlüsse auf eine Belastung mit organischem Abwasser zu. Kommt z. B. der Teichzulauf aus keinem kalkreichen Gebiet, weist aber ein SBV von 4 oder mehr auf, muß mit Abwasserbelastung gerechnet werden.

Um das SBV bestimmen zu können, braucht man eine weithalsige sog. Pulverflasche von etwa 100 ml Volumen, die bei 50 ml eine »Eichmarke« besitzen muß. Ferner benötigt man eine 10 ml fassende Bürette mit einer Einteilung von 0,1 ml,

sowie einen gewissen Vorrat an 1/10 normaler Salzsäure (= 0,1 n HCl) und 0,1 %ige Methylorange-Lösung als Indikator. Die Glaswaren und die Lösungen erhält man im Fachhandel oder auch über eine Apotheke.

Messen des SBV: Das Pulverglas wird bis zur Eichmarke (50 ml) mit der Wasserprobe gefüllt, der 2 Tropfen der Indikatorlösung zugefügt werden – gut durchschütteln. Aus der exakt bis zur oberen Markierung mit Salzsäure gefüllten Bürette läßt man nun die Säure in die Probe tropfen, bis der Farbumschlag nach Zwiebelbraun bis Rot erfolgt. Wichtig: nach jedem Tropfen gut durchschütteln! Das Titrieren – so nennt man diese tropfenweise Zugabe von Säure – läßt sich wesentlich einfacher durchführen, wenn man den Stopfen der Pulverflasche durchbohrt und die Bürette hindurchsteckt. Anschließend liest man den Säureverbrauch (ml) an der Bürette ab. Da die Pulverflasche nur bis zur 50-ml-Marke gefüllt war, die Grundlage für die Berechnung jedoch 100 ml Wasser sind, muß der abgelesene Säureverbrauch noch mit 2 multipliziert werden. Dieser Zahlenwert entspricht dann dem SBV des untersuchten Wassers und wird wie folgt angegeben: SBV = x ml 0,1 n HCl. Man kann natürlich auch eine größere Pulverflasche verwenden, die auf 100 ml Probenwasser geeicht ist.

Da die Beschaffung der Glaswaren und der Chemikalien gelegentlich Schwierigkeiten bereitet, kann man zur Bestimmung des SBV auch käufliche Testsätze heranziehen (z. B. von Aquamerck die Karbonathärtebestimmung). Zu beachten ist hierbei allerdings, daß man den auf diese Weise ermittelten Wert der Karbonathärte (°KH) durch 2,8 teilen muß, um das SBV in ml 0,1 n HCl zu erhalten. Umgekehrt erhält man natürlich aus dem durch Titration mit 0,1 n HCl gewonnenen SBV durch Multiplikation mit 2,8 auch wieder die Karbonathärte.

Ammonium-Ammoniak-Gleichgewicht

Im Zusammenhang mit den bisher geschilderten Abläufen im Teich wird durch die sich stetig ändernden pH- und Sauerstoff-Verhältnisse noch ein weiteres Reaktionssystem des Teichwassers für unsere Fische wirksam, das Ammonium-Ammoniak-Gleichgewicht. Es ist gewissermaßen ein Kennzeichen für die organische Verunreinigung des Wassers.

Wie schon skizziert (vgl. Stoffkreislauf), entsteht beim Eiweißabbau, z. B. aus der organischen Substanz, den tierischen Exkrementen und den Futterresten, in sauerstoffreichem Wasser Ammonium (NH_4^+) oder genauer Ammonium-Stickstoff (NH_4-N). Dies ist die summarische, nicht differenzierte Bezeichnung für den in organischen Verbindungen enthaltenen Stickstoff der höchsten Reduktionsstufe. Da dieser Ammonium-Stickstoff ein Pflanzennährstoff ist, wird er entsprechend schnell verwertet. Außerdem wird er bei derartigen Sauerstoffverhältnissen von bestimmten Bakterien über Nitrit (NO_2^-) in Nitrat (NO_3^-) übergeführt (Nitrifikation). Letzteres ist selbst in höheren Mengen ungiftig (Grenzwert etwa 5 g/l) und stellt ebenfalls einen wertvollen Pflanzennährstoff dar. Erfolgt jedoch der Abbau der Eiweißsubstanzen anaerob, d. h. ohne Sauerstoff, entsteht aus dem Ammonium-Stickstoff in Abhängigkeit vom pH-Wert entweder ungif-

tiges Ammonium (NH_4^+) – pH kleiner als 7 – oder bei Werten größer als 7 Ammoniak (NH_3), das ein gefährliches Fischgift ist. Als Schadgrenze für Karpfen gelten im allgemeinen 2 mg/l NH_3, doch werden junge Karpfen bereits bei Konzentrationen um 0,2 mg/l akut geschädigt, und chronische Schäden treten sogar schon ab 0,02 mg/l NH_3 auf.

Auch im Eiweißstoffwechsel der Fische bildet sich aus dem nicht verwerteten Nahrungseiweiß Ammonium-Stickstoff. Vom Fisch wird er zu etwa 90% über die Kiemen ausgeschieden. Ob dieser Ammonium-Stickstoff nun als fischgiftiges NH_3 vorliegt oder als ungiftiges Ammonium-

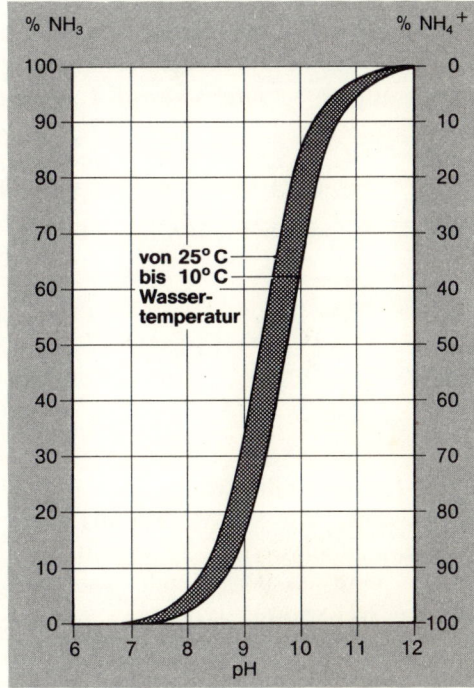

pH- und Temperaturabhängigkeit des Ammonium-Ammoniak-Verhältnisses (nach Bohl 1982, verändert).

81

Prozentualer Anteil an Amoniak (NH₃) in Abhängigkeit vom pH-Wert und der Tempe-

pH	5	6	7	8	9	10	11	12	13	14 °C
6,5	0,04	0,04	0,05	0,05	0,06	0,06	0,06	0,07	0,07	0,08
6,6	0,05	0,05	0,06	0,06	0,07	0,07	0,08	0,09	0,09	0,10
6,7	0,06	0,07	0,07	0,08	0,09	0,09	0,10	0,11	0,12	0,13
6,8	0,08	0,09	0,09	0,10	0,11	0,12	0,13	0,14	0,15	0,16
6,9	0,10	0,11	0,12	0,13	0,14	0,15	0,16	0,17	0,19	0,20
7,0	0,12	0,14	0,15	0,16	0,17	0,19	0,20	0,21	0,24	0,25
7,1	0,16	0,17	0,19	0,20	0,22	0,23	0,26	0,27	0,30	0,32
7,2	0,20	0,22	0,23	0,25	0,27	0,29	0,32	0,34	0,37	0,40
7,3	0,25	0,27	0,30	0,32	0,34	0,37	0,40	0,43	0,47	0,51
7,4	0,31	0,34	0,37	0,40	0,43	0,47	0,51	0,54	0,59	0,64
7,5	0,39	0,43	0,47	0,50	0,54	0,59	0,64	0,68	0,74	0,80
7,6	0,49	0,54	0,59	0,63	0,68	0,74	0,80	0,85	0,93	1,00
7,7	0,62	0,68	0,74	0,80	0,86	0,92	1,01	1,07	1,17	1,26
7,8	0,78	0,85	0,93	1,00	1,08	1,16	1,27	1,35	1,46	1,58
7,9	0,98	1,07	1,16	1,25	1,35	1,46	1,59	1,69	1,83	1,98
8,0	1,22	1,34	1,46	1,58	1,70	1,83	2,10	2,12	2,30	2,48
8,1	1,54	1,68	1,83	1,98	2,13	2,29	2,50	2,65	2,88	3,11
8,2	1,93	2,11	2,29	2,48	2,67	2,86	3,12	3,32	3,59	3,88
8,3	2,41	2,64	2,87	3,10	3,33	3,58	3,90	4,14	4,48	4,84
8,4	3,02	3,30	3,59	3,87	4,16	4,46	4,87	5,15	5,58	6,01
8,5	3,77	4,12	4,47	4,82	5,18	5,55	6,05	6,40	6,92	7,45
8,6	4,70	5,13	5,57	5,99	6,44	6,89	7,50	7,93	8,56	9,21
8,7	5,85	6,38	6,91	7,43	7,97	8,53	9,26	9,78	10,54	11,32
8,8	7,25	7,90	8,54	9,18	9,84	10,50	11,38	12,01	12,92	13,84
8,9	8,96	9,74	10,52	11,28	12,07	12,87	13,92	14,66	15,74	16,82
9,0	11,02	11,96	12,89	13,80	14,74	15,68	16,91	17,78	19,04	20,30

Ion (NH₄⁺), bestimmt wieder der pH-Wert des Wassers. Mit steigendem pH, aber auch mit zunehmender Temperatur des Wassers wird der prozentuale Anteil an giftigem NH₃ immer größer. In saurem Wasser dagegen ist Ammoniak nicht beständig und wird in NH₄⁺ umgewandelt. Genauere Angaben über den prozentualen Anteil von NH₃ an diesem Gleichgewicht – in Abhängigkeit vom pH-Wert und von der Wassertemperatur – sind in obenstehender Tabelle zu finden.

Für den Bewirtschafter eines Teiches ist somit das Verhältnis NH₄⁺/NH₃ von eminenter Bedeutung. In der Tabelle auf Seite 84 sind die bei einer Dauereinwirkung noch tolerierbaren Ammoniumkonzentrationen, in Abhängigkeit von Temperatur und pH-Wert für einige Fischarten zusammengestellt. Der Praktiker muß diese

15	16	17	18	19	20	21	22	23	24	25 °C
0,09	0,09	0,10	0,10	0,12	0,13	0,13	0,14	0,16	0,17	0,18
0,10	0,12	0,13	0,13	0,15	0,16	0,17	0,18	0,20	0,21	0,22
0,14	0,15	0,16	0,17	0,18	0,20	0,21	0,23	0,25	0,26	0,28
0,17	0,19	0,20	0,21	0,23	0,25	0,27	0,29	0,31	0,33	0,35
0,22	0,23	0,25	0,27	0,29	0,32	0,34	0,36	0,39	0,42	0,44
0,27	0,29	0,31	0,34	0,37	0,40	0,42	0,45	0,49	0,52	0,55
0,34	0,37	0,39	0,42	0,46	0,50	0,53	0,57	0,62	0,66	0,70
0,43	0,46	0,50	0,53	0,58	0,63	0,67	0,71	0,77	0,83	0,88
0,54	0,58	0,62	0,67	0,73	0,79	0,84	0,90	0,97	1,04	1,10
0,68	0,73	0,78	0,84	0,91	0,99	1,05	1,13	1,22	1,30	1,38
0,85	0,92	0,98	1,06	1,15	1,24	1,32	1,42	1,53	1,63	1,73
1,07	1,16	1,24	1,33	1,44	1,56	1,66	1,78	1,92	2,05	2,17
1,35	1,45	1,55	1,67	1,81	1,96	2,08	2,23	2,41	2,57	2,72
1,69	1,82	1,95	2,09	2,26	2,45	2,61	2,79	3,01	3,21	3,39
2,12	2,29	2,44	2,62	2,83	3,06	3,26	3,48	3,76	4,01	4,24
2,65	2,86	3,05	3,28	3,54	3,83	4,07	4,35	4,69	4,99	5,28
3,32	3,58	3,81	4,09	4,42	4,77	5,07	5,41	5,83	6,21	6,55
4,14	4,46	4,75	5,10	5,50	5,94	6,30	6,72	7,23	7,69	8,11
5,16	5,55	5,90	6,33	6,82	7,36	7,80	8,31	8,94	9,49	10,00
6,41	6,89	7,32	7,84	8,44	9,09	9,62	10,24	10,99	11,66	12,27
7,98	8,52	9,04	9,68	10,40	11,18	11,82	12,56	13,45	14,25	14,97
9,79	10,49	11,12	11,88	12,74	13,68	14,44	15,31	16,37	17,30	18,14
12,02	12,86	13,61	14,51	15,53	16,63	17,53	18,54	19,77	20,84	21,82
14,68	15,67	16,55	17,61	18,30	20,07	21,11	22,27	23,68	24,90	26,00
17,80	18,96	19,98	21,20	22,57	24,02	25,19	26,51	28,09	29,44	30,66
21,42	22,75	23,91	25,30	26,85	28,47	29,78	31,23	32,96	34,44	35,76

Grenzwerte vor allem beachten, wenn er eine Brutanlage betreiben will, aber auch wenn besetzte Teiche gekalkt werden oder wenn mit Mist oder Jauche gedüngt werden soll. Vor derartigen Maßnahmen sollte das Teichwasser immer auf seine Ammonium-Ammoniak-Konzentration hin geprüft werden, wenn man unliebsame Überraschungen vermeiden will!

Zur Messung der Ammonium-Konzentration bedient man sich dabei am besten der schon öfters erwähnten Testsätze (in diesem Fall Aquamerck-Ammonium). Den prozentualen Anteil an giftigem Ammoniak entnimmt man dann der vorigen Tabelle und berechnet die exakten Konzentrationen aus dem Meßwert. Unerläßlich hierfür ist natürlich die gleichzeitige Bestimmung von pH-Wert und Wassertemperatur.

Zulässige NH_4^+-Konzentrationen (mg/l) bei verschiedenen pH-Werten und Temperaturen (nach Bohl 1982)

Fischart	Karpfen		Forelle Rf_{1-2}		Forelle Rf_{0-1}	Aal
Grenzwerte	0,02 mg NH_3/l		0,01 mg NH_3/l		0,006 mg NH_3/l	0,01 mg NH_3/l
Temperatur	25 °C	15 °C	10 °C	20 °C	10 °C	22 °C
pH 6,0	35,15	72,99	53,76	25,19	32,26	21,79
pH 6,5	11,11	23,12	16,98	8,00	10,19	6,90
pH 7,0	3,53	8,44	5,38	2,53	3,23	2,19
pH 7,5	1,13	2,33	1,71	0,81	1,02	0,70
pH 8,0	0,37	0,75	0,55	0,26	0,33	0,23
pH 8,5	0,13	0,25	0,18	0,09	0,11	0,08
pH 9,0	0,06	0,09	0,06	0,04	0,04	0,03
pH 9,5	0,03	0,04	0,03	0,02	0,02	0,02
pH 10,0	0,02	0,03	0,02	0,01	0,01	0,01

Voraussetzungen für die Anlage eines Teiches

Teicharten

Ehe wir uns mit der Planung und dem Bau eines Teiches beschäftigen, müssen wir uns darüber im klaren sein, was für einen Teich wir anlegen wollen, wozu er dienen soll und wie wir diese Wunschvorstellungen mit den vorhandenen Gegebenheiten, also mit dem Gelände und der Wasserspende, in Einklang bringen können.

Halten wir uns noch einmal die wesentlichsten Merkmale eines gut zu bewirtschaftenden Fischteiches vor Augen: Er ist so flach, daß das Sonnenlicht überall bis auf den Grund gelangt, restlos ablaßbar und nur periodisch mit Wasser gefüllt. Neben diesem eigentlichen Fischteich gibt es noch zahlreiche sonstige Teiche, die diesen drei Idealanforderungen nur zum Teil entsprechen. Sie heißen daher, ihrer Nutzung entsprechend, anders, z. B. Mühl-, Torf-, Kies-, Feuer-, Dorf- oder Parkteich. Derartige Gewässer können natürlich ebenfalls zur Fischhaltung genutzt werden. Ihre erfolgreiche Bewirtschaftung setzt jedoch eine gute Befischbarkeit voraus, wobei dahingestellt sei, ob diese durch die Verwendung von Netzen, Elektrofanggeräten oder durch Auspumpen ermöglicht wird.

Eine Einteilung der Teiche ist aber auch nach der Art ihrer Wasserversorgung möglich: Quellenteiche erhalten ihr Wasser aus Quellen, die im Teich selbst oder unmittelbar in seiner Nähe liegen, während Himmelsteiche allein auf Niederschlagswasser, also Regen oder Schnee, angewiesen sind. Der Vorteil von Himmelsteichen besteht vor allem darin, daß sie immer frei von Abwässern sind. Nachteilig ist jedoch, daß der Wasserzulauf und seine Steuerung nicht im Ermessen des Bewirtschafters stehen. Demgegenüber haben Bach- und Flußteiche den Vorteil, daß sie jederzeit mit Wasser gefüllt – der Fachmann sagt bespannt – werden können. Je nach der Art ihrer Anlage unterscheidet man dabei zwischen Bachverbauungsteichen, bei denen ein Bach oder ein kleiner Fluß durch einen Damm aufgestaut wird, und Zuleiterteichen, die durch einen Zuleitungsgraben gespeist werden, der von einem Fließgewässer abgezweigt wird (Nebenschluß).

Eine weitere, sehr wesentliche Unterscheidung der Fischteiche liegt in der Art ihrer Verwendung. So sind Karpfenteiche Stillwasserteiche, deren Wasser im Sommer wärmer als 20 °C wird. Außerdem weisen sie große »Weideflächen« auf, die eine weitgehend natürliche Ernährung des Karpfens ermöglichen. Ihre Tiefe liegt in etwa zwischen 80 und 100 cm. Forellenteiche dagegen sollten keinesfalls so hohe Temperaturen erreichen. Sie können auch relativ klein sein, da die Fische überwiegend gefüttert werden. Allerdings müssen sie stark durchströmt sein (hohe Sauerstoffansprüche der Forellen); deshalb werden sie meist mehr kanalartig angelegt und weisen manchmal auch größere Tiefen auf. Verglichen mit der Haltung landwirtschaftlicher Nutztiere entsprechen also Karpfenteiche mehr einer »Viehweide«, auf der die Tiere ihr Futter hauptsächlich selbst suchen, während Forellenteiche eigentlich nur den »Stall« für die Fische darstellen. Ihre Ernährung übernimmt ja weitgehend der Bewirtschafter. Selbstverständlich gibt es zwischen diesen beiden »klassischen« Teichformen viele Varianten und Übergänge, wobei allerdings stets der eine oder andere Nachteil für diese oder jene Fischart in Kauf genommen werden muß.

Innerhalb dieser beiden Wirtschaftsformen unterscheidet der Teichwirt, je nach der Zweckbestimmung im Betrieb, weitere unterschiedliche Teichtypen: In Laich- oder Streichteichen läßt man die Fische laichen. In Vorstreckteichen wird bei sehr reichlicher Nahrung die Fischbrut im Wachstum stark vorangetrieben, d. h. vorgestreckt. Die verschiedenen Streckteiche schließlich dienen der Erzeugung von ein- bzw. zweisömmerigen Fischen, und in den Abwachsteichen wächst schließlich der zweisömmerige Karpfen zum Speisefisch heran. In den Winterungen verbringen die Tiere den Winter und in Hältern werden sie für den Verkauf bereitgehalten. Jeder dieser Teiche muß seiner Aufgabe entsprechend gestaltet sein. So sind Vorstreckteiche relativ flach, warm und werden, um viel Nahrung entwickeln zu können, gut gedüngt. Winterungen dagegen erfordern sehr gutes Wasser und sind auch wesentlich tiefer, damit die Fische den Winter ruhig und unversehrt überstehen können.

In der Forellenzucht unterscheidet man Laichfischteiche zur Hälterung der Laichfische, Brutteiche und -gräben zur Aufzucht der Jungfische und Mastteiche zur Produktion von Speisefischen.

Verwendung des Teiches

Wer heute die Bewirtschaftung eines Teiches als Liebhaberei wählt, wird sicher nicht so sehr erwerbsmäßige Gesichtspunkte, wie Produktionsumfang und Wirtschaftlichkeit, in den Vordergrund stellen, sondern mehr das Streben nach einem kleinen Stück Natur, das er nach eigenen Wünschen und Ansichten aufbauen und gestalten kann. Wenn bei dieser Liebhaberei der Eigenbedarf an Fischfleisch gedeckt oder darüber hinaus sogar noch eine bescheidene Nebenerwerbsquelle erschlossen wird, so kann dieses Hobby zweifellos mit großer Befriedigung erfüllen. Der Bewirtschafter sieht die Fische unter seiner Obhut heranwachsen. Er kennt ihre Bedürfnisse, trägt ihnen Rechnung und erhält schließlich ein Endprodukt, dessen Werdegang und Qualität ihm – im Gegensatz zu vielen anderen Lebensmitteln – genau bekannt ist.

Für diesen Liebhaberteichwirt – und vor allem, er soll ja mit diesem Buch angesprochen werden – kommt von den oben angeführten Teicharten somit in erster Linie die Anlage eines Abwachs- oder Angelteiches in Betracht. Sollen im Teich Satz- oder Speisefische produziert werden, wird sich der Bewirtschafter, je nach der Beschaffenheit seines Teiches, auf die herkömmlichen Fischarten wie Karpfen, Schleien oder Regenbogenforellen beschränken. Vielleicht kommt aber auch die Erzeugung von Satzhechten oder Zandern in Frage. Soll der Teich jedoch als

Angel- oder Gesellschaftsteich dienen und ist er womöglich nicht ablaßbar, muß der Fischbestand besonders sorgfältig ausgewählt werden, da er möglichst ausgewogen sein sollte (vgl. Besatz Seite 152).

In diesem Zusammenhang sollte aber auch ein weiterer, heute sehr wichtiger Gesichtspunkt bedacht werden, der Fischartenschutz. Bei der zum Teil extremen Gefährdung zahlreicher einheimischer Fischarten, vor allem der fischereilich uninteressanten Kleinfischarten, kann der Hobbyteichwirt mit der Ansiedlung solcher Fische in einem Gesellschaftsteich einen wichtigen Beitrag zum Fischartenschutz leisten.

Welche Fischarten wir in unserem Teich ansiedeln können, hängt vor allem von dem zur Verfügung stehenden Wasser und dem Gelände ab. Denn wie schon dargelegt wurde, gehören drei Dinge untrennbar zusammen: die Fische, das Wasser und der Boden, in den der Teich hineingebaut wird.

Die Fische sind die »Objekte« unserer »Bewirtschaftung«. Daher stecken allein ihre Lebensansprüche die Bedingungen ab, unter denen ihre Haltung erfolgreich ablaufen kann. Nicht die Fische haben sich den ihnen gebotenen Verhältnissen anzupassen, sondern es ist die vornehmste Pflicht des Bewirtschafters, den Fischen die Lebensbedingungen zu bieten, die ein gesundes Gedeihen und gutes Wachstum ermöglichen.

Als erste Entscheidungshilfe, für welche Teichart wir uns entscheiden müssen, mag die Regel gelten: Eine relativ geringe, qualitativ nicht unbedingt hochwertige Wasserspende spricht für die Anlage eines Karpfen- oder genauer Stillwasserteiches, vor allem dann, wenn gleich-

zeitig auch noch genügend Gelände vorhanden ist. Steht dagegen qualitativ hochwertiges, kühles und sauerstoffreiches Wasser zur Verfügung, kann man auch den Bau eines Forellenteiches in Betracht ziehen.

Es wäre ein Unding, bei einer kleinen Wasserspende, die zudem vielleicht noch viele Nährstoffe enthält, unbedingt einen Forellenteich anlegen zu wollen. In jedem Fall muß man den natürlichen Gegebenheiten Rechnung tragen. Die Natur läßt sich nicht zwingen! Es können manche natürliche Mängel der Wasserspende und des Geländes mit technischen Hilfsmitteln wie Pumpen, Filter u. ä. ausgeglichen werden. Doch sollte man sich nicht täuschen; jede Anlage, in die von vornherein derartige Hilfsmittel eingeplant sind, ist mit zusätzlichen Risiken belastet. Sicher, mancher Fischzuchtbetrieb mußte im Laufe der Jahre, wenn sich Wassermenge und -qualität veränderten, zu solchen Manipulationen greifen, um seine Produktion aufrecht erhalten zu können. Doch wer einen Teich neu anlegt, dazu noch aus Liebhaberei, ist schlecht beraten und unweigerlich zum Scheitern verurteilt, wenn er die natürlichen Gegebenheiten mißachtet und von vornherein alle Mängel durch technische Maßnahmen ausgleichen will.

Mit der Wahl des Geländes für einen Teich bindet sich der Teichwirt an eine Wasserspende, auf deren Qualität er nur mittelbar Einfluß hat, von einfachen Verfahren der Sauerstoffanreicherung einmal abgesehen. Darüber hinaus beschränken sich seine Einflußmöglichkeiten allein auf die Gestaltung des Teiches (Teichart), die Wahl des Besatzes und die spätere Pflege und Instandhaltung sowie auf eine mehr oder weniger umfangreiche Fütterung der Fische und eventuell die Verabreichung von Medikamenten in Krankheitsfällen.

Wer jedoch alle natürlichen Gegebenheiten beachtet und einen entsprechenden Besatz wählt, also mit der Natur arbeitet und nicht gegen sie, der wird ein intaktes Gewässer schaffen können. Nur so kann ein Teich entstehen, in dem die Lebensgemeinschaften harmonieren und der seinem Bewirtschafter Freude bereitet. Das Natürlichste ist auch in diesem Fall stets das Gesündeste. Demgemäß soll hier im folgenden nur von Erdteichen die Rede sein. Betongräben und andere Sonderformen des Teiches, die in der erwerbsmäßigen, rein auf Wirtschaftlichkeit abzielenden Fischproduktion heute eine sehr große Rolle spielen, werden nur am Rande erwähnt.

Gelände

Grundsätzlich kann man in jedem Gelände, das über entsprechende Wassermengen verfügt, Teiche anlegen, wenn man auch meist sog. Unland für den Teichbau wählt. In jedem Fall sollte man, um einen brauchbaren, d. h. gut bewirtschaftbaren Teich zu erhalten, das Gelände nach bestimmten Kriterien auswählen. Denn unser Teich sollte ja fruchtbar sein, sicher in der Wasserführung, hochwasserfrei, pflegeleicht und vor allem gut abfischbar. Wobei ersteres für einen Forellenteich nicht unbedingt erforderlich ist, da ja gefüttert werden muß. Auch die Baukosten sollte man stets bedenken, wenn auch bei Liebhaberteichwirten die Rendite nicht unbedingt

an erster Stelle steht. Die Baukosten hängen selbstverständlich nicht allein vom Grundstückspreis ab. Geländebeschaffenheit und Gefälle machen unter Umständen schwierigen Maschineneinsatz und große Bodenbewegungen erforderlich, die die Gesamtkosten des Teichbaues erheblich beeinflussen.

Lage

Da das Wachstum der Karpfenartigen in großem Maß von der Wärme des Wassers abhängt – unterhalb eines bestimmten Temperaturoptimums wachsen die Tiere nur noch sehr langsam – sollte ein Teich für diese Fischarten möglichst den ganzen Tag Sonne erhalten. Er liegt also zweckmäßig im freien, unbeschatteten Gelände. Zwischen hohen Waldbäumen, dauernd im Schatten liegendes Bauland eignet sich nicht für derartige Teiche, ebensowenig solches in engen Tälern oder Gebirgslagen. In jenen Fällen wäre bei ausreichender Wasserversorgung einem oder mehreren Forellenteichen der Vorrang zu geben.

Natürlich darf das künftige Teichgelände auch nicht in hochwassergefährdeten Bereichen liegen. Jedes Hochwasser bedeutet Verlust der Fische und weitgehende Zerstörung der Teichanlage. Derartige Areale hochwassersicher zu machen, ist stets mit immensen Kosten verbunden und liegt mit großer Wahrscheinlichkeit außerhalb der finanziellen Möglichkeiten eines Liebhaberteichwirtes.

Beschaffenheit des Baugrundstückes

In der Praxis wählt man für Teichanlagen gerne ein Stück Land, das ansonsten wenig Ertrag abwirft. Mit Holz bestandenes Gelände verursacht ebenfalls hohe Baukosten. Durch die Entfernung der Wurzelstöcke entstehen große Löcher, die selbst aufgefüllt immer tiefgründig bleiben. Sie bieten beim Ablassen des Teiches den Fischen die Möglichkeit zum Einwühlen und erschweren außerdem jede Kulturarbeit am Teichboden erheblich. Andererseits bringt tiefes Ausheben derartigen Geländes extrem hohe Kosten mit sich.

Da das Wasser im Teich beherrschbar sein sollte und ein Karpfenteich zur Erhaltung seiner Fruchtbarkeit regelmäßig trockengelegt werden muß, ist auch ein mit Quellen durchsetztes Gelände denkbar ungünstig. Quellenbereiche im Teich bieten unerwünschten Wasserpflanzen, z. B. der Wasserpest, optimale Lebensmöglichkeiten und machen diese nahezu unausrottbar. Treten Krankheiten auf, sind derartige Stellen nur sehr schwer oder überhaupt nicht sanierbar. Es ist daher erheblich günstiger, Quellenbereiche nicht in den Teich mit einzubeziehen, sondern ihr Wasser zu sammeln und zur Teichspeisung zu verwenden.

Ansonsten sollte der Teichboden weitgehend versickerungssicher sein. In diesem Punkt sind Lehm- oder Tonschichten besonders zuverlässig, während man bei sandigem Untergrund immer mit mehr oder weniger starken Versickerungsverlusten rechnen muß, vor allem in den ersten Jahren nach dem Neubau. Bei torfigem Boden verhindert die auftretende Quellung meist größere Wasserverluste.

Bei der Geländewahl für einen Karpfenteich sollte jedoch die Bodenfruchtbarkeit nicht völlig außer acht gelassen werden. Vor allem für die anfängliche Fruchtbarkeit des Karpfenteiches spielt der Untergrund eine wesentliche Rolle. In der Regel sind lehmige Böden fruchtbar. Teiche mit Sandboden dagegen haben nur eine geringe Naturproduktion und verlangen eine besondere Behandlung. Torfböden wiederum können aufgeschlossen und damit fruchtbar gemacht werden. In älteren Teichen ist später der sich allmählich bildende Teichschlamm die eigentliche Produktionsschicht. Bei einem Forellenteich spielt die Bodenfruchtbarkeit, wie schon erwähnt, keine wesentliche Rolle.

Gefälle

Das Gefälle eines Teiches reicht aus, wenn er ohne künstliche Hilfe restlos leerlaufen kann. Im Karpfenteich bewirkt ein zu steiles Gefälle, daß die Produktionsschicht, der Teichschlamm, der die ganze Teichsohle überzieht, beim Ablassen ausgeschwemmt wird. Bei sehr starkem Gefälle kann dieser Schlamm aber bereits im bespannten Teich an der tiefsten Stelle zusammenfließen, so daß sich dort eine dicke Faulschlammschicht ansammelt. Der fruchtbare Schlamm fehlt dann an anderen Stellen im Teich, und es entstehen »magere« Bereiche am Boden. All dies führt zu einer Verringerung der Fruchtbarkeit.

Das ideale Gefälle des Teichbodens für einen Karpfenteich liegt bei 3‰. Diese Neigung genügt, um den Teichboden völlig trockenzulegen und ihn anschließend zur Erhaltung der Fruchtbarkeit bearbei-

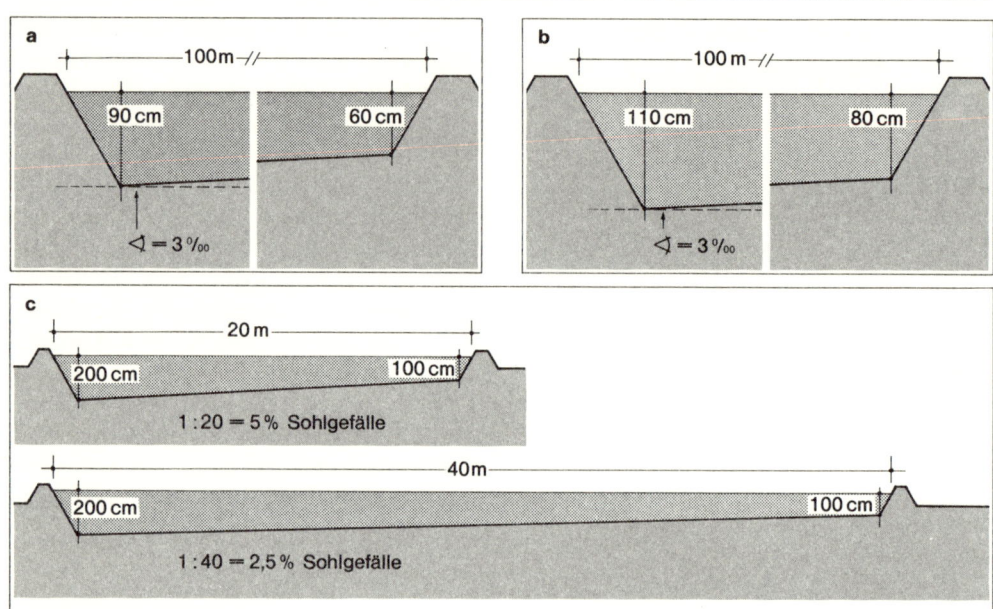

Gefälle der Teichsohle und Teichtiefe bei verschiedenen Teicharten.
Bei ausreichendem Wasserzufluß sollte ein 100 m langer Karpfenteich mit 3‰ Sohlgefälle am Zulauf eine Wassertiefe von 60 cm aufweisen und am Mönch eine solche von 90 cm (a). Bei Himmelsteichen muß ein größeres Wasservolumen vorgesehen werden. Am Mönch muß die Wassertiefe daher mindestens 110 cm betragen und am gegenüberliegenden Ufer 80 cm (b). Für die stärker durchströmten Forellenteiche ist ein größeres Gefälle notwendig. Beide Teiche haben am Einlauf eine Tiefe von 100 cm und sind am Auslauf 200 cm tief. Der kleinere Teich ist jedoch nur 20 m lang und hat daher ein Sohlgefälle von 5%, der größere mit 40 m Länge ein solches von 2,5% (c) (nach Bank und Krusch 1978, verändert, und Jens 1980).

ten zu können. Gleichzeitig wird bei diesem Gefälle auch eine schonende Abfischung möglich. Bei Gefällen von weniger als 1‰ fällt der Teichboden nicht trocken. Das Wasser zieht nicht restlos ab, sondern staut sich im Abflußgraben. Jede Bodenbearbeitung ist unmöglich, und das Abfischen wird für die Tiere zur Qual. Bei Neigungen der Teichsohle von mehr als 5‰ besteht die Gefahr der Verlagerung und Ausschwemmung des fruchtbaren Teichschlammes.

Etwas anders verhält es sich mit dem Gefälle in Forellenteichen. Wegen der erforderlichen guten Durchströmung (aus Gründen der Sauerstoffversorgung sowie der laufenden Entfernung von Kot und Futterresten) werden diese Teiche stets langgestreckt gebaut (Breite zu Länge etwa 1 : 5); ihr Gefälle sollte zwischen 2 und 5% liegen. Bei weniger als 2% Gefälle treten in der Regel Schwierigkeiten mit dem Ableiten der großen Wassermengen auf.

Wasserspende

Mehr noch als das Gelände beeinflußt die Wasserspende die Gestaltung des Teiches. Sie bestimmt in erster Linie, ob wir ein karpfenteichähnliches Gewässer oder einen Forellenteich anlegen können. Dabei ist für Teiche, bei denen die Menge des Zuflusses eine Rolle spielt, einzig und allein die Niedrigwasserführung ausschlaggebend, also das Minimum an Wasser, das im schlechtesten Fall noch zur Verfügung steht.

Größe der Wasserspende

Wie wir wissen, ist der klassische Karpfenteich ein Stillwasser. Er wird einmal im Jahr bespannt. Anschließend muß nur noch so viel Wasser zugeführt werden, wie im Lauf der Zeit verdunstet bzw. versickert. Im Gegensatz dazu bedarf ein Forellenteich, der ja mehr einem natürlichen Bachabschnitt ähnelt, eines reichlichen Wasserdurchsatzes. In allen Fällen muß jedoch die Wasserspende, sie wird meist in Sekundenlitern (l/sec) angegeben, ausreichend sein. Sie entspricht der Literzahl, die in der Sekunde durch unser Einlaufrohr fließt.

Betrachten wir zunächst für einen Karpfenteich den Begriff »ausreichend« näher. Zwei Gesichtspunkte werden für die Bemessung wirksam: eine möglichst kurze Füllzeit und die Ergänzung der sommerlichen Verdunstung und Versickerung. Die geringste Wassermenge sollte in jedem Fall mindestens so groß sein, daß der Teich innerhalb von 14 Tagen etwa zu einem Drittel gefüllt ist, so daß auch an den seichtesten Stellen, den Teichrändern, eine Wassertiefe von etwa 35 cm vorhanden ist. Bei dieser Stauhöhe kann der Teich besetzt werden, und die Fische können sofort die gesamte Teichfläche besiedeln. Weiterhin muß aber sichergestellt sein, daß im Frühjahr dieses Minimum an Wasserzulauf noch etwa vier Wochen andauert, damit der Teich voll bespannt werden kann.

Als Beispiel wählen wir, der leichteren Berechnung wegen, einen Teich von 100 × 100 m = 1 ha Fläche, mit einem Gefälle von 3‰ und einer durchschnittlichen Tiefe von 1 m. Eine Drittelfüllung, also eine Stauhöhe von 35 cm, entspricht somit einer Wassermenge von 100 m × 100 m × 0,35 m = 3500 m³ oder 3 500 000 l. Diese Wassermenge soll in 14 Tagen erreicht werden. Da ein Tag 24 h oder 86 400 sec hat, sind hierfür 14 × 86 400 = 1 209 600 sec erforderlich. Dividiert man die notwendige Wassermenge von 3 500 000 l durch diesen Zeitraum, erhält man 2,89 l/sec. Die Wasserspende in unserem Beispiel muß also rund 3 l/sec betragen, um die gewünschte Drittelfüllung in 14 Tagen zu gewährleisten. Ist die vorhandene Wasserspende größer, kann auch der Teich größer geplant werden, ist sie geringer, muß die Teichgröße herabgesetzt werden.

Allein durch Verdunstung gehen aber in unseren Breiten erfahrungsgemäß etwa 500 bis 600 mm Wasser jährlich verloren. Dabei entfallen allein auf den niederschlagsärmsten Monat etwa 200 mm oder 0,2 m. Für den 1 ha großen Teich in unserem Beispiel bedeutet dies einen maximalen Verlust von 100 m × 100 m × 0,2 m = 2000 m³ oder 2 000 000 l. Zum Ausgleich dieses Verlustes sind 0,77 l/sec Zufluß erforderlich (2 000 000 l : 30 d = 2 592 000 sec = 0,77 l/sec). Da zu diesen Verdunstungsverlusten auch noch solche aus der Versickerung hinzukommen, sollte unser Beispielsteich während der niederschlagsärmsten Monate einen Zufluß von etwa 1 l/sec haben.

Haben wir einen sog. Himmelsteich, besteht in der regenarmen Zeit keine Ausgleichsmöglichkeit für die Wasserverluste. Himmelsteiche müssen daher immer so tief sein, daß die Wassermenge auch in den niederschlagsarmen Monaten für die eingesetzten Fische ausreicht. Entsprechend schwierig ist eine fundierte Kalkulation der Wassermenge, die bei der Anlage eines Himmelsteiches erforderlich ist. Man schätzt sie nach der Größe des Wassereinzugsgebietes, dessen Oberflächengestaltung, Bodenbeschaffenheit, Kulturart sowie der anfallenden durchschnittlichen Regenmenge. Die zu erwartende Niederschlagsmenge erfährt man bei der nächstgelegenen Wetterstation. Die Schätzung der aus der angegebenen Regenspende für einen Himmelsteich zur Verfügung stehenden Wassermenge erfordert jedoch sehr große Erfahrung, und man tut gut daran, hierfür einen versierten Fachmann zu Rate zu ziehen.

Ein Forellenteich hat einen wesentlich höheren Wasserbedarf als ein Stillwasser. Seine Größe richtet sich daher vorrangig nach der zur Verfügung stehenden Wassermenge. Früher galt die Faustregel, daß man für einen Zentner Speiseforellen 1 Sekundenliter Wasser benötigt. Es ist aber besser, davon auszugehen, daß im Teich mindestens einmal alle 24 Stunden ein völliger Wasserwechsel stattfinden muß. Optimal wäre allerdings ein viermaliger Wasserwechsel pro Tag, also alle 6 Stunden ein totaler Austausch.

Legen wir diese Erneuerungsraten zugrunde, wobei wir selbstverständlich von der uns zur Verfügung stehenden Niedrigwassermenge in l/sec ausgehen müssen, können wir die Größe unseres Teiches festlegen. Dabei setzen wir eine durchschnittliche Teichtiefe von 1 m voraus, d. h. ein Quadratmeter Wasserfläche entspricht ungefähr einem Wasserkörper von einem Kubikmeter. Bei einem Zufluß von 1 l/sec würde sich innerhalb von 24 h (= 86400 sec) ein Teich von 85000 l = 85 m^3 Inhalt füllen. Anschließend fände dann im gleichen Zeitraum auch jeweils ein Wasserwechsel statt. Ein Volumen von 85 m^3 entspricht, wegen der Neigung der Teichsohle, ungefähr einer Fläche von 80 m^2. Will man bei dieser Wasserspende von 1 l/sec den optimalen viermaligen Wasserwechsel im Teich erreichen, darf man allerdings nur eine Teichfläche von 20 m^2 planen.

In der Praxis wird man sich für das Mittel zwischen der optimalen viermaligen und der gerade noch vertretbaren einmaligen Austauschrate entscheiden und pro Sekundenliter Zufluß etwa 50 m^2 Teichfläche planen.

Nehmen wir als Beispiel an, uns steht eine Mindestwasserspende von 15 l/sec zur Verfügung, so können wir eine Teichanlage von 15 m × 50 m = 750 m^2 Wasserfläche und 1 m Tiefe planen. Dabei sollen, das sei nochmals erwähnt, wegen der besseren Durchströmung die Teiche stets langgestreckt angelegt werden.

Messen der Wasserspende

Da die Teichplanung weitgehend von der Größe der Wasserspende abhängt, ist es ratsam, diese vor Beginn des Teichbaues genau zu messen. Eine Schätzung reicht nicht aus! Für diese Messung wählt man am besten die trockenste Zeit des Jahres, also etwa das Septemberende. Durchschnittswerte, wie sie üblicherweise von der Wasserwirtschaft angegeben werden, sind wenig hilfreich, da nur die geringste Wasserspende für die Planung ausschlaggebend ist. Beachtet man diese elementare Regel nicht, kann man böse Überraschungen erleben.

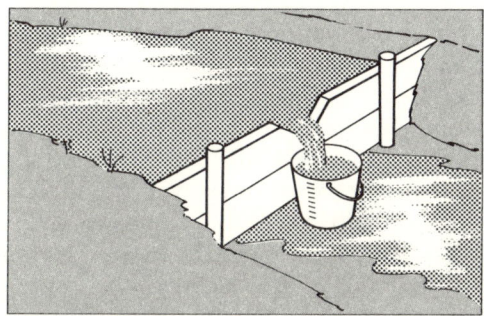

Einfaches Meßwehr zum Auslitern der Wasserspende (nach Jens 1980).

Für die Wassermengenmessung stehen uns zwei einfache Methoden zur Verfügung. Bei der »Gefäßmethode« wird der gesamte Zufluß über einen behelfsmäßigen Stau aus Brettern geleitet. In das oberste Staubrett sägen wir eine V-förmige Kerbe, die so groß sein muß, daß das ganze ankommende Wasser hindurchfließen kann. Es darf kein Rückstau entstehen. Ein Gefäß mit bekanntem Inhalt wird unter den Absturz gestellt, um das Wasser aufzufangen. Mit einer Stoppuhr mißt man die Zeit, die bis zur Füllung des Gefäßes verstreicht. Der Gefäßinhalt (l) geteilt durch die Zeit (sec), die bis zu seiner Füllung verstreicht, ergibt dann die Größe der Wasserspende in l/sec.

Beispiel: Dauert die Füllung eines 10-l-Eimers 5 Sekunden, beträgt die Wasserspende $10 : 5 = 2$ l/sec.

Das zweite Verfahren zur Größenerhebung der Wasserspende (l/sec) erfordert etwas mehr Rechenarbeit. Man bedient sich der mittleren Fließgeschwindigkeit des Zulaufes V (m/sec) und der mittleren Breite und durchschnittlichen Höhe der fließenden Wassersäule F (m^2) nach dem Ansatz $V \times F$.

Zunächst mißt man eine ausreichend lange Strecke des Zulaufes aus, also etwa 50 oder 100 m, und markiert sie an den Endpunkten. Dann wird ein Schwimmer, z. B. ein Stück Styropor, eingesetzt. Mit der Stoppuhr wird nun die Zeit festgehalten, die der Schwimmer für die markierte Strecke benötigt. Sie entspricht der Fließgeschwindigkeit des Oberflächenwassers. für unsere Berechnungen benötigen wir jedoch die mittlere Fließgeschwindigkeit. Sie ist bei Fließgewässern mit annähernd geraden Ufern und Wassertiefen nicht über 2 m um etwa $^1/_5$ kleiner als die gemessene Oberflächengeschwindigkeit; deshalb muß diese mit dem Faktor 0,85 multipliziert werden. Nehmen wir als Beispiel an, ein Schwimmkörper hätte unsere markierte Strecke von 100 m in 200 sec zurückgelegt, dann beträgt die mittlere Wassergeschwindigkeit $V = 100/200 \times 0,85 = 0,43$ m/sec. Nehmen wir weiter an, unser Zufluß ist im Mittel 1,50 m breit und durchschnittlich 0,60 m tief. So ergibt sich der wasserführende Querschnitt F, also Breite mal Höhe der Wassersäule (m) aus $F = 1,50 \times 0,60 = 0,90$ m^2. Nach dem obigen Ansatz $V \times F$ können wir somit mit einer Mindestwasserspende von $0,43 \times 0,90 = 0,39$ m^3/sec $= 390$ l/sec rechnen.

Qualität des Wassers

Auch hinsichtlich der Wasserqualität ergeben sich Unterschiede zwischen Karpfen- und Forellenteich. Die Karpfenartigen stellen in der Regel weniger hohe Ansprüche an die Wasserqualität als die Lachsartigen (vgl. Einzelbeschreibungen). Das heißt aber nicht, daß wir mit jedem abwasserbelasteten Vorfluter prinzipiell einen Karpfenteich speisen können. Vor allem Laich- und Vorstreckteiche sowie Winterungen sind sehr abwasserempfindlich. Eine mäßige Eutrophierung des Zuflußwassers, wie sie aus einer Abwasserbelastung resultieren kann, steigert jedoch auch die Fruchtbarkeit eines Abwachsteiches. Nur ein Zuviel ist – wie immer in der Natur – von Übel.

Bei der Beurteilung der Qualität des potentiellen Teichwassers spielen wieder die chemischen und physikalischen Parameter eine Rolle, die wir schon bei der Betrachtung des Teiches als Lebensraum kennengelernt haben, also vor allem pH-Wert, Säurebindungsvermögen und Sauerstoffgehalt. Darüber hinaus sind noch der Gehalt an Ammonium (NH_4^+), der wichtige Hinweis auf Verunreinigungen mit häuslichem und landwirtschaftlichem Abwasser liefert, sowie die höheren Oxidationsstufen des Stickstoffs, das Nitrit (NO_2^-) und das Nitrat (NO_3^-) von großer Bedeutung. Letztere ermöglichen eine ungefähre Beurteilung der Selbstreinigung auf einer verunreinigten Fließstrecke. Im Verlauf dieser Vorgänge nimmt nämlich die Ammoniumkonzentration ab, während die des Nitrats auf dem Weg über das Nitrit ansteigt. Weiterhin muß der Kaliumpermanganat-Verbrauch ($KMnO_4$) (= Oxidierbarkeit) erwähnt werden, der eine leidlich genaue Bestimmung der im Wasser enthaltenen organischen Stoffe ermöglicht.

In diese Richtung zielt auch der biochemische Sauerstoffbedarf nach 5 Tagen, der BSB_5. Er gibt Auskunft über die biologisch abbaubare Verschmutzung eines Wassers. Entsprechend kann auch der BSB_2, also die 48-Stunden-Zehrung, angegeben werden. Außerdem spielt noch der Eisengehalt des Wassers eine gewisse Rolle und evtl. auch der an Sulfat (SO_4^{2-}).

In Anlehnung an Jens sind in der Tabelle Seite 95 einige fischereilich wichtige Werte der genannten Parameter zusammengestellt. Mit ihrer Hilfe kann auch der Laie eine ungefähre Beurteilung des Wassers vornehmen. Vor jeder Teichplanung sollten jedoch die verschiedenen Wasserparameter unbedingt von einem Fischereibiologen oder Wasserchemiker genau überprüft werden. Vor allem gilt dies für den BSB_5, den Kaliumpermanganat-Verbrauch und die verschiedenen Stickstoffwerte.

Dabei darf nicht übersehen werden, daß sich fast alle diese Faktoren in einem Teich, bedingt durch die Tätigkeit der Organismen, verändern bzw. biogenen Rhythmen unterliegen, die selbstverständlich bei der Beurteilung berücksichtigt werden müssen.

Außerdem muß man sich vor Augen halten, daß einzelne chemische und physikalische Werte immer nur Augenblickszustände widerspiegeln. Sie entsprechen also gewissermaßen dem Schnappschuß in der Fotografie und geben lediglich Auskunft über die Zusammensetzung der Wasserspende zu einem bestimmten Zeitpunkt und an einer bestimmten Stelle. Schon wenige Minuten nach einer

Fischereiliche Bewertung einiger wichtiger Wasserkennwerte
(nach Jens 1980, leicht verändert)

pH-Wert

0–5,0	Lebensfeindlich.
5,0–5,5	In Fließgewässern kritisch, nach Niederschlägen und Schneeschmelze besteht die Gefahr des weiteren Absinkens des pH-Wertes (Säurefischsterben). Wenig fruchtbar. Unfruchtbare (dystrophe) Seen. Fischteiche müssen regelmäßig und gründlich gekalkt werden.
5,5–6,0	Noch kritisch, siehe 5,0–5,5.
6,0–7,0	Leicht sauer, aber schon fruchtbarere Gewässer. Teiche noch kalkbedürftig, besonders wenn das Säurebindungsvermögen unter 0,5 liegt.
7,0–7,5	Günstig. In Fließgewässern ohne Verunreinigungen günstig bis sehr günstig. In stehenden Gewässern Gefahr der Wasserblüte und weiterer pH-Erhöhung mit Gefährdung der Fische.
8,5–9,5	Fließgewässer bedingt geeignet für Fischbesatz. Stehende Gewässer ungeeignet.
9,5–14	Lebensfeindlich.

Sauerstoff (O_2)
(Sofortgehalt in mg/l O_2)

0–6	Als Fischgewässer nicht geeignet.
6–8	Nur für anspruchslose Fischarten geeignet. In Teichen bedenkliches Zeichen der Überdüngung, Verschlammung oder Verunreinigung auch von Überbesatz. Auch bei allen anderen Gewässern Kennzeichen der Verunreinigung.
8–10	Im Sommer: Nicht ungünstig. Im Winter: Gerade noch ausreichend.
10–15	Günstig.
über 15	Oft schon Sauerstoffübersättigung, besonders im Sommer. Unter Umständen sind zwischen Tag und Nacht starke Schwankungen des Sauerstoffgehalts zu erwarten (vgl. dazu SBV über 2,5), was besonders in Teichen nachteilig werden kann.

Sauerstoffdezifit
(Fehlbetrag gegenüber dem Sättigungswert in %)

0–20	Noch günstig. Für Fische geeignet.
20–40	Schon verunreinigt. In Teichen auch nächtliche Sauerstoffzehrung durch Wasserblüte. Für Fischerei noch bedingt geeignet.
40–60	Stark verunreinigt. Für Fischerei kaum noch geeignet.
60–100	Sehr stark verunreinigt. Keine Fischerei.

Fischereiliche Bewertung einiger wichtiger Wasserkennwerte (nach Jens 1980, leicht verändert) (Fortsetzung)

Sauerstoffzehrung

(Minderung des Sofortgehaltes in verschlossener Flasche nach 48 Stunden in % des Sofortgehaltes.)

0–10	Kaum verunreinigt, günstig (beachte aber, daß eine geringe Zehrung bei sonst ungünstigen Befunden auf das Vorhandensein von Giften hindeuten kann).
10–30	Noch günstig, fruchtbar oder auch schon leicht verunreinigt.
30–60	Ungünstig, nur noch mit Vorbehalt als Fischwasser geeignet.
60–100	Ungeeignet, stark verunreinigt.

Säurebindungsvermögen (SBV)

(in ml 0,1n HCl)

0–0,5	Wenig fruchtbar, aber auch kaum verunreinigt.
0,5–1,0	Nicht unfruchtbar.
1,0–2,5	Sehr günstig, wenn nicht durch Abwässer bedingt.
über 2,5	Fruchtbar, aber in den meisten Gewässern durch Abwässer so hoch. Vereinzelte saubere Kalkflüsse haben natürlicherweise ein SBV bis 8,0 und darüber. In stehenden Gewässern starke Neigung zu Wasserblüten und zur ungünstigen pH-Wert-Erhöhung bei Sonneneinstrahlung.

Ammonium (NH_4^+)

(in mg/l NH_4^+). Liefert wichtige Hinweise besonders bei Verunreinigungen mit häuslichen oder landwirtschaftlichen Abwässern, organische Verunreinigung.

0–0,1	Keine Einschränkungen.
0,1–0,3	Es liegt zumeist eine schwache organische Verunreinigung vor, sie rührt bei kleineren Gewässern manchmal allein von Düngemaßnahmen im Einzugsgebiet her.
0,3–0,5	Merkliche, zumeist organische Verunreinigung durch Abwassereinleitungen. Sie läßt zeitweilige stärkere Abwasserstöße befürchten. Vorsicht bei der Anlage von Fischteichen. Nur in Teichen mit starker Fütterung finden sich diese Werte »natürlicherweise«. In größeren Flüssen noch unbedenklich.
0,5–1,0	Bedenklich.
über 1,0	Für Fischereizwecke nicht geeignet.

Nitrit und Nitrat (NO_2^- und NO_3^-)

(in mg/l NO_2^- bzw. NO_3^-). Beurteilungswert haben diese Werte, wenn es gilt, das Fortschreiten der Selbstreinigung auf einer Fließstrecke zu verfolgen. Die Nitratmengen nehmen auf dem Weg über das Nitrit zu und die Ammoniumwerte sinken.

Fischereiliche Bewertung einiger wichtiger Wasserkennwerte (nach Jens 1980, leicht verändert) (Fortsetzung)

Kaliumpermanganat-Verbrauch ($KMnO_4$)

(in mg/l $KMnO_4$). Vermittelt ein leidliches Bild über die Belastung eines Gewässers mit organischen Abwässern.

0–10	Günstig.
10–20	In Bächen: Noch günstig, in größeren Fließgewässern, Seen und Teichen: Günstig, fruchtbar.
20–30	Noch günstig, Bäche: Schon merklich belastet, Flüsse, Teiche, Seen: leicht belastet oder auch nur sehr fruchtbar.
30–50	Bedenklich, wenn nicht durch Nährstoffreichtum bedingt.
über 50	Stärker bis sehr stark belastet. Bei Nährstoffreichtum: Überdüngt.
über 100	Abwasser.

BSB$_5$

(in mg/l O_2). Biochemischer Sauerstoffbedarf nach 5 Tagen. Er gleicht der 48-Stunden-Zehrung, wird aber erst nach 5 Tagen bestimmt. Er hat weniger für die Beurteilung von Fischgewässern Bedeutung, die ja wenig verunreinigt sein sollen, als für Abwässer und stark mit Abwässern belastete Gewässer.

Eisen (Fe)

(in mg/l Fe). Eisenhaltige Wässer sind meist sauer, also wenig fruchtbar. Durch Belüftung und Kalkung kann der Teichbesitzer das Eisen im Zulauf ausfällen.

0–0,1	Unbedenklich.
0,1–0,3	In Fischzuchten und besonders im Bruthaus schon störend (Ausfällung).
0,3–0,5	Sehr störend bis schädlich.
0,5–1,0	Kaum noch für Fischereizwecke geeignet.
über 1,0	Ungeeignet und gefährlich.

Sulfat (SO_4^{2-})

(in mg/l SO_4^{2-}). Es ist für die Beurteilung in fischereilicher Hinsicht von untergeordneter Bedeutung.

Ab 150 mg/l	sollte die Gesamtbeurteilung kritisch sein.

Probenahme kann jedoch ein zuvor talaufwärts eingeleiteter Abwasserstoß mit der fließenden Welle vorbeigetragen werden, so daß eine erneute Probenahme völlig andere Werte ergäbe.

Diesen Nachteil der chemischen Wasseranalyse kann der Hydrobiologe kompensieren. Zwar wird auch er auf eine chemische Analyse nicht verzichten, doch ergänzt er sie durch eine biologische Untersuchung. Bei der biologischen Gewässeranalyse benutzt der Hydrobiologe die Organismen, die im Gewässer an Pflanzen und Steinen leben oder die im Bodengrund verborgen sind, als Indikatoren. Dabei steht aber nicht so sehr der Einzelorganismus im Vordergrund als vielmehr die Gesamtheit aller Lebewesen, also die Biozönose, die das Gewässer in einem bestimmten Bereich aufweist. Die Lebensgemeinschaften sind weitaus beständigere Bausteine des Gewässers als die chemisch-physikalischen Parameter. Jede Lebensgemeinschaft stellt sich nämlich auf die durchschnittliche Beschaffenheit des Wassers ein und vermittelt somit dem geschulten Biologen ein Durchschnittsbild des Gewässerzustandes.

Wenn wir oben die chemisch-physikalische Wasseranalyse mit einem Schnappschuß verglichen haben, so kann man – um bei dem Beispiel einer Abbildung zu bleiben – die biologische Gewässeranalyse einem gemalten Porträt gleichsetzen.

Denn ein Porträt stellt nicht nur eine Momentaufnahme dar, sondern es hält die Summe vieler Gesichtsausdrücke fest und läßt daher die Eigenschaften des Porträtierten stets besser erkennen als ein Schnappschuß.

Es kann nicht Aufgabe dieses Buches sein, dem Laien eine Einführung in die biologische Gewässeranalyse zu geben. Deshalb muß zur Vertiefung der soeben skizzierten Zusammenhänge auf das Fachschrifttum verwiesen werden. Für den angehenden Liebhaberteichwirt ist es jedoch wichtig, seine Wasserzuflüsse nicht nur chemisch, sondern auch biologisch beurteilen zu lassen. Die zuständige Fischereibehörde wird gerne behilflich sein, kompetente Fachleute für diese Aufgabe zu benennen oder auch direkt zu vermitteln.

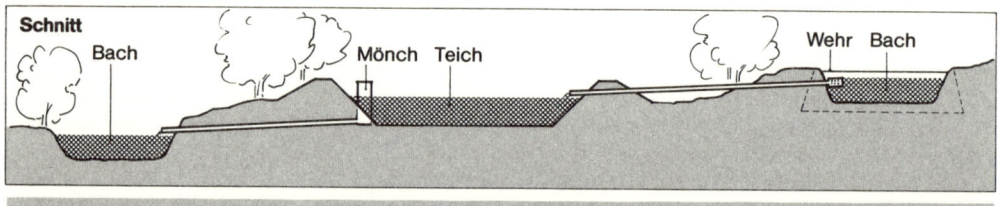

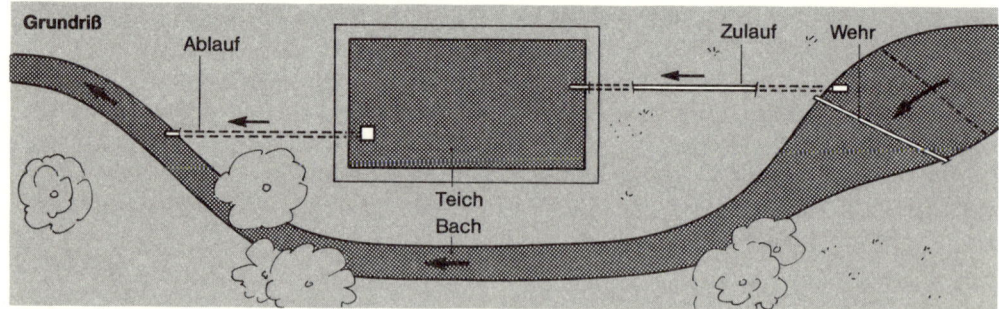

Forellenteich im Nebenschluß. Bei Anlagen dieser Art muß in erster Linie auf ausreichendes Gefälle geachtet werden, damit der Teich gut durchströmt wird und völlig entleert werden kann. Im abgebildeten Beispiel stimmen die Gefälleverhältnisse: Der Bach wird durch ein Wehr angestaut, so daß das Wasser frei in den Teich fallen kann, und der Teichablauf liegt deutlich über dem Wasserspiegel des Baches (nach Jens 1978, verändert).

Ableitung der Wasserspende

Entnimmt man einem natürlichen Gewässer Wasser für einen Teich, ist bereits der Tatbestand einer genehmigungspflichtigen Gewässernutzung gegeben. Daher sollte man Teiche grundsätzlich nicht durch Aufstauen eines Baches quer über ein Tal anlegen – Bachverbauungsteich; einmal weil solche Teiche kaum Aussicht auf behördliche Genehmigung haben, zum anderen aber auch, weil ihre Bewirtschaftung (Abfischen, Trockenlegen, Bodenbearbeitung usw.) sehr schwierig ist. Verbauungsteiche nehmen das ganze Fließgewässer in Anspruch, und das ist wasserwirtschaftlich gesehen unerwünscht. Es ist daher weitaus günstiger, das Gelände neben dem Bach zum Teichbau zu nutzen. Das Bachwasser wird abgeleitet, zum Speisen des Teiches genutzt und talabwärts wieder in das Gewässer, den Vorfluter, zurückgeführt – Zuleiterteich, Teich im Nebenschluß. Zu beachten ist dabei, daß im Vorfluter immer ein Restabfluß erhalten bleiben muß. Diese Restwassermenge wird im wasserrechtlichen Verfahren festgelegt und darf in fünf Jahren nur einmal unterschritten werden.

Auch bei der Frage der Wasserableitung wollen wir wieder Stillwasser- und Forellenteich getrennt betrachten. Der Karpfenteich muß viele Nährtiere hervorbringen, daher soll sein Wasser fruchtbar sein und sich möglichst über 20 °C erwärmen, um ein gutes Abwachsen der Fische zu gewährleisten. Aus diesen Gründen wird nach dem Bespannen lediglich der Wasserverlust durch Verdunstung und Versickerung ausgeglichen. Wasserspenden, die größer sind als die zu ergänzenden Verluste, dürfen nicht durch den Teich geleitet werden. Andernfalls würde das Teichwasser zu häufig ausgetauscht. Es würden zu viele Nährstoffe verlorengehen, und die Erwärmung wäre unzureichend, was zusammen erhebliche Ertragseinbußen mit sich brächte.

Deshalb wird das überschüssige Wasser in einem sog. Umlaufgraben außen um den Teich geführt. Dies kann unter Umständen schon bei Wasserspenden in der Größenordnung von 2 l/sec wünschenswert sein. Bei abwasserbelasteten Vorflutern bewährt sich ein Umlaufgraben besonders. Schmutzwasserstöße, wie sie z. B. bei starken Regenfällen nach längerer Trockenzeit auftreten, können so vom Teich ferngehalten werden. Entsprechendes gilt auch für Hochwasser. Allerdings muß dann der Umlaufgraben als Flutgraben ausgebaut werden. Dies wird gelegentlich von den Wasserwirtschaftsbehörden gefordert, ist aber meist wegen der hohen Kosten für den Teichwirt nicht diskutabel. Der Umlaufgraben wird immer tiefer als die Wasseroberfläche des Teiches liegen und kann daher bei undichten Dämmen Wasser aus dem Teich absaugen. Es ist daher unter Umständen ratsam, den Umlaufgraben mit Halbschalen auszukleiden oder ihn ganz zu verrohren. Manchmal ist es wegen der Geländebeschaffenheit überhaupt unmöglich, einen Umlaufgraben anzulegen. In solchen Fällen läßt sich das überschüssige Wasser auch in einer Leitung aus Kunststoffrohren, die relativ problemlos im Teichboden verlegt werden können, abführen. Beim Einlauf wird dann allerdings ein kleiner Mönch notwendig, ebenso am Auslauf der Rohrleitung, um bei Trockenheit Druckwasserverluste zu verhindern.

Umlaufgraben bzw. Rohrleitung soll-

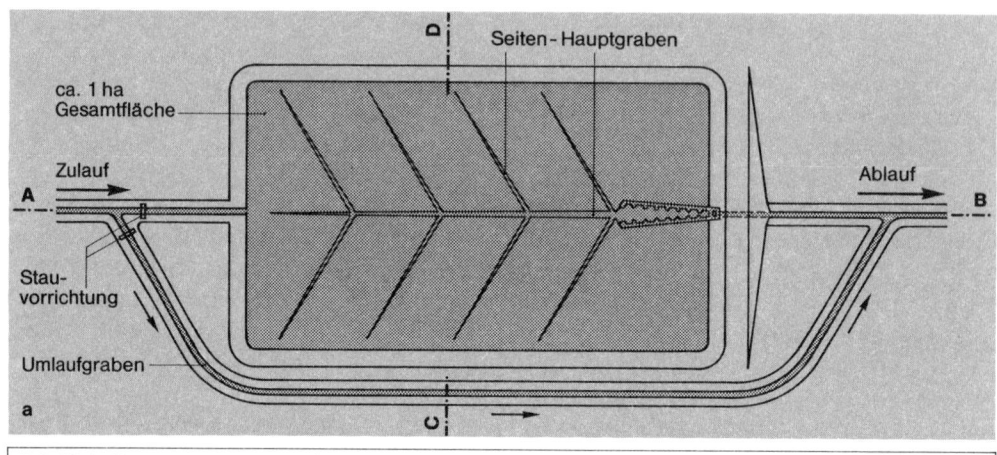

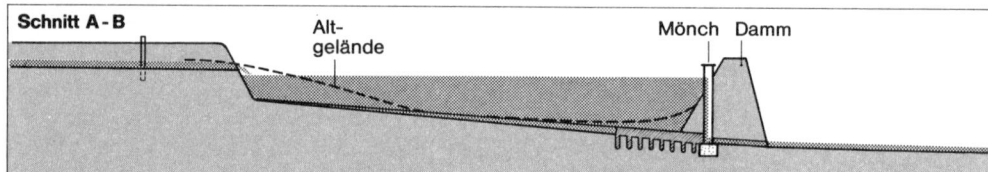

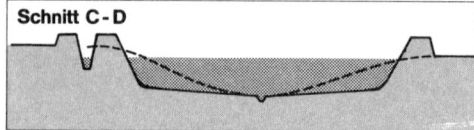

Pläne für Teichanlagen.
a) Regelplan eines Karpfenteiches mit Umlaufgraben (Umflut), konventionellem Grabensystem und einer mit Brettern befestigten
Abfischgrube vor dem Mönch. Die Schnitte
A–B und C–D veranschaulichen die Gestaltung
des Teichbeckens (nach Hofmann 1979).
b) Forellenteichanlage mit Umflut. Die getrenn-
ten Zuläufe ermöglichen eine parallele Wasserversorgung beider Teiche, doch läßt der Überlauf auch ein Hintereinanderschalten zu
(nach Jens 1980).

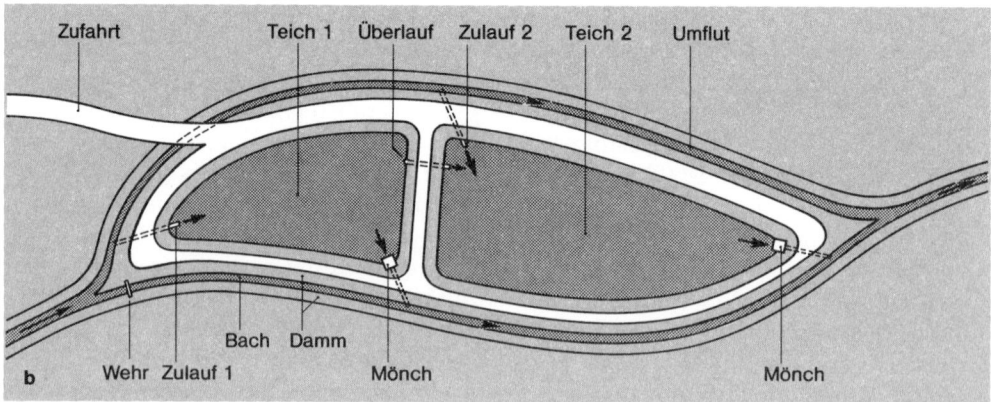

ten bei einem Neubau in jedem Fall so geführt werden, daß sie in einen außerhalb des Teiches hinter dem Mönch gelegenen Abfischgraben einmünden. Auf diese Weise hat man während des Abfischens für die geernteten Fische immer frisches Wasser zur Verfügung.

Im Gegensatz zu den eben beschriebenen Verhältnissen benötigen Forellenteiche ständig große Mengen Frischwasser, was ein ausreichendes Gefälle des Geländes erfordert. Daher kommen bereits kleine Anlagen nur selten ohne ein festes Wehr im Vorfluter aus. Mit seiner Hilfe wird der Oberwasserspiegel angehoben und das Gefälle künstlich vergrößert. Da ein solches Wehr – vor allem bei Hochwasser – großen Kräften ausgesetzt ist, muß es von einem Fachmann geplant werden. Alle Fließgewässer, die sich zur Speisung von Forellenteichen eignen, gehören der Forellen- oder Äschenregion an. Das Gesetz schreibt daher folgerichtig bei der Errichtung jeden Wehres, das höher als 30 cm ist, einen Fischpaß zur Aufrechterhaltung des Fischwechsels vor. Auf ein Wehr kann, wie gesagt, nur dann verzichtet werden, wenn das Gelände naturgemäß ein reichliches Gefälle aufweist. In solchen Fällen wird das Wasser durch eine Rohrleitung – evtl. oberhalb einer Sohlschwelle von maximal 20 cm Höhe – dem Vorfluter entnommen. Um ein Verstopfen durch Laub und anderes Material zu verhindern, wird der Entnahmestutzen mit einen Schutzkorb versehen.

Die oberhalb des Wehres oder der Sohlschwelle abzweigende Wasserzuführung – man nennt sie Werksgraben – sollte durch ein Schütz oder durch Staubretter regulierbar sein. Dadurch vermeidet man

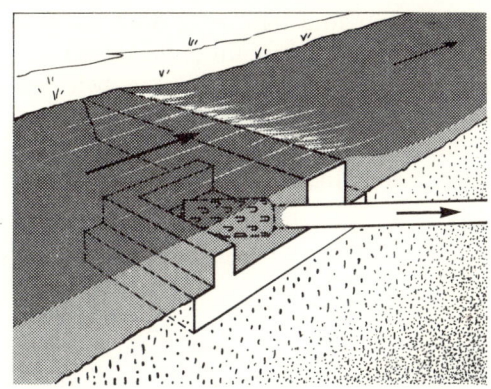

Wasserentnahme für einen Forellenteich bei ausreichendem Gefälle des Geländes. Legt man den mit einem Schutzkorb versehenen Einlaufstutzen in einen Betonkasten, ist auch bei Niedrigwasser die Entnahme der zulässigen Wassermenge gewährleistet. Der Kasten muß jedoch regelmäßig entsandet und entsteint werden (nach Jens 1978).

eine Überlastung der Teichanlage bei Hochwasser, und gleichzeitig besteht für Reinigungsarbeiten die Möglichkeit der Trockenlegung.

Vom Werksgraben zweigen dann entweder unmittelbar die Zuläufe zu den einzelnen Teichen ab oder aber Verteilerzuleitungen, wenn die Teiche verstreut liegen. Für diese Ableitungen sind ebenfalls Regulierungsmöglichkeiten vorzusehen. Ob man als Verteiler Rohrleitungen oder Gräben (Halbschalen) wählt, muß im Einzelfall entschieden werden. Beides hat Vor- und Nachteile. Rohre haben den Vorteil der raumsparenden Verlegung im Erdreich. Nichts kann hineinfallen, und die Gefahr einer Verstopfung wird verringert. Auch erwärmt sich das Wasser nicht. Es bleibt im Sommer kühl und friert im Winter nicht so leicht ein. Nachteilig ist, daß sich das Wasser bei seinem Lauf durch die Rohrleitungen nicht mit Sauerstoff anreichern kann und daß, tritt doch einmal eine Verstopfung ein, diese meist nur unter großen Schwierigkeiten zu beheben ist. Man sollte daher, vorausgesetzt es steht ausreichend Gelände zur Verfügung, aus Gründen der besseren Regulierbarkeit und Überwachung lieber Gräben wählen. Sie können auch gelegentlich auftretende größere Wassermengen schneller abführen. Der Erwärmung des Wassers in langen Gräben kann durch Abdecken begegnet werden.

Der Teich in Planung und Bau

Rechtsfragen

Am besten schon vor dem Ankauf eines Grundstückes, in jedem Fall aber vor dem Bau eines Teiches müssen alle rechtlichen Fragen geklärt werden. Die Anlage eines Teiches, ja selbst wesentliche Veränderungen (Stauhöhe, Zu- und Ablauf) eines schon bestehenden Teiches sowie die Nutzung eines Wasserlaufes bedürfen einer wasserrechtlichen Genehmigung. Die untere Wasserbehörde, in der Regel ist es das Landratsamt, gibt Auskunft darüber, welche Unterlagen man für den Bau eines Teiches benötigt, also welche Berechnungen und Nachweise erforderlich sind, von welchen Nachbarn Zustimmungserklärungen beigebracht werden müssen und in wievielfacher Ausfertigung diese Unterlagen eingereicht werden müssen. Auch die zuständigen Fischereireferenten beraten bei der wasserrechtlichen Genehmigung.

Im allgemeinen sind für eine Genehmigung mindestens folgende Unterlagen erforderlich: Erläuterung des Vorhabens, Übersichts- und Lageplan, Längs- und Querschnitt und Beteiligtenverzeichnis.

Detaillierte Angaben zum Genehmigungsverfahren erübrigen sich an dieser Stelle, da die Ausfertigung der geforderten Unterlagen einmal von den jeweiligen Besonderheiten des geplanten Teiches abhängen sowie von den in den einzelnen Bundesländern unterschiedlichen gesetzlichen Anforderungen.

Die Genehmigung zum Bau eines Teiches und zur Nutzung eines Wasserlaufes erfolgt in der Regel als wasserrechtliche Erlaubnis (§ 7 Wasserhaushaltsgesetz – WHG) oder als wasserrechtliche Bewilligung (§ 8 WHG). Dabei kann die wasserrechtliche Erlaubnis leichter widerrufen werden, ist also nicht so gewichtig. Die Bewilligung hingegen gewährt ein Recht, das zwar auch befristet ist, aber doch für etwa 20 bis 30 Jahre gilt.

Gelegentlich betrachten die Behörden die Anlage von Teichen auch als Gewässerausbau und führen deshalb ein sog. wasserrechtliches Planfeststellungsverfahren nach § 31 WHG durch. Im Zuge eines derartigen Genehmigungsverfahrens wird das Teichbauvorhaben bekanntgemacht, damit evtl. Betroffene Einwände erheben können, die dann von der Wasserbehörde in einer mündlichen Verhandlung erörtert werden. In der Regel führt dies zu Auflagen für den Antragsteller.

Neben der wasserrechtlichen Genehmigung sind beim Teichbau aber auch noch andere gesetzliche Vorschriften zu beachten, etwa solche des Natur- und Landschaftsschutzes oder des jeweiligen Landesbaurechtes. In jedem Fall – und dies sei hier ausdrücklich hervorgehoben – werden in jüngster Zeit immer häufiger Bedenken von seiten des Landschafts- und Naturschutzes, der Wasserwirtschaft, aber auch der Fischerei gegen eine übersteigerte Nutzung unserer Gewässer geltend gemacht. Auch der künftige Hobbyteichwirt tut daher gut daran, sein Bauvorhaben von vornherein unter diesen Gesichtspunkten kritisch zu prüfen, um Schwierigkeiten zu vermeiden.

Allgemeine Hinweise zur Planung

Wurden die aufgeführten Voraussetzungen für einen Teichbau, also Gelände und Wasserspende, überprüft sowie die rechtlichen Verhältnisse geklärt – wobei nochmals empfohlen sei, auf jeden Fall den Rat des zuständigen Fischereireferenten einzuholen –, kann zur eigentlichen Planung des Teiches übergegangen werden.

Obwohl die wichtigsten Bauelemente – Einlauf, Becken und Mönch – bei Karpfen- und Forellenteichen augenscheinlich gleich sind, gibt es doch grundsätzliche Unterschiede. So spielt die Teichform, also die Uferlinie, bei Forellenteichen eine weitaus wichtigere Rolle als bei Stillwasserteichen. Forellen- oder Lachsartige gedeihen als Bewohner schnellströmender Gewässer in einem Teich um so besser, je mehr dieser ihrem natürlichen Lebensraum entspricht. Daher sind alle Forellenteiche, ob sie nun als Erdteiche oder als Betonkanäle angelegt werden – dies sind die beiden Extreme – stets langgestreckt wie Bachabschnitte. Die Haltung der Forellen ist jedoch weniger eine Frage des Teichbaumaterials als vielmehr der Wasserspende und der Wasserqualität. Daher ist meistens schon von dieser Seite her die Teichgröße in der Forellenhaltung begrenzt. Zwar sind zahlreiche kleine Teiche meist günstiger als wenige große, die tatsächliche Teichfläche hängt aber allein von dem zur Verfügung stehenden Wasser ab und natürlich vom Gelände (vgl. Voraussetzungen für die Anlage eines Teiches). Diese ausgeprägte Abhängigkeit der Forellenhaltung von der Wasserspende macht hierzulande die Neuanlage von Forellenteichen – auch als Hobbybetrieb – besonders schwierig, weil entsprechende, ungenutzte Örtlichkeiten kaum mehr zu finden sind.

Die nachfolgenden Planungshinweise beziehen sich daher hauptsächlich auf Karpfen- und Stillwasserteiche.

Grundsätzlich wird man versuchen, so billig wie möglich zu bauen. Dies erfordert einmal die bestmögliche Anpassung der Teichanlage an die natürlichen Gegebenheiten (Wasser, Gelände), zum anderen aber auch eine sinnvolle Planung der einzelnen Bauelemente des Teiches.

Lage zu Verkehrswegen

Bei der Einplanung eines Teiches ins Gelände ist die Lage zu öffentlichen Verkehrswegen zu berücksichtigen. Straßen in Teichnähe bringen für den Bewirtschafter nicht zu unterschätzende Vorteile mit sich, vor allem im Hinblick auf den Abtransport der geernteten Fische und die Heranführung von Geräten. Andererseits bedeutet gestautes Wasser stets eine Gefahr für Straßen. Teiche müssen daher um so weiter von Straßen entfernt sein, je bedeutender diese sind. So gilt in allen Bundesländern für Autobahnen ein Abstand von 100 m und für Bundesstraßen ein solcher von 40 m. Für alle anderen Verkehrswege können spezielle örtliche Distanzen vorgeschrieben sein. Der Mindestabstand beträgt jedoch immer 5 m. Es ist daher in jedem Fall ratsam, vor der endgültigen Planung bei der zuständigen Straßenbaubehörde Auskunft einzuholen.

Vermessung

Die Planung erfordert vor allem die Vermessung des Geländes. Sie ist unumgänglich, einmal weil ein Teich nur auf dem Papier am besten durchgeplant werden kann, zum anderen weil Pläne für die Baugenehmigung sowieso unerläßlich sind. Es sei hier ausdrücklich noch einmal auf die Genehmigungspflicht hingewiesen. Das Nichteinholen der Genehmigung führt mit Sicherheit zur Einebnung des »schwarz« angelegten Teiches, zumindest aber zu empfindlichen Geldstrafen.

Die Vermessung des Geländes überläßt man, ebenso wie die Anfertigung der Pläne, am besten einem Fachmann, also z. B. einem Bauingenieur. Dabei ist wichtig, daß der Bauherr dem Techniker seine Wünsche klar darlegt. Denn in der Regel sind diesem die fischereilichen Anforderungen, die an einen Teich zu stellen sind, unbekannt. So muß der angehende Teichbesitzer den Planer auf die Notwendigkeit eines Umlaufgrabens hinweisen, auf die Führung des Hauptgrabens und auf die Errichtung von Abfischeinrichtungen hinter dem Mönch. Der Planer wiederum muß alle behördlichen Vorschriften berücksichtigen, also etwa den Abstand des Teiches von in der Nähe vorbeiführenden Straßen, die vom Wasserwirtschaftsamt verlangten Böschungwinkel und die Interessen der Anlieger und vor allem der Unterlieger.

Steht kein Techniker zur Verfügung, kann man sich bei der Vermessung wie folgt behelfen: Im Abstand von etwa 2 m setzt man zwei senkrechte Richtpfähle in der Nähe der künftigen Ablaufrinne so, daß ihre oberen Enden die spätere Wasseroberfläche markieren, also etwa 1 bis 2 m hoch. Mit Richtlatte und Wasserwaage werden beide exakt ausgerichtet. Anschließend visiert man über die Richtlatte in Richtung des künftigen Teichufers. Der Punkt, an dem der »Richtstrahl« den Boden trifft, wird später noch vom Wasser bedeckt. Man markiert ihn mit einem Pflock. Nach dem Versetzen eines der Richtpfähle werden in der gleichen Weise weitere Markierungspflöcke gesetzt, die die zukünftige Wassergrenze festlegen.

Bodenbewegung

Die Hauptkosten beim Teichbau stellen die Bodenbewegungen dar. Je weiter der Boden bewegt werden muß, um so teurer wird der Teich. Die Bewegungen des Erdreiches müssen daher so rationell wie möglich geplant werden, und der Boden

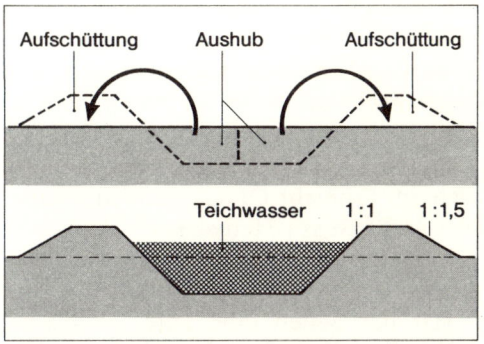

Massenermittlung. Bei jedem Teichbau ist die möglichst vollständige Verwendung des Aushubs für den Dammbau anzustreben (nach Jens 1978).

ist dort abzulagern, wo er für die Dämme gebraucht wird. Das Ausheben von Boden ist aber immer teurer als Dämme aufzuschütten.

Um die Kosten der Bodenbewegung möglichst gering zu halten, muß also genau errechnet werden, wieviel Boden auszuheben ist. Es sollte immer nur so viel sein, wie als Anschüttungsmaterial zum Dammbau wieder Verwendung finden kann (Massenermittlung). Auch müssen die kürzesten Wege festgelegt werden, auf denen das Erdreich aus dem künftigen Teichbecken herausgeschafft wird. Dabei ist selbstverständlich, daß dies im richtigen Zusammenhang mit den festgelegten Vermessungsdaten geschieht. Ebenso selbstverständlich ist, daß diese stets Vorrang haben, wenn die Massenberechnung nicht aufgeht, d. h. wenn zuviel Erdreich anfällt, das abgefahren werden muß bzw. wenn zusätzliches Material zum Dammbau herbeizuschaffen ist. Derartige Maßnahmen verteuern aber in jedem Fall das Teichbauvorhaben erheblich.

Wenn das Gelände nivelliert ist und die Pläne fertiggestellt sind, können nach der Erhaltung der Baugenehmigung die Erdarbeiten beginnen. Teiche werden heute ausschließlich mit Planierraupen und Baggern gebaut, wobei der Planer den Einsatz der Geräte festlegt.

Ist das Gelände vernäßt, empfiehlt es sich, im Frühjahr Dränagegräben anzulegen und erst im Herbst nach dem Austrocknen des Bodens mit dem Bau zu beginnen.

Hat der Boden eine gute Grasnarbe, sollte diese in Soden abgeschält werden. Die Soden schichtet man in Haufen auf. Wenn sie nicht zu lange gelagert werden, lassen sie sich später wieder zur Befesti-

gung und zum Begrünen der Dämme verwenden.

Bei fruchtbarem Mutterboden ist es wichtig, daß dieser nicht abgetragen wird und somit später im Teich jahrelang steriler Boden bloßliegt. Erfordert der Teichbau das Ausheben wesentlicher Bodenschichten, so ist der zuvor entfernte Mutterboden auf Haufen zu setzen und im Anschluß an den Aushub wieder auf den Teichboden auszubringen.

Teichgröße

Über die Frage, ob es günstiger ist, für Stillwasserfische einen großen Teich oder mehrere kleine anzulegen – vorausgesetzt Gelände und Wasserverhältnisse lassen eine Wahl überhaupt zu – kann man unterschiedlicher Meinung sein. Allein vom Fischertrag her ist diese Frage nicht zu entscheiden, da man sowohl in kleinen als auch in großen Teichen gleich große Hektarerträge erwirtschaften kann. Große Teiche bieten allerdings wegen des günstigeren Maschineneinsatzes, z. B. Boot, Düngerstreuer, Mähgeräte, wesentliche Arbeitsvorteile. Es kann zügiger und damit deutlich kostengünstiger gearbeitet werden. Demgegenüber lassen sich andere Maßnahmen, wie z. B. Krankheitsbekämpfung oder Entseuchung, in kleinen Teichen leichter und billiger durchführen. Denn erfahrungsgemäß braucht man bei guter Wasserführung in einer Teichanlage nur den jeweils »kranken« Teich zu sanieren, was eine erhebliche Kostenersparnis darstellt. Da Entseuchungsaktionen auch bei neuen Teichen von vornherein einkalkuliert werden müssen, muß der Bewirtschafter selbst entscheiden, welchem der genannten Aspekte er Vorrang einräumen will. Von den Baukosten her gesehen wird man – es sei denn, es handelt sich um einen Teich mit besonderer Bestimmung – eine bestimmte Teichgröße als Richtmaß vorsehen, sich ansonsten aber möglichst optimal den Geländegegebenheiten anpassen.

Für die Forellenhaltung sind, wie gesagt, mehrere kleine Teiche günstiger als ein großer. Länge zu Breite dieser Teiche sollten sich dabei etwa wie 5 : 1 verhalten.

Teichtiefe

Die seichteste Stelle eines Teiches liegt stets am Einlauf. Sie richtet sich grundsätzlich nach der im Sommer zur Verfügung stehenden Wassermenge. Im allgemeinen wird für den flachsten Bereich eine Tiefe von 60 cm angegeben, wobei vom Tiefgang der Arbeitsboote ausgegangen wird. Mähboote können nur bei einem Mindestwasserstand von 60 cm bis dicht an die Dammböschungen heranfahren.

Bei Himmelsteichen, deren Wasserverluste ja nicht durch Zufluß ausgeglichen werden können, muß man die jährliche Verdunstungsmenge (500 bis 600 mm) einkalkulieren und den Stauraum entsprechend größer wählen. Für einen solchen Teich empfiehlt es sich, an der seichtesten Stelle eine Tiefe von etwa 80 cm vorzusehen, so daß auch in der trockensten Jahreszeit noch etwa 20 cm Wasserstand verbleiben. Man verhindert so ein teilweises Trockenfallen des Teiches und dadurch bedingte Notabfischungen.

Die größte Tiefe schließlich ergibt sich aus dem Gefälle der Teichsohle und muß

stets am Auslauf, beim Mönch, liegen. Natürlich könnte man einen Teich auch tiefer als die aufgeführten Richtwerte bauen und ihn später weniger füllen. Dies brächte allerdings erhöhte Baukosten mit sich und erhebliche Erschwernisse bei der Bewirtschaftung (Dammpflege, Abfischen etc.).

Auf die unterschiedliche Neigung der Teichsohle in Stillwasser und Forellenteichen wurde bereits an anderer Stelle eingegangen (Voraussetzungen für die Anlage eines Teiches).

Umlaufgraben

Über Notwendigkeit und Funktion des Umlaufgrabens, vor allem beim Stillwasserfischteich, wurde schon gesprochen (Seite 99). Es sei aber noch einmal hervorgehoben, daß er kein Flutgraben zur Ableitung von Hochwässern ist. Er dient in erster Linie dazu, die dauernd nachfließende Wasserspende um den Teich herumzuführen. Entsprechend wird auch seine Bemessung (Tiefe, Sohlenbreite) gewählt. Die Tabelle auf Seite 108 zeigt, mit welchen Dimensionen man – ordnungsgemäße Wartung vorausgesetzt – auskommen kann. Natürlich darf der Graben auch nicht zu klein angelegt werden, da er immer auch das Niederschlagswasser aufnehmen muß. Bei heftigen Regenfällen im Sommer kann man häufig beobachten, daß Umlaufgräben die anfallenden Wassermengen nicht fassen, so daß Wasser aus dem Gelände in die Teiche fließt. Hierdurch wird Teichschlamm aufgewirbelt, was im Wasser zu verstärkter Sauerstoffzehrung und bei den Fischen zu Kiemenverschmutzungen führt und letztlich

Wasserführung in Gräben mit einem Böschungswinkel von 1:1,5 (nach Bank und Krusch 1978)

Sohlenbreite (m)	Wassertiefe (m)												Grabengefälle (%)
	0,10	0,20	0,30	0,40	0,50	0,60	0,70	0,80	0,90	1,00	1,50	2,00	
					Abfluß (l/sec)								
0,30	6	24	61	115	194	302	444	612	817				
0,40	7	29	71	132	219	335	487	666	898	1159			
0,50	9	35	83	150	250	370	532	734	966	1240			
0,60	11	41	95	168	277	414	578	792	1035	1323	3548		1
0,80	14	53	116	207	333	490	673	912	1180	1518	3889		
1,00	17	65	130	243	385	559	775	1038	1332	1700	4241	8420	
0,30	8	35	83	162	278	432	624	876	1173				
0,40	10	42	99	188	311	476	690	947	1260	1634			
0,50	13	50	114	211	350	529	760	1034	1365	1760			
0,60	15	58	132	240	392	585	832	1132	1474	1890	5002		2
0,80	20	75	165	297	465	694	958	1296	1683	2139	5444		
1,00	25	91	196	346	551	798	1105	1461	1904	2375	5996	11680	
0,30	11	48	117	230	389	605	888	1236	1663				
0,40	14	59	140	264	437	679	985	1357	1796	2337			
0,50	18	70	162	299	488	756	1074	1469	1948	2500			
0,60	21	81	186	336	547	828	1167	1584	2089	2688	7097		4
0,80	29	103	233	414	659	979	1473	1842	2380	3036	7778		
1,00	36	127	278	486	788	1129	1564	2094	2707	3375	8483	16560	

sogar kostenträchtige Verluste durch Fischsterben nach sich ziehen kann.

Werden dem Graben zusätzlich noch andere Aufgaben zugedacht, z. B. die Frischwasserversorgung einer Abfischeinrichtung, bedingt dies unter Umständen Abänderungen in seiner Dimensionierung und in seiner Lage. Bei optimalen Lösungen kann man den Teich sogar aus dem Umlaufgraben anstauen und den Teich auch wieder in den Graben ausleiten (Mönch!).

Der Umlaufgraben wird meist mit Halbschalen ausgelegt. Hierdurch wird vor allem bei über der Teichsohle liegenden Umlaufgräben ein Durchsickern in den Teich vermieden. Bei tiefer liegenden Gräben verhindert man auf diese Weise ein Absaugen des Wassers aus dem Teich.

Wie der Tabelle zu entnehmen ist, hängt die Wasserführung des Grabens von der Böschungsneigung, der Sohlenbreite (1. senkrechte Spalte), dem Gefälle (letzte senkrechte Spalte) und der Wassertiefe (oberste waagerechte Spalte) ab.

Ein Umlaufgraben mit einem Gefälle von 1% und einer Sohlenbreite von 30 cm führt bei einer Wassertiefe von 20 cm 24 l/sec Wasser ab. Erhöht man das Gefälle auf 2%, führt der gleiche Graben bei glei-

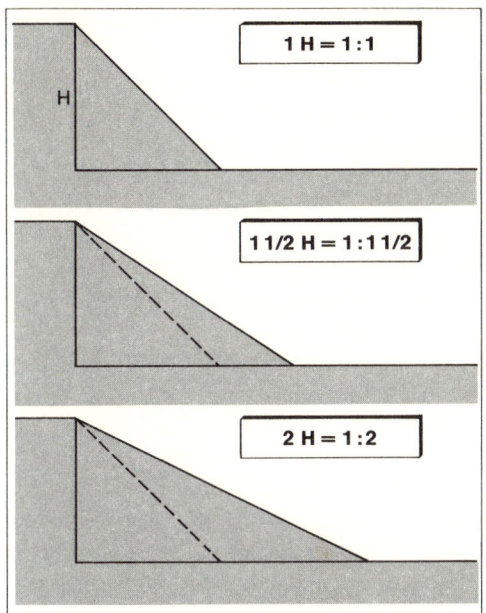

1 H = 1:1

1 1/2 H = 1:1 1/2

2 H = 1:2

Der Böschungswinkel gibt das Verhältnis zwischen der Höhe des Dammes und der Breite des Dammfußes an. Bei einem Böschungswinkel von 1:1 entsprechen sich Dammhöhe und Breite des Dammfußes. Beträgt der Böschungswinkel 1:2, ist der Dammfuß doppelt so breit wie die Dammhöhe (nach Bank und Krusch 1978, verändert).

cher Wassertiefe bereits 35 l/sec. Steigt nun die Wassertiefe auf 30 cm an, erhöht sich die Wasserführung sogar auf 83 l/sec.

Von Bedeutung ist ein günstiger Böschungswinkel des Umlaufgrabens. Der Böschungswinkel bestimmt die Neigung der Böschung zur Teichsohle. Er wird im Verhältnis zur Böschungshöhe angegeben. In der Regel wird für die Böschung von Umlaufgräben ein Winkel von 1:1 empfohlen, was einer Neigung von 45° entspricht. Bei leichten Böden, vor allem aber bei voraussehbarer größerer Wasser-

führung wählt man für den Umlaufgraben jedoch besser einen Böschungswinkel von 1:1,5. Heute werden alle Gräben im Teichbau in der Regel mit Spezialbaggern angelegt, wodurch die notwendigen Böschungswinkel automatisch entstehen. Grundsätzlich gilt, je tiefer der Graben ist, desto flacher müssen die Böschungswinkel sein. Beim Bau des Umlaufgrabens sollte man aber stets beachten, daß er nicht zu einem landschaftsstörenden »Mammutbauwerk« wird.

Teichbecken

Um schnell und kostengünstig zu bauen, hat die Anpassung des Teichbeckens an die Geländeverhältnisse absoluten Vorrang. Fixpunkte sind dabei Verlauf und Sohlenhöhe des Umlaufgrabens, dem das Teichbecken zugeordnet werden muß. Zumindest muß das Gefälle des Beckens zum Umlaufgraben hin ausgerichtet werden. Auf das Idealgefälle wurde bereits eingegangen (Voraussetzungen für die Anlage eines Teiches). Es bestimmt in Abhängigkeit von der seichtesten Stelle die gesamte Teichtiefe. Die früher geforderten geraden Teichränder – sie würden die späteren Teicharbeiten vor allem bei Maschineneinsatz erheblich erleichtern – lassen sich heute aus den einsichtigen Gründen des Landschaftsschutzes kaum mehr realisieren.

Bei sandigem Untergrund muß anfangs immer mit Wasserverlusten gerechnet werden, selbst wenn der Damm dicht ist. Meistens dichtet sich allerdings der Teichboden allmählich von selbst, da pflanzliches und tierisches Material die Porenräume des Bodens schließt. Eine spätere sachgerechte Düngung des Teiches fördert diesen Prozeß.

In tropischen Ländern provoziert man diesen Vorgang, indem man poröse Böden wie folgt abdichtet: Zuerst werden alle Ablagerungen und Steine entfernt. Dann werden Teichboden und -seitenwände mit einer dünnen Schicht Schweinemist belegt, gefolgt von einer Schicht aus Grasschnitt und einer anschließenden Lage aus Blättern. Das Ganze wird schließlich mit Erde abgedeckt und festgestampft. Nach etwa 2 bis 3 Wochen werden die Teiche bespannt und sollen dicht sein. Dieses Verfahren ist natürlich extrem billig. Praktische Erfahrungen mit dieser Methode in unseren Breiten gibt es wohl nicht. Doch spricht die erwähnte natürliche Abdichtung für die Brauchbarkeit des Verfahrens.

In unserer Teichwirtschaft gilt das Einbringen einer etwa 20 cm dicken plastischen Lehmschicht als bewährtes Mittel zur Dichtung wasserdurchlässiger Teichböden. Allerdings muß diese Schicht durch Walzen oder Stampfen verdichtet werden. Poröser Gesteinsuntergrund läßt sich auch durch Einbringen von tonigem oder lehmigem Material wasserundurchlässig machen. Bei kleinen Teichen kann an Stelle einer Lehm- oder Tonschürze Kunststoffolie zur Bodenabdichtung verwendet werden. Das ist allerdings nicht billig. Die Folie muß auf einem Untergrund aus feinem Sand verlegt und von oben vorsichtig mit Sand bedeckt werden. Erst darauf kann wieder gröberes Material kommen.

Die Teichsohle erhält in Längsrichtung einen Entwässerungsgraben, den Hauptgraben. In ihm sammeln sich beim Abfischen die Fische und werden mit dem ablaufenden Wasser zum Mönch geleitet. Da der Hauptgraben nach der Teichleerung das Wasser aus dem nassen Boden ziehen und ableiten soll, muß er möglichst gerade sein. Zusätzlich gibt man dem Teichboden auch noch von den Seitenrändern zum Hauptgraben ein Quergefälle von mindestens 1‰. Der Hauptgraben darf allerdings auch nicht zu groß ausgelegt werden, da sonst die Fische bei der Ernte in ihm stehen bleiben bzw. aus der Abfischgrube wieder in den Graben steigen. Bei 1 ha Teichfläche kann der Hauptgraben zwischen 90 und 120 cm breit und 40 bis 60 cm tief sein. Um die Saugwirkung des Grabens zu verstärken, legt man meistens noch flache Seitengräben im Fischgrätenmuster an. Ihre Wirkung ist um so effektiver, je enger sie liegen.

Der Teichboden kann, vor allem in größeren Anlagen, auch dachförmig ausgebildet werden, wobei die höchste Stelle, also gewissermaßen der First, in der Mitte des Teiches liegt. Der Hauptgraben verläuft dann in zwei Ästen entlang den Teichseiten. Diese Anordnung erleichtert die erforderliche regelmäßige Räumung der Gräben wesentlich, da sie von den Seitendämmen aus maschinell erfolgen kann (Bagger). Daneben haben seitliche Gräben den Vorteil, daß sie evtl. auftretendes Seitendruckwasser auffangen. Andererseits muß man aber auch bedenken, daß Gräben in der Nähe von Dämmen Druckwasserverluste fördern, die vor allem bei nichtsachgerechtem Dammbau ein beträchtliches Ausmaß annehmen können. In solchen Fällen ist es daher angebracht, auch in den Seitendämmen Lehmkerne vorzusehen.

Hauptgraben und Seitengräben dürfen grundsätzlich nicht befestigt werden,

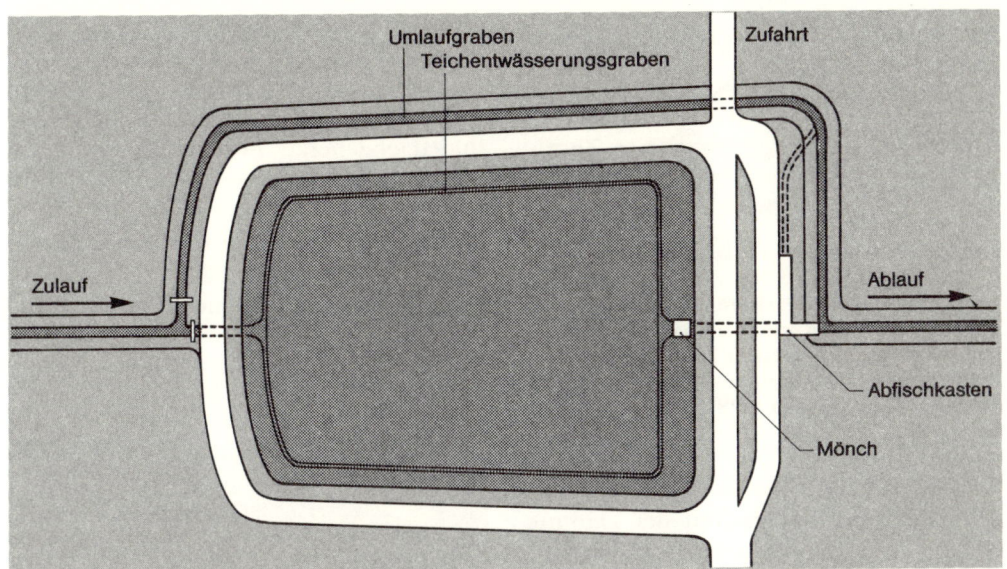

Plan eines Karpfenteiches mir seitlich umlaufendem Entwässerungsgraben (Hauptgraben). Die Teichsohle muß in solchen Fällen dachförmig gestaltet werden, wobei der »First« in der Teichmitte liegt. Die Neigung des Teichbodens gegen den Hauptgraben sollte mindestens 0,1% betragen (nach Bank und Krusch 1978, verändert).

weil sie neben der Führung der Fische vor allem der Trockenlegung des Teichbodens dienen. Das Wasser aus dem Schlamm muß über diese Gräben gut abziehen können. Die Böschungen des Hauptgrabens müssen daher wasserdurchlässig bleiben. Gelegentlich wird jedoch der Hauptgraben mit Brettern oder Schwarten, die durch Pflöcke gehalten werden, etwas abgestützt, um die ständig wiederkehrende Arbeit des Räumens etwas zu vereinfachen.

Dämme

Aufgesetzte Teiche, also solche, die von allen Seiten von angeschobenen Dämmen begrenzt sind, werden heute nicht mehr gebaut und auch nicht mehr genehmigt. Man legt vielmehr immer die Teichsohle unter die Bodenoberfläche und errichtet Dämme nur dort, wo es unumgänglich ist. Die Hauptdammkronen sollten 40 bis 60 cm über der vorgesehenen Stauhöhe liegen und gleich so angelegt werden, daß sie befahrbar sind, also etwa 3 m breit. Die innere Böschung ist im Verhältnis 1:1,5 geneigt. Die Breite des Dammfußes ergibt sich dann zwangsläufig aus der Höhe des Dammes und der Breite der Krone. Auch dieser Neigungswinkel ist eine Folge des heute üblichen Maschineneinsatzes beim Dammbau. Derartig angelegte Dämme sind jedoch sehr standfest und sicher, was durch ihre Abdeckung

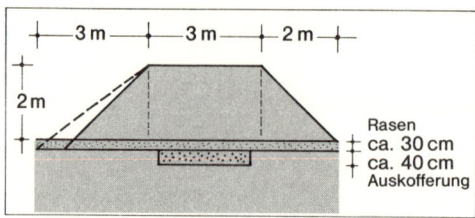

Profil eines Teichdammes. Dämme dürfen niemals auf den Rasen gesetzt werden (Standfestigkeit). Zur besseren Verzahnung mit dem gewachsenen Boden wird der Rasen entfernt und der Boden anschließend in entsprechender Breite etwa 40 cm tief ausgekoffert (nach Bank und Krusch 1978).

mit Rasen noch verstärkt wird. Im übrigen hängt die Mächtigkeit der Dämme von der gestauten Wassermasse, der Wassertiefe und dem Gefälle des Teiches ab. Auch hat der große Böschungswinkel betriebstechnische Gründe. Bei zu flachen Böschungen kann mit Booten nicht mehr direkt am Damm gearbeitet werden. Es kommt zu Verschilfungen und Verlan-

Abdichten des Dammes. Durch einen porösen Damm fließt das aufgestaute Wasser ab. Die Oberfläche dieses Sickerstromes ist in den Abbildungen als Sickerlinie dargestellt. Endet sie auf der landseitigen Dammböschung oberhalb des Dammfußes, ist der Teich undicht (a). Je undurchlässiger das Dammbaumaterial ist, desto steiler verläuft die Sickerlinie. Durch einen Lehmkern kann sie so weit in die Tiefe abgelenkt werden, daß das Sickerwasser unterhalb des Dammfußes bleibt (b). Der Lehmkern muß jedoch bis in die wasserundurchlässigen Bodenschichten hinabreichen (c). Beim Dammbau mit der Raupe bereitet das Einbringen eines Lehmkernes jedoch Schwierigkeiten. Man ersetzt daher heute den Lehmkern meistens durch eine Lehmschürze. Sie beeinflußt die Sickerlinie ebenfalls günstig und kann problemlos mit einer Raupe aufgebracht werden (d) (nach Bank und Krusch 1978 und Jens 1978).

dungen, die einen Verlust an produktiver Teichfläche bedeuten. Im Hinblick auf eine spätere Verwendung von Booten sollte auch stets eine sichere, befestigte und flachgeneigte Einfahrt in den Teich vorgesehen werden.

Der Hobbyteichwirt wird sich allerdings genau überlegen müssen, ob diese für den kommerziellen Züchter wesentlichen Gesichtspunkte auch für ihn Gültigkeit besitzen. Andererseits ist zu bedenken, daß nachträgliche Baumaßnahmen,

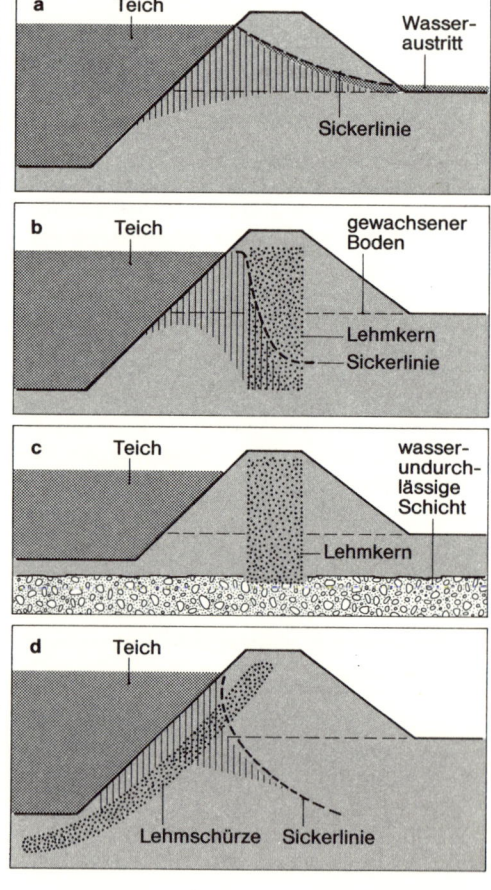

gerade an den Dämmen, besonders kostenintensiv sind.

Dämme dürfen nie auf die Grasnarbe oder auf den Humus aufgesetzt werden. Beide werden daher im Bereich der Dammzone entfernt. Zur besseren Verankerung des Dammes wird anschließend im gewachsenen Boden ein Graben von etwa 1 m Breite oder auch einer Schildbreite der eingesetzten Planierraupe etwa 40 cm tief ausgehoben und der Damm über dieser Rinne aufgeschüttet. Wird der Damm aus wasserdurchlässigem Material (z. B. Sand) geschüttet, sollte er einen Lehmkern von 40 bis 50 cm Stärke erhalten. Dieser Lehmkern verkürzt die Sikkerlinie und schützt die Dammaußenseite vor Vernässung. Bei der heute üblichen Errichtung der Dämme mit Hilfe von Planierraupen wird der Lehmkern jedoch meist durch eine Lehmschürze auf der Wasserseite, deren Bau für die Raupe keine Schwierigkeiten bedeutet, ersetzt. Die Stellen, an denen Ein- und Auslaufrohre zu liegen kommen, werden beim Dammbau zunächst offen gelassen. Man schließt sie erst später nach der Verlegung der Rohre und der Errichtung des Mönches.

Es ist zweckmäßig, schon beim Dammbau Vorsichtsmaßnahmen gegen die Bisamratte zu ergreifen. Der Bisam legt seinen Bau, dessen Eingang unter der Wasseroberfläche liegt, von der Wasserseite her an. Deshalb sollte man die Wasserseite des Dammes besonders schützen. Bewährt hat sich das Auflegen eines kunststoffummantelten Maschendrahtgeflechtes (Maschenweite 4 bis 5 cm; Drahtstärke 1,5 bis 2,0 mm) auf die Oberseite der Lehmschürze, also etwa in 30 cm Tiefe unter der auf dem Damm liegenden Mutterbodenschicht. Ein derartiges Drahtgeflecht kann kein Bisam überwinden. Es werden auch noch andere Schutzmaßnahmen empfohlen, z. B. der Bau von abgestuften Dammböschungen oder der Einbau von Fangkästen aus Fertigteilen. Beides dürfte jedoch kostspieliger und weniger effektiv sein als Auflagen aus Maschendraht.

Mönch

Der Mönch, auch Ständer oder Staukasten genannt, ist die traditionelle Stau- und Ablaßvorrichtung des Teiches. Warum diese sinnreiche Konstruktion den Namen Mönch trägt, läßt sich heute nicht mehr einwandfrei klären. (Sicher ist nur, daß die Mönche des Mittelalters sich auf die Kunst des Teichbaues und der Karpfenzucht sehr gut verstanden.)

Der Mönch bietet zahlreiche Vorteile. Er ist leicht zu schließen und zu öffnen und ermöglicht ein beliebig hohes Aufstauen des Wasserspiegels. Gleichzeitig kann, den Erfordernissen entsprechend, jede Wasserschicht des Teiches, gleich ob Boden-, Ober- oder Zwischenwasser, durch eine bestimmte Einstellung abgezogen werden. Der Mönch bietet einen sicheren Schutz gegen das Entweichen der Teichfische, aber auch gegen das Eindringen unerwünschter Fremdfische. Mit seiner Hilfe läßt sich der Abfluß des Teiches, z. B. vor der Abfischung, so regulieren, daß man den Zeitpunkt der Ernte genau festlegen kann. Weiterhin garantiert er das restlose Entleeren des Teiches, wodurch der Teichboden trockengelegt wird, und außerdem läßt er ein Abfischen außerhalb des Teiches zu, weil die Fische frei durch sein Abflußrohr ziehen können. Ja er erlaubt es sogar, unerwünscht dem Teich zufließendes Wasser abzuführen. Wird der Mönch also von vornherein groß genug angelegt, kann sich der Bau eines zusätzlichen Überlaufes erübrigen.

Man dimensioniert den Mönch zweckmäßig nach der Wassermenge des Teiches, eventuell unter Berücksichtigung der Größe des Vorfluters. Natürlich muß auch das Kaliber des Abflußrohres entsprechend groß gewählt werden. Dieses Abflußrohr führt mit nur wenig Gefälle durch den Fuß des Hauptdammes nach außen. Die Tabelle zeigt, wieviel Wasser in der Sekunde durch ein Rohr von bestimmter Länge und bestimmtem Durchmesser bei unterschiedlichen Druckhöhen fließen kann. Dient der Mönch allein teichwirtschaftlichen Zwecken und nicht gleichzeitig als Überlauf, reichen in der Regel Rohre mit relativ kleinem Durchmesser aus. Da die Tiere beim Abfischen das Rohr ohne Schaden passieren sollen, genügen lichte Weiten zwischen 25 und 30 cm.

Im »klassischen« Karpfenteich steht der Mönch meist in der Mitte des Hauptdammes dem Einlauf ungefähr gegenüber. Bei Neuanlagen weicht man aus Gründen des rationellen Abfischens immer häufiger von dieser Tradition ab. Der Abfischgraben kann ja nur selten beliebig plaziert werden, vielmehr wird seine Lage durch den Frischwasserzulauf bestimmt. Daher muß auch der Standort des Mönches der Abfischvorrichtung entsprechend eingeplant werden. Deshalb findet man heute den Mönch auch öfters in einer Teichecke oder sogar in einem Seitendamm. Nur wenn sowieso »vor dem Mönch« abgefischt werden muß, wird auch heute noch der Standort im Hauptdamm beibehalten. Immer aber sollte der Mönch in Reichweite des Dammes stehen. Für Kontrollen und eventuelle Reparaturen ist dies unerläßlich. Dabei ist es am günstigsten, wenn der Mönchskopf freiliegt. Der Mönch kann aber auch über ein Laufbrett vom Damm aus zu erreichen sein. Gegen unbefugte Manipulationen ist er durch einen abschließbaren Deckel leicht zu sichern.

Ein Mönch besteht aus drei konstruktiven Elementen, dem Fundament, dem Abflußrohr und dem zum Teich hin offenen Gehäuse (Mönchskopf), das mit drei Führungsschienen versehen ist. Staubretter dienen zum Schließen oder, wie der Fachmann sagt, zum Zusetzen.

Der als Beispiel hier vorgestellte Mönch in Betonbauweise ist 150 cm hoch und steht zu etwa einem Drittel seiner Höhe in der Dammböschung. Die Oberkante seiner Rückwand ist daher etwa 30 bis 40 cm von der Dammkrone entfernt. Dies gewährleistet eine gute Bedienung und Kontrolle des Mönches vom Damm aus. Das nach vorn offene Gehäuse hat eine lichte Weite von 40 cm und ist 60 cm tief. Seine Innenseite weist drei Paar Führungsrinnen auf. Von vorn, also von der Wasserseite her gesehen, hat das erste Rinnenpaar 10 cm Abstand vom Gehäuserand, das zweite 25 cm und das dritte 31 cm. Damit ist die Rückwand des Mönches noch ungefähr 30 cm vom dritten Nutenpaar entfernt. Dies ist vor allem bei im Winter bespannten Teichen (Winterungen) von Bedeutung. Denn wenn dieser Abstand zu gering ist, gefriert das abfließende Wasser vorzeitig und bildet eine luftdicht abschließende Eisdecke im Gehäuse. Dies hat einen starken Sog zur

Wasserführung von Rohrdurchlässen (nach Bank und Krusch 1978)

Druckhöhe (cm)	Lichte Weite des Rohres (cm)						Länge des Durchlasses (m)
	10	20	30	40	50	60	
	Wassermenge (l/sec)						
5	6	23	54	98	155	225	
10	8	34	80	138	220	320	
20	11	45	115	196	310	450	
30	14	55	134	239	435	635	
40	16	65	156	280	435	635	
50	18	74	174	310	485	705	2
60	20	81	192	340	535	775	
70	22	87	206	370	575	835	
80	24	96	220	395	620	895	
90	25	105	232	420	650	950	
100	26	114	244	440	690	1000	
5	4	18	46	85	140	200	
10	6	26	64	125	195	285	
20	8	36	93	175	280	410	
30	10	46	115	215	340	500	
40	12	53	134	250	390	580	
50	13	60	150	280	440	650	10
60	14	66	165	310	480	715	
70	16	70	178	330	525	775	
80	18	76	190	355	565	840	
90	19	80	203	375	595	875	
100	20	86	215	390	630	935	
5	3	6	30	65	100	170	
10	4	9	46	99	160	240	
20	5	13	74	140	230	340	
30	6	15	90	170	285	425	
40	7	17	104	200	325	490	
50	8	19	116	225	370	550	30
60	9	22	128	245	405	610	
70	10	25	140	270	435	660	
80	11	27	150	290	470	710	
90	12	30	160	305	500	750	
100	13	33	170	320	525	790	

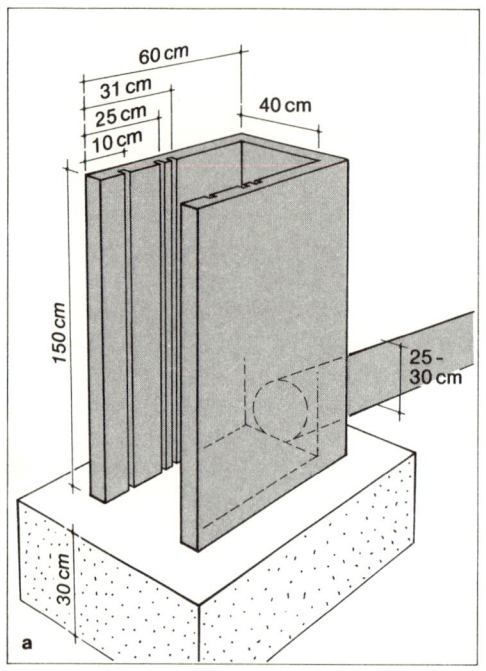

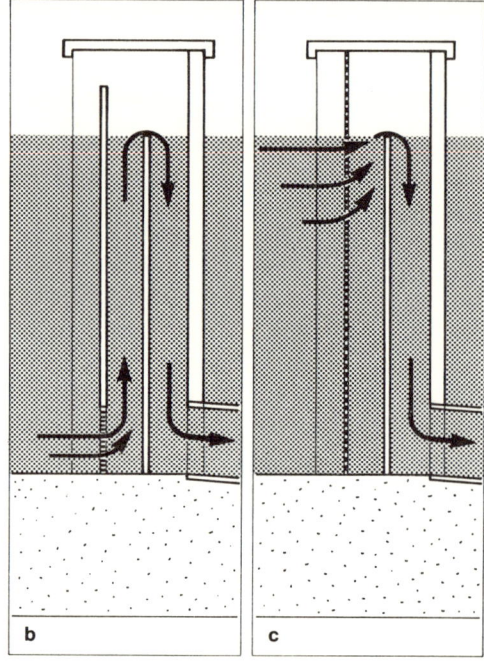

Bau und Funktion des Mönches.
a) Vorne offenes Gehäuse (Mönchskopf) eines Karpfenteich-Mönches in Betonbauweise (nach Bank und Krusch 1978, verändert).
b) Karpfenteich-Mönch: Er enthält zumindest zwei Staubrettreihen. Die vordere, dem Teich zugewandte, hat die Aufgabe, das warme Oberflächenwasser zurückzuhalten. Das kühle Tiefenwasser kann durch den unmittelbar auf dem Fundament aufliegenden Rechen ablaufen. Die eigentliche Staueinrichtung ist die innere Staubrettreihe. Ihre Höhe bestimmt den Wasserspiegel. In der Praxis verwendet man wegen der größeren Sicherheit gern Mönche mit Stauvorrichtungen aus zwei Staubrettreihen (nach Jens 1978, verändert).
c) Forellenteich-Mönch: Da das Wasser im Forellenteich auch im Sommer kühl bleiben muß, wird das warme Oberflächenwasser abgeführt. Das Sieb, das das Treibgut zurückhalten soll, muß möglichst über die ganze Fläche des Mönches reichen, damit ein Verstopfen im Bereich der Oberfläche nicht zum Ansteigen des Wasserspiegels führt (nach Jens 1978).

Folge, der zuviel Wasser aus dem Teich zieht. Bei mangelnder Kontrolle kann auf diese Weise die gesamte Winterung leerlaufen. Der große Abstand ist aber auch für das Durchschwimmen großer Fische während des Abfischens erforderlich, da sonst gehäuft Verletzungen auftreten.

Das vorderste Paar Führungsnuten ist für einen Rechen bestimmt, der das Treibgut zurückhält und das Verstopfen des Abflußrohres verhindert. Dieser Rechen soll jedoch nicht die gesamte Vorderseite des Mönches schließen. Man fertigt ihn am besten quadratisch an. Für unseren Modellmönch hätte er daher eine Seitenlänge von 44 cm (40 cm lichte Weite des Mönches plus jederseits 2 cm für die Führung in den U-Eisen). Der Rechen ist so beliebig drehbar. Während der Bespannung im Sommer wird er so eingesetzt, daß seine Stäbe senkrecht stehen. Beim Abfischen liegen sie jedoch besser waagerecht. Das Treibgut setzt dann lediglich die oberen Zwischenräume zu, während das stark strömende Tiefenwasser ungehindert abziehen kann. Nach oben, bis zum Deckel des Mönches, wird der Rechen mit Staubrettern zugesetzt. Wird der Rechen nun unmittelbar über dem Boden eingesetzt, fließt das Tiefenwasser ab. Da der Rechen jedoch verschieden hoch eingestellt werden kann, je nachdem wieviel Staubretter untersetzt werden, ist die Ableitung jeder beliebigen Wasserschicht möglich. In das zweite und dritte Paar Führungsnuten kommen Staubretter, die dicht schließen müssen und die bis zur jeweils gewünschten Stauhöhe gesetzt werden. Hat man mehrere Teiche, ist es ratsam, Mönche, Siebe und Staubretter zu normen.

Ehe man an den Bau des Mönches geht, muß das Abflußrohr verlegt werden. Da es dem Fundament des Mönches aufliegt, kann es später nicht mehr ausgewechselt werden, zumindest nur mit viel Aufwand und Kosten. Man sollte daher nur bestes Material verwenden, z. B. Ton- oder Kunststoffrohre. PVC-Rohre haben den Vorteil, leicht verlegbar zu sein. Sie werden durch Muffen verbunden und ohne weitere Sicherung auf das Fundament und die Grabensohle gelegt. Bei den billigeren, aber kürzeren Tonrohren ist darauf zu achten, daß sie sich beim Verlegen nicht gegeneinander verschieben. Dies hätte die Bildung von scharfen Kanten zur Folge, an denen sich die Fische beim Passieren verletzen können. Der Rohrdurchmesser sollte 25 bis 30 cm betragen, damit die Tiere frei durchschwimmen können. Die Sohle des Abflußrohres muß minde-

stens 5 cm unter der des Hauptgrabens liegen, weil der Teich sonst nicht restlos leerlaufen kann. Auch wäre ein Abfischen außerhalb des Teiches unmöglich.

Das Fundament des Mönches wird nach der Tragfähigkeit des Bodens ausgelegt. Normalerweise genügt ein quadratisches Betonprisma in den Maßen 110 × 110 × 50 cm. Bei wenig festem Untergrund sollte die Höhe des Fundamentes 80 cm betragen, während bei extrem weichem die Gesamtfläche des Fundamentes auf etwa 150 cm zu vergrößern ist. Auf das Fundament, das den Boden des Mönches bildet, wird das Abflußrohr gelegt. Das Fundament muß daher völlig glatt sein, damit die untersten Staubretter auch satt schließen. Zur Verankerung des Mönchsgehäuses werden in das Fundament Eisenstäbe als Armierungen eingelassen.

Der Mönch kann, wie es früher üblich war, auch aus Holz, am besten aus Eiche, gebaut werden. Allerdings werden Holzmönche etwa nach einem Jahrzehnt baufällig und reparaturbedürftig. Ebenso läßt ihre Dichtigkeit zu wünschen übrig.

Heute werden Mönche daher in der Regel aus armiertem Beton gebaut und an Ort und Stelle gegossen. Man kann jedoch auch auf das vor Ort betonierte Fundament Betonfertigteile nach dem Baukastenprinzip aufsetzen, die nur miteinander vergossen werden müssen. Derartige Fertigteile sind im Fachhandel erhältlich. Beabsichtigt man mehrere Mönche zu bauen, empfiehlt es sich, eine zusammensetzbare Schalung zu zimmern, die immer wieder verwendet werden kann. Unter Umständen besteht auch die Möglichkeit, sich derartige Schalungen von größeren Fischzuchtanstalten oder Züchtergemeinschaften auszuleihen.

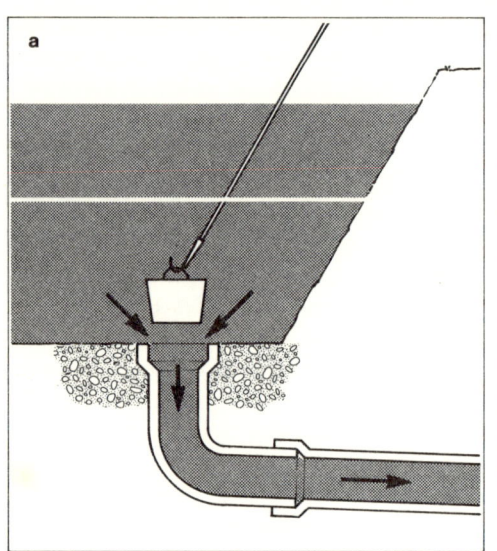

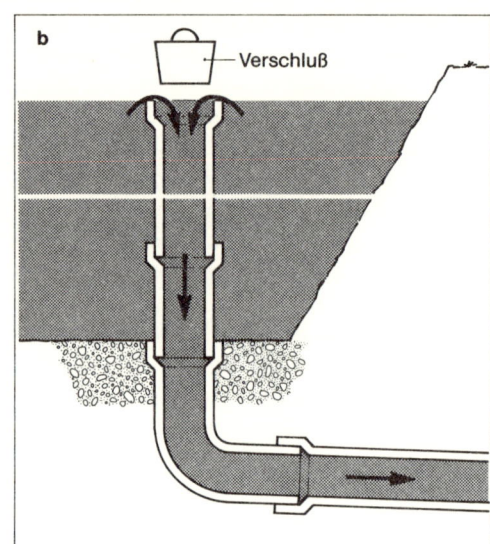

Ein Grundablaß mit Zapfenverschluß kann unmittelbar über dem Teichboden verschlossen werden (a) oder bei Verlängerung durch aufgesetzte Rohre an der Wasseroberfläche (b) (nach Jens 1980, verändert).

Grundablaß, Staurohr

Obwohl es keine echten Einwände, weder technische noch wirtschaftliche, gegen die Zweckmäßigkeit des Mönches gibt, werden doch hin und wieder Grundablaßvorrichtungen zum Entleeren des Teiches gebaut. Diese Lösung erfordert aber gleichzeitig ein Überlaufrohr für den Dauerabfluß. Ein Grundablaß wird entweder als Schieber aus Gußeisen angelegt, der mittels eines langen Schlüssels bedient wird, oder aber als Krümmer, der mit einem Zapfen verschlossen ist. Allerdings ist die letztgenannte Verschlußart umständlich zu öffnen, vor allem aber der Abfluß nur schlecht zu regulieren. Man kann jedoch dem Krümmer Rohrstücke

aufsetzen, die beim Ablassen mit sinkendem Wasserstand nacheinander abgenommen werden. Eine weitere primitive Möglichkeit des Anstauens bietet ein gekrümmtes Standrohr, das etwas höher als der Wasserstand ist. Zum Ablassen wird das Rohr um die Horizontalachse gedreht.

Abfischeinrichtungen

Wer schon einmal das Abfischen eines Teiches, in dem neben Weißfischen auch Regenbogenforellen stehen, beobachtet hat, der weiß, daß lange vor den übrigen Fischarten als erste die Regenbogenforellen in der Abfischvorrichtung hinter dem Damm erscheinen. Sie weichen bereits der ersten Trübung des Teichwassers aus, während die anderen Fische zu diesem Zeitpunkt meistens noch keine Reaktion zeigen. Für Forellen, wie auch für andere in dieser Hinsicht empfindliche Fischarten, ist somit eine Abfischgrube vor dem

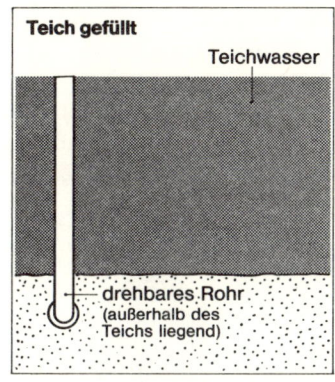
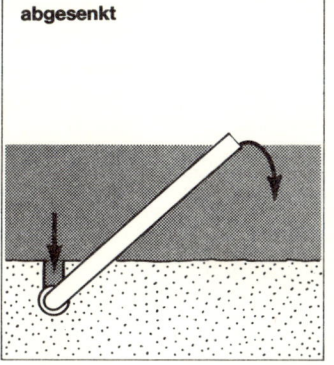
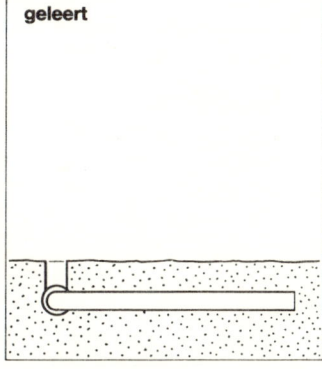

Teich gefüllt | **abgesenkt** | **geleert**

Teichwasser

drehbares Rohr
(außerhalb des
Teichs liegend)

Schwenkbare Standrohre funktionieren nach dem Prinzip der kommunizierenden Röhren. Mit ihnen lassen sich beliebige Wasserstände einregulieren, auch kann der Wasserspiegel schnell oder langsam gesenkt werden. Ein gezieltes Abziehen bestimmter Wasserschichten ist allerdings nicht möglich (nach Jens 1978, verändert).

Mönch, also im Teich, wenig geeignet. Abfischvorrichtungen für die empfindlichen Fische müssen außerhalb des Teiches vorgesehen werden, wenn es Platz- und Geländeverhältnisse erlauben. Am günstigsten sind betonierte Abfischgruben.

Bei geeigneten Terrainverhältnissen sollte man aber in jedem Fall eine Abfischvorrichtung »hinter dem Mönch«, außerhalb des Teiches, vorsehen. Hierdurch läßt sich die Abfischung erheblich rationalisieren, vor allem aber ist sie wesentlich schonender für die Fische. Damit jedoch ein solcher Abfischgraben funktioniert, muß er möglichst senkrecht zur Achse Hauptgraben–Abflußrohr des Mönches stehen und so nahe wie möglich an die Mündung des Abflußrohres gelegt werden. Läßt dies das Gelände nicht zu, macht man das Auslaufrohr so lang, daß seine Mündung bis an den Abfischgraben reicht. Jedes offene Grabenstück zwischen Auslaufmündung und Abfischgra-

ben stört den Zug der Fische. Sie würden sich gegen die Strömung drehen und in dem stark verschmutzten ablaufenden Teichwasser stehen bleiben. Die aus dem Ablaufrohr kommenden Fische müssen daher unmittelbar auf die seitlich durch den Abfischgraben kommende Lockströmung des Frischwassers stoßen. Sie sammeln sich dann dort. Trifft der Frischwasserlockstrom nicht direkt auf die Mündung des Abflußrohres, funktioniert das System nicht und ist überflüssig! Die Abbildung zeigt schematisch die Anordnung einer derartigen Abfischhilfe.

Ein betonierter oder mit Balken befestigter Abfischgraben kann durch in Nuten gelagerte Rechen von unterschiedlicher Stabweite gleichzeitig als Sortieranlage genutzt werden. Man ordnet hierzu die Gitter so an, daß sie zum Lockwassereinlauf hin immer enger werden. Die gegen die Strömung schwimmenden Fische sortieren sich dann ihrer Größe entsprechend selbst: Die kleinsten stehen in der

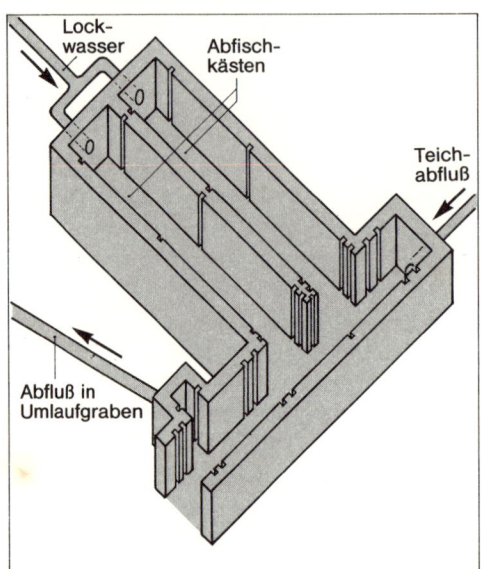

Doppelter Abfischkasten zum Abfischen hinter dem Mönch (außerhalb des Teiches) (nach Bank und Krusch 1978).

Abfischanlage am weitesten stromauf. Wird der Abfischgraben genügend groß gebaut, kann er gleichzeitig als Hälter verwendet werden. Allerdings sollte man ihn dann verschließen können.

Besonders zu beachten sind die Niveauverhältnisse. Die Sohle des Abflußrohres muß mindestens etwa 5 cm unter der Sohle des Hauptgrabens liegen. Auch muß die Sohle des Abfischgrabens gegenüber der Sohle des Ablaßrohres einen deutlichen Niveauunterschied, etwa 40 cm, aufweisen. Das Wasser muß ja zügig aus dem Teich laufen, und die Fische sollen sich in ausreichend tiefem Wasser sammeln können. Es liegt daher auf der Hand, daß eine Abfischeinrichtung außerhalb des Teiches nur dann funktioniert, wenn das Gefälle der Teichsohle,

die Führung des Hauptgrabens und die Anordnung des Abfischgrabens gut aufeinander abgestimmt sind.

Eine Abfischvorrichtung anzulegen hat jedoch nur dann Sinn, wenn während der Abfischung fließendes frisches Wasser

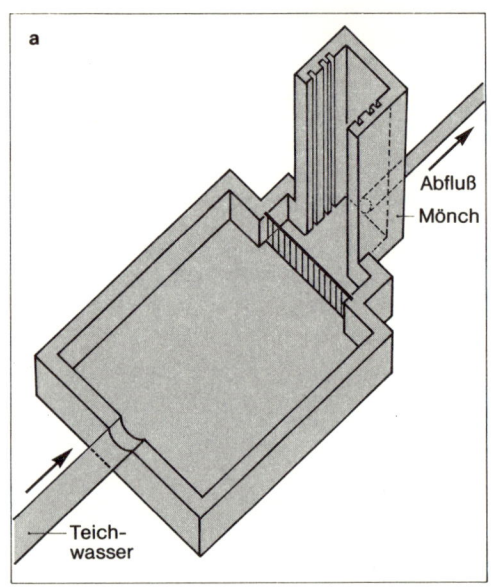

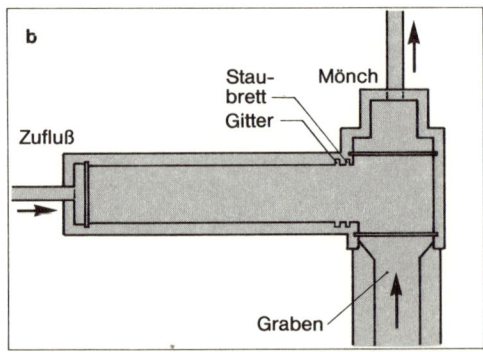

Abfischkasten zum Abfischen vor dem Mönch (innerhalb des Teiches).
a) Version ohne Lockstrom;
b) mit seitlicher Frischwasserzuführung (nach Bank und Krusch 1978).

zur Verfügung steht. Am zweckmäßigsten führt man es aus dem Umlaufgraben oder aus einer Stichleitung in den Abfischgraben.

Bei Himmelsteichen, die kein Frischwasser enthalten, kann man sich durch die Anlage kleiner Wasserreservoirs (etwa in der Größe von 2 × 4 × 1 m) behelfen. Sie werden vor dem Abfischen des Teiches mit noch sauberem Teichwasser gefüllt, das man dann später während des Abfischens dem Abfischgraben zudosiert.

Kann außerhalb des Teiches, »hinter dem Mönch«, kein Abfischgraben gebaut werden, legt man im Teich unmittelbar vor dem Mönch am Ende des Hauptgrabens eine Abfischgrube an. Sie stellt also gewissermaßen eine Erweiterung des Hauptgrabens dar. In ihr sammeln sich beim Ablassen des Teiches die Fische. Besteht die Möglichkeit, während des Abfischens von der Seite Frischwasser zuzuführen, kann man zusätzlich senkrecht zur Achse des Hauptgrabens bzw. der Abfischgrube einen Frischwassergraben vorsehen. Die Fische können dann in sauberem Wasser stehen und sind nicht dem Streß durch verschlammtes Wasser und Parasiten ausgesetzt.

Leider können aber nur in den seltensten Fällen derartige Anlagen realisiert werden. Deshalb ist der Bewirtschafter meist auf einfachere Abfischhilfen angewiesen. Dabei reicht die Palette von Wanne und Kescher bis zu transportablen Abfischkästen.

Ein solcher Abfischkasten besteht aus einem gut abgedichteten Holzboden mit 20 bis 30 cm hohen Wänden, dem ein Netzrahmen aufgesetzt ist, um das Herausspringen der Fische zu verhindern (glattes Material, Verletzungsgefahr).

Einfacher transportabler Abfischkasten in Holzbauweise. Dem Bodenteil sind Netze aufgesteckt, um ein Herausspringen der Fische zu verhindern (nach Jens 1980, verändert).

Gestaltung des Einlaufes

Wird der geplante Teich nur von einem kleinen Rinnsal gespeist, sind bauliche Einrichtungen am Einlauf überflüssig. Bei stark wasserführenden Bächen hingegen muß man im Zulauf eine betonierte Sperre mit Nuten zur Aufnahme von Staubrettern errichten. In jedem Fall sollte aber in den Zulauf ein Rechen eingebaut werden, der die Aufgabe hat, Treibgut und Fremdfische zurückzuhalten. Man bringt diesen Rechen in einem Winkel von 45° zur Strömungsrichtung an, da er so weniger schnell zugesetzt wird als bei senkrechtem Stand.

Ein- und Ablaufrohre

Das Einlaufrohr ist die je nach den örtlichen Gegebenheiten im Boden oder in ei-

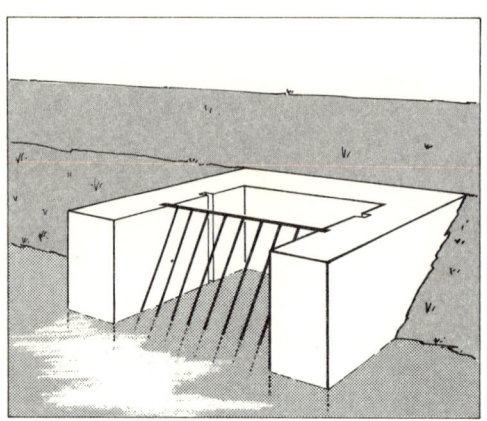

Einlaufbauwerk in Mönchform. Der Rechen kann zusätzlich mit einem Sieb versehen werden, was das Eindringen unerwünschter Fischarten in den Teich unterbindet (Gefahr der Übertragung von Krankheitserregern) (nach Jens 1980, verändert).

nem Damm liegende Abzweigung des Umlaufgrabens zum Teich. Das Ablaufrohr stellt die Verlängerung des Hauptgrabens dar und liegt in jedem Fall im Hauptdamm. Die Durchmesser beider Rohre richten sich nach der Größe der Wasserspende bzw. dem Stauvolumen des Teiches.

Man sollte in jedem Fall für diese Rohre nur bestes Material verwenden, weil spätere Reparaturen stets Grabarbeiten bedeuten, die sehr kostspielig sind. Normale Zementrohre werden von der freien (aggressiven) Kohlensäure des Teichwassers stark angegriffen und in kurzer Zeit zerstört. Sie sollten daher zumindest das Gütezeichen I aufweisen, besser aber verzichtet man ganz auf dieses Material. Günstiger sind Ton- oder Eternitrohre. Letztere sind zwar sehr teuer, haben aber den Vorteil, daß sie leicht und ohne zu-

sätzliche Sicherung verlegt werden können. Eternitrohre werden einfach in den Muffen zusammengeschoben und mit Boden überdeckt. Ein Widerlager erübrigt sich bei ihnen. Zement- und Tonrohre dagegen müssen unbedingt auf ein ebenes Lager von 1% Gefälle gelegt werden. Die beste Vorsichtsmaßnahme gegen ein späteres Durchsickern des Wassers ist allerdings ein betoniertes Widerlager. Es ist auch angebracht, die Rohre sorgfältig zu ummanteln, also mit einer etwa 5 cm starken Beton- oder Lehmschicht zu umhüllen. Diese Arbeiten müssen immer besonders sorgfältig und akurat durchgeführt werden. Jede Nachlässigkeit im Bau kann später ein Aufgraben der Dämme nach sich ziehen.

Am besten ist die Verwendung von PVC-Rohren, die zudem besonders leicht zu verlegen sind. Derartige Polyvinylchlorid-Rohre eignen sich sowohl für Freileitungen als auch für eine Verlegung im Boden. Für Freileitungen, z. B. als Ersatz für den Umlaufgraben oder als Dränrohre, wählt man üblicherweise Rohre aus Weich-PVC. Sie sind in jeder Länge erhältlich, bruchsicher und leicht zu bearbeiten. Für die Verlegung im Boden sind dagegen Rohre aus Hart-PVC günstiger. Allerdings sind sie bei Frost nicht bruchsicher. Man verlegt sie daher von Hand und bettet sie vorsichtshalber auf eine etwa 1o cm starke, gut verdichtete Schüttung aus steinfreiem Material. Zur Verbindung von PVC-Rohren an den Steckmuffen dienen O-Ringe aus alterungsbeständigem Material.

Beim Verlegen der Rohre ist vor allem die Höhenlage wichtig. Das Einlaufrohr zum Teich muß immer mehrere Zentimeter über dem Wasserspiegel des Tei-

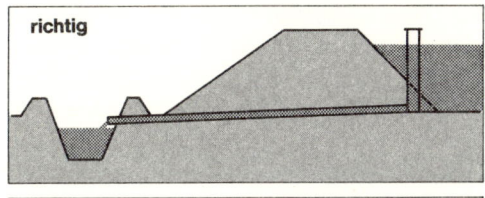

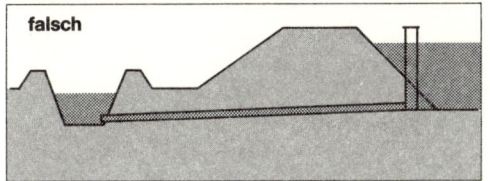

Niveauverlauf: Hauptgraben – Abfluß – Umlaufgraben (nach Bank und Krusch 1978).

ches liegen, damit die vorgesehene Stauhöhe auch tatsächlich erreicht wird. Dagegen muß die Sohle des Ablaufrohres 5 bis 10 cm unter der des Hauptgrabens liegen, aber seine Mündung in den Vorfluter bzw. die Abfischeinrichtung einige Zentimeter über dessen Wasserspiegel. Falls sie in diesen Wasserspiegel eintaucht, bildet

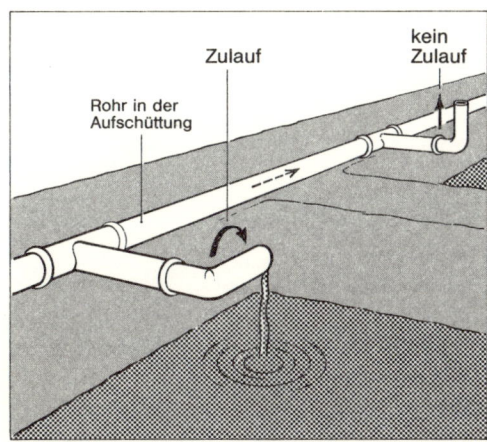

Schwenkbare Rohrkrümmer ermöglichen auf einfache Weise eine Regulierung des Zuflusses (nach Jens 1978).

sich zwangsläufig ein Rückstau, und der Teich entleert sich nicht völlig. Derselbe Effekt tritt auf, wenn die Sohle des Hauptgrabens tiefer liegt als die Mündung des Ablaufrohres.

Bei mehreren hintereinander liegenden Teichen, die aus dem gleichen Umlaufgraben gespeist und auch in ihn entwässert werden, sind meist der Auslauf des oberen Teiches und der Einlauf des unteren dicht benachbart. Damit beide Teiche unabhängig voneinander mit Wasser ver-

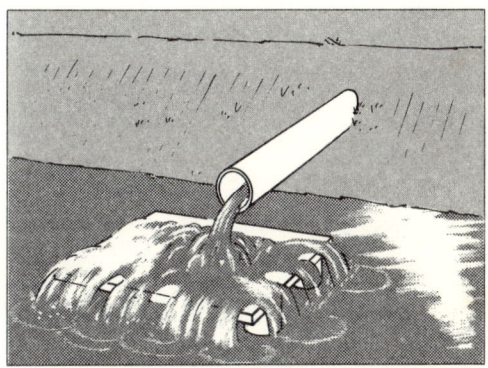

Ein Pralltisch am Teicheinlauf verhindert, daß die Fische gegen oder sogar in das Einlaufrohr springen und sorgt gleichzeitig für eine zusätzliche Sauerstoffanreicherung (nach Jens 1980).

sorgt werden können, muß die Mündung des Einlaufrohres immer oberhalb der Mündung des Auslaufrohres liegen, d. h. die beiden Rohre müssen sich kreuzen. Die umgekehrte Anordnung darf niemals in Frage kommen.

Bei Forellenteichen ist ein geringes Gefälle des Zuleiters nicht ungünstig, weil dann das Wasser aus größerer Höhe in den Teich fallen kann. Ist der Zuleiter eine Rohrleitung, kann durch ein im Damm verlegtes T-Stück die Wasserführung mittels eines schwenkbaren Rohrkrümmers reguliert werden. Bei hochgestelltem Rohr wird der Wasserzulauf gestoppt. Besser, allerdings auch aufwendiger, sind Kontroll- und Ableitungsschächte aus Beton, die durch Staubretter eine Regulierung ermöglichen. Der Zulauf – in der Regel an der Schmalseite des Teiches gelegen – sollte aber mindestens 30 cm über der Wasseroberfläche enden. Unter diesem Einlauf wird ein Pralltisch, im einfachsten Fall ein waagerechtes Brett angebracht. Der Pralltisch dient dazu, das Wasser zu versprühen (zum Zwecke der Sauerstoffanreicherung) und verhindert gleichzeitig, daß die Fische gegen den Wasserstrahl springen und sich am Einlaufrohr verletzen.

Pflege des Teiches

Leistungsfähigkeit des Teiches

Jeder Teich ist, wie wir gesehen haben, eine ökologische Einheit und zeigt daher auch hinsichtlich seines Fischertrages eine unterschiedliche Leistung. Das überrascht nicht, wenn man sich die mannigfaltigen Einflüsse der Umwelt auf den Lebensraum Teich vor Augen hält. Diese reichen vom Wasser (Güte, Menge, Temperatur) und der Beschaffenheit des Teichbodens (Sand, Lehm, Gestein) bis hin zur Flur, in die unser Teich eingebettet ist.

Nicht weniger spielen auch alle in unserem Teich lebenden Pflanzen und Tiere mitsamt den Fischen, die wir hegen wollen, sowie der Bau und die Gestaltung des Teiches dabei eine Rolle. Vor allem beim Stillwasserteich, in dem sich die Fische zumindest teilweise noch von Naturfutter ernähren, sind alle diese Faktoren von großer Bedeutung. Im Forellenteich dagegen stehen das Wasser und die Teichgestaltung im Vordergrund.

Karpfenteiche werden nach ihren Erträgen – ohne Berücksichtigung von Fütterung und Düngung – in 5 Ertragsklassen eingeteilt, wobei man den Zuwachs in kg/ha ausdrückt:

Klasse I: Sehr gute Teiche; Ertrag zwischen 200 und 400 kg/ha; z. B. Dorfteiche oder Teiche mit ausreichend organisch belastetem Zufluß.

Klasse II: Gute Teiche; Ertrag zwischen 100 und 200 kg/ha; Teiche in landwirtschaftlich genutztem Gelände.

Klasse III: Mittlere Teiche; Ertrag zwischen 50 und 100 kg/ha; Teiche in guten Wiesen, lichten Waldungen und Heideteiche mit gutem Zufluß.

Klasse IV: Geringe Teiche; Erträge zwischen 25 und 50 kg/ha; derartige Teiche liegen in sauren Wiesen, dichten Waldungen oder Magergelände.

Klasse V: Schlechte Teiche; unter 20 kg/ha; Teiche auf sterilen Böden und solche mit sauren Zuflüssen.

Forellenteiche werden im allgemeinen nicht in Ertragsklassen eingeteilt, da ihre Produktionskapazität im wesentlichen von der Durchflußmenge und Qualität des Wasser sowie stark von der Fütterung abhängt.

Mono- und Polykultur, Nebennutzung

Beim Besatz eines Stillwasserteiches gibt es verschiedene Kombinationsmöglichkeiten bezüglich Art und Alterszusammensetzung der Fische. So unterscheidet man: Reinbesatz mit gleichartigen Tieren einer einzigen Fischart = Monokultur;

Mischbesatz mit verschiedenen Altersklassen einer einzigen Fischart = Femelbetrieb; kombinierter Besatz mit mehreren Fischarten = Polykultur, schließlich kombiniert-gemischter Besatz mit mehreren Altersklassen unterschiedlicher Fischarten.

Die klassische Teichwirtschaft in Europa war und ist auch heute noch weitgehend eine Monokultur. Hauptfisch ist in erster Linie der Spiegelkarpfen oder die Regenbogenforelle. Alle anderen im Teich noch gehaltenen Fischarten, wie Schleie, Zander oder Hecht, machen stets nur einen Bruchteil des Karpfenbestandes aus und werden unter dem Sammelbegriff Nebenfische zusammengefaßt. Sie stellen aber nie einen gleichwertigen Faktor dar, wie das in den Polykulturen anderer Länder, z. B. Südostasien oder Israel, der Fall ist. In Südostasien ist es eine Jahrhunderte alte Tradition, die Teiche mit kombiniertem Besatz zu nutzen, während man in Israel schnell erkannte, daß in den nach europäischem Vorbild angelegten Betrieben auch andere Fische als Karpfen in bedeutender Zahl, unter optimaler Ausnutzung der Wasserbeschaffenheit, produziert werden können.

Aufgrund der hydrobiologischen Voraussetzungen kann man die Naturnahrung im Teich am besten mit pflanzenfressenden Fischen ausnützen, also wesentlich ökonomischer arbeiten als nur mit Karpfen oder anderen Fischarten, die sich ähnlich ernähren. Kontrolliert man die pflanzlichen Nährstoffe in einem nur mit Karpfen besetzten Teich kontinuierlich, stellt man fest, daß die wichtigen wasserlöslichen Nährstoffe – vor allem Stickstoff und Phosphor – im Verlauf der Produktionssaison selbst bei einer Nach-düngung erheblich abnehmen. Die Vermehrung der krautigen Wasserpflanzen und der Algen (Wasserblüte), aber auch die des Zooplanktons legen erhebliche Nährstoffmengen fest. Gleichzeitig gibt es aber in der Karpfen-Monokultur keine nennenswerten Verbraucher für diese Produktion. Der Teich produziert überwiegend nicht verwertbares Kraut und Zooplankton. Demgegenüber wird bei einem richtig komplettierten Besatz mit pflanzenfressenden Cypriniden das Kraut verwendet und direkt in Fischfleisch umgewandelt. Die Nährstoffe gelangen über die Exkremente der Fische gleichzeitig wieder in den Kreislauf zurück.

Auf diese Weise wären auch bei uns Steigerungen des Naturertrages pro Teichfläche bis um das Siebenfache möglich. Natürlich ist eine derartige Ertragsteigerung nur dann gewährleistet, wenn die verschiedenen Fischarten, die diese unterschiedliche Nahrung verwerten können, in gleicher Weise wachsen wie ihre Nahrungsvorräte. Da jeder einzelne Teich hinsichtlich seiner Besiedlung mit Pflanzen und Tieren sehr verschieden ist, bestimmt allein diese Besiedlung die Kombination der Fischarten. Treten z. B. viele Laichkräuter auf, muß der Hauptpflanzenfresser der Graskarpfen sein, sind dagegen viele Schwebalgen vorhanden, tritt der Marmorkarpfen an seine Stelle. Daß derartige Gedanken bei unseren Teichwirten bis jetzt keinen großen Anklang finden, obwohl damit gleichzeitig der weitverbreiteten Eutrophierung (Überdüngung) der die Teiche speisenden Gewässer Rechnung getragen werden könnte, liegt u. a. auch daran, daß die ostasiatischen Pflanzenfresser als Speisefische schwer abzusetzen sind. Dabei

Typischer Polykultur-Besatz eines chinesischen Fischteiches (nach Tölg 1981)

Fischart	Besatz			Abfischung		
	St./ha	Durch-schnitts-gewicht (g)	Gesamt-gewicht (kg/ha)	St./ha	Durch-schnitts-gewicht (g)	Gesamt-gewicht (kg/ha)
Graskarpfen I	2.600	100	260	2.600*	600	1600
Graskarpfen II	900	30	27	900	400	360
Silberkarpfen	1800	80	144	1800	800	1400
Marmorkarpfen	1700	100	170	1700	1400	2380
Karpfen	1700	30	51	1700	300	510
Insgesamt	8700	–	652	8700*	–	6250
						– 652
* Stückverlust unberücksichtigt					Zuwachs	5598

scheint es keine Rolle zu spielen, daß das Fleisch dieser Fischarten im Geschmack dem des Karpfens durchaus gleichwertig ist. Vielleicht sind es auch einfach Vorurteile.

Da es für den Hobbyteichwirt durchaus reizvoll sein kann, einen Teich auch einmal in Polykultur zu bewirtschaften, ist in der obenstehenden Tabelle ein für chinesische Verhältnisse typischer Polykultur-Besatz zusammengestellt. Der nach diesem Besatzplan bewirtschaftete Teich erhält zusätzlich im Jahr 3 bis 5 t/ha Gründünger, der in drei Portionen ausgebracht wird. Außerdem wird mit Grün- und Kraftfutter zugefüttert. Die in den frühen Morgenstunden regelmäßig auftretenden Sauerstoffdefizite werden durch verstärkten Wasserzufluß erträglich gehalten. Mit diesen Manipulationen werden etwa 60 bis 65% des Nettoertrages von 5598 kg durch die Naturnahrung,

die restlichen 35 bis 40% durch das Zufutter erzielt.

Die Gründe für den bei uns vorherrschenden Reinbesatz mit gleichartigen Tieren sind vielschichtig. Zu den geringen Marktchancen kommen die anders gelagerten natürlichen Voraussetzungen hinzu, vor allem die wesentlich verkürzte Wachstumszeit, die bei uns nur etwa 3,5 bis 4,5 Monate beträgt. Aber auch die Teichgröße spielt eine Rolle, denn unsere Karpfenteiche sind meist viele Hektar groß und lassen sich nicht so intensiv bewirtschaften wie dies bei den kleinen, oft nur mehrere hundert Quadratmeter großen Teichen in China der Fall ist. Ebenso spielen auch rein traditionelle Ansichten hierbei mit. Bei uns ist eben für Stillwasserteiche nur der Karpfen absolut erstrangig, während andere Fischarten nur als Nebenfaktor einer großen Karpfenproduktion betrachtet werden (mittelalterliche Tradition?). Daher sind auch gegenwärtig die Nebenfische der Steigerung des Karpfenertrages untergeordnet.

Somit wird durch die Vorherrschaft des Karpfens ein gewisser Produktionsausfall bewußt in Kauf genommen. Würden unsere Wirtschaftsteiche ausschließlich oder wenigstens in kombiniertem Besatz mit Pflanzenfressern besetzt, könnte mit weit weniger Futteraufwand und billiger mehr Fischfleisch produziert werden. Zur Zeit kann sich der Berufsteichwirt bei uns noch den Luxus leisten, zugunsten des Karpfens auf Fischarten zu verzichten, deren Fleischertrag pro Flächeneinheit größer und unter günstigeren Produktionsbedingungen zu erreichen ist. Doch vielleicht kommt es einmal dazu, daß auch der Karpfen ähnlich intensiv produziert wird, wie in der Forellenzucht heute schon immer häufiger üblich, so daß in den verbleibenden natürlichen Karpfenteichen nur noch billige pflanzenfressende Fische erzeugt werden.

Der Mischbesatz mit verschiedenen Altersklassen einer Fischart, vor allem von ein- und zweisömmerigen Karpfen hat in den letzten Jahrzehnten zugenommen. In erster Linie dient diese Art des Besatzes dazu, den Flächenzuwachs durch eine größere Kopfzahl zu steigern. Auch wird der Teichboden durch die Wühlarbeit der Zweisömmerigen bei der Nahrungssuche besser durchgearbeitet; dadurch nimmt der Pflanzenwuchs nicht so überhand wie bei ausschließlichem Besatz mit einsömmerigen Karpfen. Ein Nachteil des Mischbesatzes ist jedoch die erhöhte Anfälligkeit gegen Krankheiten und Seuchen. Da sich die jüngeren Karpfen anders ernähren als die älteren, treten Konstitutionsschwächen auf, die Krankheiten provo-

zieren. Darüber hinaus wird auch das Abfischen erschwert und vor allem für die jüngeren Fische zu einem schweren Streß. Von einem echten Femelbetrieb – bei ihm werden alle Altersklassen einschließlich der Laicher in ein und demselben Teich gehalten – ist nachdrücklich abzuraten. Bei dieser Betriebsweise kann die Fortpflanzung überhaupt nicht überwacht werden, und der Bestand »verbuttet«, d. h. für die zu große Zahl an Nachkommen reicht das vorhandene Nahrungsangebot nicht aus. Das Wachstum ist kümmerlich, so daß Karpfen von der Größe Einsömmeriger bereits geschlechtsreif sind.

Eine direkte Nebennutzung in der Teichwirtschaft ist die Entenhaltung. Da der eine oder andere Hobbywirt an der gleichzeitigen Haltung zweier so verschiedener Nutztiere Spaß haben mag, soll das Thema hier nicht unterschlagen werden, auch wenn es in der Bundesrepublik nicht von Bedeutung ist.

Entenmast in Freiwasserhaltung auf Karpfenteichen ist vor allem in den osteuropäischen Ländern weit verbreitet. Ihr Vorteil liegt dort einmal in der Verwertung des von den Futtertischen fallenden Entenfutters durch die Karpfen, vor allem aber in der Düngung der Teiche durch den Entenkot.

Enten, und zwar besonders die großen weißen Pekingenten, leisten aber auch gute Dienste bei der Kurzhaltung der lästigen Wasserlinsen. Die Wasserlinse (Lemna) entwickelt sich vor allem in windstillen Teichen oft massenhaft und kann durch die intensive Beschattung der Wasseroberfläche zu erheblichen Störungen im Nutzfischteich führen (mindere Wassertemperatur, Verkümmern krautiger Wasserpflanzen, Rückgang von Fischnährtieren und übermäßige Schlammbildung nach dem Absterben). Zur effektiven Bekämpfung von Wasserlinsen setzt man etwa 50 Enten/ha. Bereits total verlinste Teiche werden, wenn den Enten kein anderes Futter gereicht wird, in kürzester Zeit freigefressen und auch künftig freigehalten. Doch reichen auch weniger Exemplare aus, um die Wasserlinsen wenigstens in Schach zu halten.

Eine Zufütterung ist nur dann ratsam, wenn der Teich frei von Wasserlinsen ist. Für die Zufütterung der Enten werden verankerte, schwimmende oder auf Pfählen über der Wasseroberfläche ruhende Futtertische im Teich verteilt. Die Enten werden im Alter von drei bis vier Wochen zur Freiwasserhaltung auf den Teich gesetzt. Unter Umständen ist eine einfache Schutzhütte aus Brettern von Vorteil. Die Enten gewöhnen sich jedoch schon allein durch die Futterstellen sehr schnell an den Teich und entfernen sich kaum. Aus diesem Grund wird eine Einzäunung meist überflüssig sein.

Beachtet werden muß bei einer Entenhaltung immer, daß sich dicht um den Standplatz der Enten eine starke Wasserverunreinigung bemerkbar macht. In der Regel verteilt sich jedoch das verunreinigte Wasser durch Wind und Wellenschlag sehr schnell über den ganzen Teich. Je nach den örtlichen Verhältnissen sollte man dennoch einkalkulieren, daß im Falle stärkeren Sauerstoffmangels zusätzlich genügend Wasser zur Erhöhung des Teichdurchflusses zur Verfügung steht.

Man bedenke ferner, daß Enten als Allesfresser gern kleinen Fischen nachstellen und auch Laich nicht verschmähen. Sie müssen daher von Laichgewässern und Jungfischteichen unbedingt ferngehalten werden.

Maßnahmen zur Erhaltung der Ertragsfähigkeit

Ein guter Teichwirt, auch ein solcher aus Liebhaberei, muß Vorzüge und Nachteile aller seiner Teiche kennen. Nur so ist er in der Lage, ihre Ertragsfähigkeit zu erhalten und zu fördern.

Der im Wasser gelöste Sauerstoff reicht in stehenden Gewässern, ganz besonders aber in gut gedüngten flachen Teichen, nicht aus, um die große Menge an pflanzlichen und tierischen Stoffen, die während der Wachstumsperiode im Sommer gebildet und auf der Teichsohle abgelagert werden, soweit abzubauen, daß sie wieder zu Ausgangsstoffen für neues Leben werden. Schicht um Schicht reichert sich daher sauerstoffzehrendes organisches Material am Boden an, und es entsteht schwarzer, fischgiftiger Faulschlamm. Dieser Vorgang bringt im Laufe der Zeit jedes normale pflanzliche und tierische Leben zum Erlöschen, wenn ihm nicht entgegengewirkt wird. In Fließgewässern tritt diese Erscheinung nicht so krass hervor, da ständig neues Wasser nachfließt, der Boden freigespült und gewissermaßen durchlüftet wird. Ungepflegte Teiche verlieren somit sehr schnell an Produktionskraft. Sie werden wirtschaftlich unrentabel, und in vielen Fällen ist sogar eine Nutzfischhaltung unmöglich.

Eine wirkungsvolle Teichpflege umfaßt daher die Bearbeitung des Teichbodens, die Kurzhaltung der Wasserpflanzen und die Düngung.

Trockenlegung und Bodenbearbeitung

Um der beschriebenen Schädigung des Teichbodens entgegenzuwirken, muß man fischereilich genutzte Teiche zeitweise trockenlegen. Hierzu wählt man normalerweise den Winter, also die Monate zwischen der Ernte im Herbst und dem Neubesatz im Frühjahr, in denen der Stillwasserteich sowieso keinen Zuwachs bringt. Der Boden kann in diesem Zeitraum austrocknen, seine Oberfläche gefriert und lockert sich. Hierdurch dringt Luft und Sauerstoff in den Boden ein, der Teichschlamm verrottet, die Nährstoffe werden freigesetzt und stehen im kommenden Frühjahr den Pflanzen wieder zur Verfügung. Gleichzeitig werden Parasiten und andere Krankheitserreger ganz oder zumindest teilweise vernichtet.

All dies erzielt man jedoch nur dann, wenn der Teichboden wirklich trocken liegt. Es dürfen also keine mehr oder weniger große Wasserlachen zurückbleiben. Voraussetzung für eine erfolgreiche Trokkenlegung ist ein gut angelegtes Grabensystem. Alle Gräben, Haupt- und Nebengräben, müssen sorgfältig entschlammt werden, damit ihr nutzbringender Sogeffekt auch wirklich zustande kommt. Ob das Grabenräumen von Hand oder maschinell durchgeführt wird, ist eine Aufwand- und Kostenfrage und bleibt dem Bewirtschafter überlassen.

Wie jeder Acker seine Krume hat, so verfügt auch der Teich über eine der Ackerkrume vergleichbare fruchtbare Bodenschicht. Nur nennen wir diese nicht Teichkrume, sondern Teichschlamm, Produktionsschicht oder ganz allgemein Teichboden. Diese wichtige Bodenschicht, die die Fruchtbarkeit des Teiches ausmacht, ist meist nur wenige Zentimeter stark. Jede tiefgehende Bodenbearbeitung, z. B. Pflügen, zerstört sie. Durch ein Umbrechen würden große Anteile sterilen Bodens nach oben geschafft bzw. die Schlammschicht käme zu tief nach unten. Fräsen ist weitaus günstiger. Die Fräse zerstört den Wurzelfilz, lockert und durchmischt den Boden, ohne massiv totes Material an die Oberfläche zu schaffen. Dennoch ist auch beim Fräsen Vorsicht geboten, ein Zuviel kann das Gefälle der Teichsohle verändern, so daß der Teich überhaupt nicht mehr leerläuft. Außerdem soll eine zu weitgehende Bodenbearbeitung das spätere Aufkommen von Fadenalgen fördern.

Da der Karpfen bei der Nahrungssuche auch den Boden »bearbeitet« – er durchwühlt ihn bekanntlich mit seinem »Rüssel« nach Nahrung –, kann man vor allem bei intensiver Bewirtschaftung eine Art Bodenbearbeitung durch die Fische selbst miteinkalkulieren.

Vor allem gilt dies beim Besatz mit sehr großen Fischen. Bei Abwachsteichen – und um solche dürfte es sich ja bei Hobbyteichwirten in erster Linie handeln – genügt daher zum Erhalt der Funktionsfähigkeit der Produktionsschicht meist eine sorgfältige Trockenlegung den ganzen Winter über. Bei Aufgehen des Frostes zeigt der Teichboden dann auch ohne vorausgegangene Fräsung meist die gewünschte Krümelstruktur. Natürlich wird es in jedem Teich Stellen geben, die trotz allen Gründelns der Fische verhärtet bleiben. Dort wird man den Boden am besten per Hand auflockern.

Von Zeit zu Zeit wird es auch im Hobbyteich notwendig werden, den im Hauptgraben und in der Fischgrube angesammelten Schlamm wegzuschaffen. Das schlagartige Ausschwemmen dieses Schlammes zum Nachteil der Unterlieger ist selbstverständlich verboten und führt mit Sicherheit zu massiven Schwierigkeiten. Es ist daher Vorsicht geboten. Man kann versuchen, den Schlamm vorsichtig schubweise abzulassen, besser ist es jedoch ihn abzupumpen und abzufahren (Deponie). Da das Trockenlegen des Teiches von so eminenter Bedeutung für seine Ertragsfähigkeit ist, sollte man Himmelsteiche nie vor der Schneeschmelze bespannen.

Ein in früheren Jahrhunderten weitverbreitetes Verfahren zur Erhaltung der Fruchtbarkeit von Karpfenteichen ist die Sömmerung. In Franken wurden dazu regelmäßig ganze Weiherketten trockengelegt und normal landwirtschaftlich genutzt. Heute empfiehlt sich die Sömmerung nur in Fällen, in denen aus bestimmten Gründen die Teiche im Winter bespannt bleiben müssen. Die Fruchtbarkeit solcher Teiche läßt sich erhalten, wenn sie ungefähr alle 5 bis 7 Jahre gesömmert werden. Die Sömmerung ist aber nur dann sinnvoll, wenn der Teichboden – wie bei der winterlichen Trockenlegung – sorgfältig entwässert, bearbeitet und anschließend landwirtschaftlich genutzt wird. Unterläßt man dies, erzielt man letztlich eine extreme Vermehrung der Wasserpflanzen. Höchsterträge bringt ein gesömmerter Teich normalerweise erst im zweiten Jahr nach der Sömmerung und nicht im ersten.

In den ersten Jahren besteht sogar eine verstärkte Gefahr von Fischsterben durch Sauerstoffmangel, der aus der Zersetzung noch vorhandener Landpflanzen resultiert. In der modernen, stark intensivierten Teichwirtschaft wird heute wegen des Produktionsausfalles auf eine Sömmerung meist verzichtet.

Kurzhalten unerwünschter Wasserpflanzen

Ein Teich ohne Wasserpflanzen wäre tot. Wie Landpflanzen sind auch Wasserpflanzen unerläßliche Voraussetzung für jede tierische Besiedlung. Von erheblicher Bedeutung ist allerdings, welche Pflanzenarten den Teich besiedeln. Wie bei der Besprechung der ökologischen Zusammenhänge dargelegt wurde, sind für unsere Fische vor allem die im Wasser schwebenden Algen, das Phytoplankton, wichtig und die weichen Unterwasserpflanzen, das Kraut, weniger dagegen die Schwimmblatt- und die Überwasserpflanzen.

Die Überwasserpflanzen, die auch als »harte Flora« bezeichnet werden, entsprechen dem sog. Gelege der Fischer. Sie sind im Teich nicht gern gesehen, da sie sehr zellulosereich sind, deshalb nur schwer verrotten und abgestorben unfruchtbaren Schlamm bilden. Außerdem verfügen sie über starkes, verfilzendes Wurzelwerk, das die Verlandung sehr unterstützt. Große Bestände von Überwasserpflanzen beschatten die Wasserfläche stark und führen zu Wärmeverlusten. Auch das Abfischen wird durch derartige Bestände erheblich beeinträchtigt. Überwasserpflanzen entziehen zudem dem Teichboden wichtige Nährstoffe, haben aber selbst kaum produktionsbiologische Bedeutung.

Wichtige Gelegepflanzen im Teich sind: Rohrkolben *(Typha)*, Schilfrohr

(Phragmites), Binse (Juncus), Simse (Scirpus), Segge (Carex), Igelkolben (Sparganium), Pfeilkraut (Sagittaria), Kalmus (Acorus) und Schachtelhalm (Equisetum).

Die verschiedenen Schwimmblattgewächse mit ihren auf der Wasseroberfläche treibenden ledrigen Blättern werden aus teichwirtschaftlicher Sicht ebenfalls nur wenig geschätzt. Zum Teil haben auch sie umfangreiche Wurzelstöcke, die die Verlandung beschleunigen. Wesentlicher ist jedoch, daß großflächige Bestände weithin die Wasseroberfläche abdecken und den Wärmehaushalt im Teich negativ beeinflussen. Durch intensive Teichpflege versucht man deshalb, sie möglichst kurz zu halten und gegen pflanzliches Plankton auszutauschen.

Wichtige Schwimmblattpflanzen sind: Schwimmendes Laichkraut (Potamogeton natans), Wasserknöterich (Polygonum amphibium), Wasserlinse (Lemna ssp.), Weiße Seerose (Nymphaea alba), Gelbe Teichrose (Nuphar lutea) und Gemeiner Wasserhahnenfuß (Ranunculus aquatilis).

Die Unterwasserpflanzen (das »Kraut«) sind fischereilich gesehen wertvoll. Diese Pflanzen leben – bis auf ihre Blüten – untergetaucht. Sie sind weich, besitzen nur schwache Wurzeln, die allein der Verankerung dienen, und sie vermehren sich meist vegetativ. Ihre Bedeutung liegt vor allem in der positiven Beeinflussung des Sauerstoffregimes im Teich und in ihrer Funktion als Lebensraum für zahlreiche Fischnährtiere.

Vom Teichwirt werden geschätzt: Krauses Laichkraut (Potamogeton crispus), Kammlaichkraut (Potamogeton pectinatus) und Ähriges Tausendblatt (Myriophyllum spicatum). Weniger beliebt sind Gemeines Hornblatt (Ceratophyllum demersum), und Spreizender Hahnenfuß (Ranunculus circinatus). Sie besitzen relativ harte Blätter und sind nur schwer abbaubar. Die Kanadische Wasserpest (Elodea canadensis) ist in kleinen Vorkommen zwar nützlich (Sauerstoffproduktion; Aufenthaltsort vieler Nährtiere), doch wegen ihres enormen Ausbreitungsvermögens auch gefürchtet. Sie vermehrt sich noch aus kleinsten Bruchstücken und darf deshalb niemals gemäht werden (Bekämpfung: Ausfrieren). In größeren Beständen behindert sie das Abfischen und treibt durch ihre Assimilationsleistung den pH-Wert weit in den alkalischen Bereich. Wasserpestvorkommen deuten immer auf vernäßte Stellen (Quellbereiche) im Teich hin.

Ob die beispielhaft genannten Wasserpflanzenarten unserem Teich förderlich sind oder nicht, hängt immer auch vom Ausmaß ihres Vorkommens ab. Geringe Bestände sind allgemein vorteilhaft, zu dichte hingegen beeinträchtigen das Wachstum der Fische und können im Extremfall eine Fischhaltung unmöglich machen. Läßt man im Teich der Natur freien Lauf, nehmen die Wasserpflanzenbestände innerhalb weniger Jahre meist derart überhand, daß die Bewirtschaftung des Teiches zumindest stark erschwert, ja evtl. sogar völlig unmöglich wird.

Zu dichte Bestände müssen unbedingt gelichtet werden. Dies gilt gleichermaßen für das Gelege, die Schwimmblattpflanzen und natürlich auch für das Kraut. Aber Vorsicht bei der Bekämpfung: Manche Pflanzenarten stehen unter strengem Naturschutz, wie z. B. alle Seerosengewächse!

Für das Kurzhalten unerwünschter Wasserpflanzenbestände bieten sich dem Teichwirt verschiedene Abwehrmaßnahmen an.

An erster Stelle ist das Mähen der Wasserpflanzen zu nennen. Man mäht sie mit einer Sense möglichst dicht über dem Teichboden ab. Je tiefer die Pflanzen abgeschnitten werden, desto durchschlagender ist der Erfolg. Will man besonders gründlich sein, beginnt man mit dem Mähen schon im Mai, wenn die ersten Spitzen der Wasserpflanzen an der Wasseroberfläche erscheinen. Im Juli kann man dann, wenn notwendig, den Schnitt wiederholen. Je dünner der Bestand ist und je weniger verholzt die Pflanzen sind, desto weniger Mühe bereitet das Abmähen. Weiche Unterwasserpflanzen müssen, wenn sie die ganze Wasserfläche zu überwuchern drohen, noch vor der Samenbildung geschnitten werden. Für den Schnitt der weichen Wasserpflanzen eignet sich eine normale Sense, während man für die härten Gelegepflanzen besser eine robuste Rohrsense verwendet.

Die abgemähten Pflanzen kann man vom Wind zusammentreiben lassen oder mit einer Stange zusammenschieben. Es ist jedoch nicht ratsam, sie im Wasser zu belassen, da durch ihre Zersetzung leicht Sauerstoffmangel entsteht. In der Regel ist die Entfernung der Wasserpflanzen aus dem Teich weit mühsamer als das Mähen selbst. Man kann natürlich das gemähte Pflanzenmaterial auch zur Nährstoffanreicherung im Teich im Sinne einer Gründüngung verwenden (vgl. Düngung).

Nun ist das Ausmähen eines Teiches mit einer Handsense nicht jedermanns Sache. Man kann auch eine Mähmaschine benützen. Im Fachhandel gibt es zahlreiche Modelle. Allerdings wird sich ihre Anschaffung für den Hobbyteichwirt nicht lohnen. Wer eine solche Mähmaschine ausleihen oder mieten möchte, sollte sich mit einem Berufsteichwirt oder einer Teichgenossenschhaft in Verbindung setzen. Auch im Fachschrifttum findet man gelegentlich Hinweise.

Beim Mähen läßt es sich nicht vermeiden, daß Beine und Arme mit dem Teichwasser in Berührung kommen. Sie zeigen dann häufig kleine Hautschwellungen und Entzündungen, die an Insektenstiche erinnern. Diese von den fränkischen Teichwirten »Weiherhibbel« genannten Entzündungen jucken stark, ja manch einer reagiert sogar mit leichtem Fieber. Ursache dieser Entzündungen sind winzige Larven verschiedener Saugwurmarten, die an warmen Tagen aus ihren Zwischenwirten – hauptsächlich Schnecken – in ungeheuren Massen ausschwärmen. Hauptwirte dieser Cercarien – so heißen diese Larvenstadien – sind in der Regel Wasservögel. Im Menschen können sie sich jedoch nicht entwickeln und gehen zugrunde. Im Fall eines starken Cercarienbefalls ist es am besten, einen Arzt aufzusuchen (Antihistaminbehandlung). Einen guten Schutz bilden aber in jedem Fall lange Gummistiefel oder Wathosen, auch wenn das Arbeiten in dieser Kleidung bei warmem Wetter alles andere als angenehm ist.

Mancher Leser wird jetzt fragen, warum man im Zeitalter der Chemie die Wasserpflanzen nicht mit Pflanzenvernichtungsmitteln (Herbiziden) bekämpft. Nun, es gibt eine ganze Reihe von Gründen, die gerade im Hobbybetrieb gegen eine Verwendung von Herbiziden sprechen. Der Hauptgrund ist einmal, daß das

»Unkraut« unserer Teiche viel schwerer zu bekämpfen ist als das auf dem Land. Es gibt kaum Herbizide, die sich gezielt einsetzen lassen. Pflanzenvernichtungsmittel sind außerdem teuer. Ihre richtige Anwendung erfordert große Sorgfalt und Erfahrung und ist zudem seit 1. Oktober 1977 nach § 3 WHG erlaubnispflichtig (Landratsamt). Davon abgesehen wollen wir ja ein »sauberes« Lebensmittel erzeugen, und das allein sollte schon Grund genug sein, auf Herbizide völlig zu verzichten. Weiterhin wird das Risiko der Herbizidanwendung für den Teich und seine Bewohner meist erheblich unterschätzt. In der Regel werden alle Pflanzen, also auch das Phytoplankton, das erste Glied der meisten Nahrungsketten, vernichtet. Häufig gehen auch die Fische ein, entweder durch zu hohe Giftkonzentration, die durch das Verdriften des Präparates im Teichwasser zustande kommen, oder einfach an Sauerstoffmangel, der durch die massiv einsetzende Fäulnis der abgetöteten Pflanzen bewirkt wird.

Es sprechen also viele Gründe gegen die Verwendung von Pflanzenvernichtungsmitteln im teichwirtschaftlichen Betrieb. Wer dennoch – aus welchen Gründen auch immer – nicht auf derartige Hilfsmittel verzichten will, rufe einen Fachmann der Fischereiverwaltung zu Hilfe und lasse sich über die ortsüblichen Rechtsvorschriften und die sachgemäße Ausbringung dieser Chemikalien gründlich informieren. Das Befolgen der Gebrauchsanleitung (Waschzettel) allein genügt nicht!

Abschließend noch ein Wort zur biologischen Wasserpflanzenbekämpfung. Unter besonders günstigen Bedingungen kann man unerwünschten Pflanzenwuchs auch durch Beschatten mit Strohmatten oder ähnlichem Material eindämmen. Natürlich eignet sich dieses Verfahren nur für kleine Teiche.

Auch die in den letzten Jahren neu in unsere Fischfauna eingegliederten pflanzenfressenden Fische aus Ostasien können zur Verringerung unerwünschter Wasserpflanzen herangezogen werden. Der Graskarpfen (Weißer Amur) verzehrt ab 20 bis 22 °C Wassertemperatur Kraut und Fadenalgen, der Silberkarpfen ernährt sich von Schwebalgen und beginnt etwa ab 18 °C zu fressen. Der dritte im Bunde, der Marmorkarpfen, kann sich etwa vom zweiten oder dritten Sommer an ausschließlich von Blaualgen ernähren. Die Besatzdichte dieser Fische muß sich nach der Masse und der Artzugehörigkeit der Pflanzenbestände richten. Als ungefähre, aber den jeweiligen Gegebenheiten entsprechend abzuändernde Richtzahl rechnet man zwischen 200 und 250 Zweisömmerige je Hektar. Man sollte, will man auf diese Fischarten zurückgreifen, aber einen versierten Fachmann zu Rate ziehen. Er kann Auskunft geben über den richtigen Besatz, über die Eignung der jeweils vorkommenden Wasserpflanzen als Futter für diese Exoten und über die Brauchbarkeit der Teichanlage für die Tiere überhaupt. Diese Fischarten sind zum Teil extrem gute Springer und wandern nur allzuleicht in Wildgewässer aus, wo sie keinesfalls erwünscht sind.

Es würde zu weit führen, im vorliegenden Rahmen alle Einzelheiten über diese Fische aufzuzählen. Der angehende Teichwirt sollte immer berücksichtigen, daß die Verbreitung nicht-einheimischer Fischarten in unseren Gewässern zu unerwünschten Nebenerscheinungen führen kann, deren Wiedergutmachung oft sehr viel Geld kostet. Daher sei auch in diesem Zusammenhang nochmals an das Verantwortungsbewußtsein des einzelnen appelliert, in derartigen Fällen stets den Rat der zuständigen Fischereibehörde einzuholen.

Bodenverbesserung

Ein neuangelegter Teich, dessen Bodenhumusauflage weitgehend erhalten geblieben ist, bringt in den ersten Jahren überdurchschnittliche Erträge; das ist auf die in der Humusschicht enthaltenen und durch die Verrottung freigesetzten Nährstoffe zurückzuführen. Ganz allmählich werden diese jedoch aufgebraucht, und die Produktionsleistung des Teiches nimmt ab. Er ist von nun an auf die Nährstoffe angewiesen, die der Zufluß mitbringt, bzw. auf die, die dem Teich vom Bewirtschafter in Form von Dünger zugeführt werden. So gesehen ist für einen Stillwasserteich eine mit Nährstoffen angereicherte Wasserspende, also ein mäßig eutrophierter Vorfluter keineswegs schädlich. Im Gegenteil, die im Zulauf enthaltenen Nährstoffe – überwiegend handelt es sich um Phosphate – kann der Teichwirt bei der Düngung einsparen. Leider ist die Eutrophierung aber meist zu stark, so daß ihre Nachteile diesen Vorteil überwiegen (Abwässer).

Früher verwendete man auch für Teiche nur natürliche Dünger, wie Stallmist und Jauche. Allerdings ist diese Art zu düngen sehr risikoreich und verlangt viel Erfahrung vom Teichwirt. Schon geringfügige Überdosierung führt zu einem Fischsterben, dem meist der ganze Bestand zum Opfer fällt.

Heute hat man erkannt, daß auch in der Teichwirtschaft die Verwendung von Mineraldüngern, insbesondere von Kalk und Phosphaten, lohnend, vor allem aber weniger riskant für den Fischbestand ist. Der Kali- und Stickstoffdüngung kommt in der Teichwirtschaft, im Gegensatz zur übrigen Landwirtschaft, nur eine untergeordnete Rolle zu, da die natürliche Zufuhr dieser Nährstoffe in der Regel ausreicht.

Der Leser wird sich nun fragen, wie diese Düngung wirkt, denn direkt geht das ja nicht. Die Teichdüngung wirkt auf die Fische natürlich indirekt, und zwar über eine »Ankurbelung« der Nahrungskette. Wie Landpflanzen benötigen auch Wasserpflanzen für ihre Entwicklung Nährstoffe. Je mehr Nährstoffe im Teichwasser enthalten sind, um so besser können sich in ihm Pflanzen, vor allem Schwebalgen, entwickeln. Ist aber sehr viel Phytoplankton vorhanden, so werden auch die Kleintiere zahlreicher sein, die nun über mehr Nahrung verfügen. Diese Kleintiere aber sind die Naturnahrung unserer Fische. Wenn also unser gedüngter Teich mehr Naturnahrung hervorbringt, können wir ihn auch mit einer größeren Anzahl von Fischen besetzen. Der Ertrag steigt.

Die Wirkung einer Düngung zeigt sich meist schnell. Es kommt zu Massenentwicklungen von Algen, das Wasser färbt sich grün und wird undurchsichtig. Je dikker die »Algensuppe« wird, desto größer ist der Erfolg der Düngung. Auf diese Weise werden selbst aus armen Waldteichen noch ertragreiche Fischgewässer, vorausgesetzt, ihr Wasser kann sich genügend erwärmen. Durch die Zufuhr von Nährstoffen lassen sich jedoch auch die Erträge guter Teiche noch beträchtlich

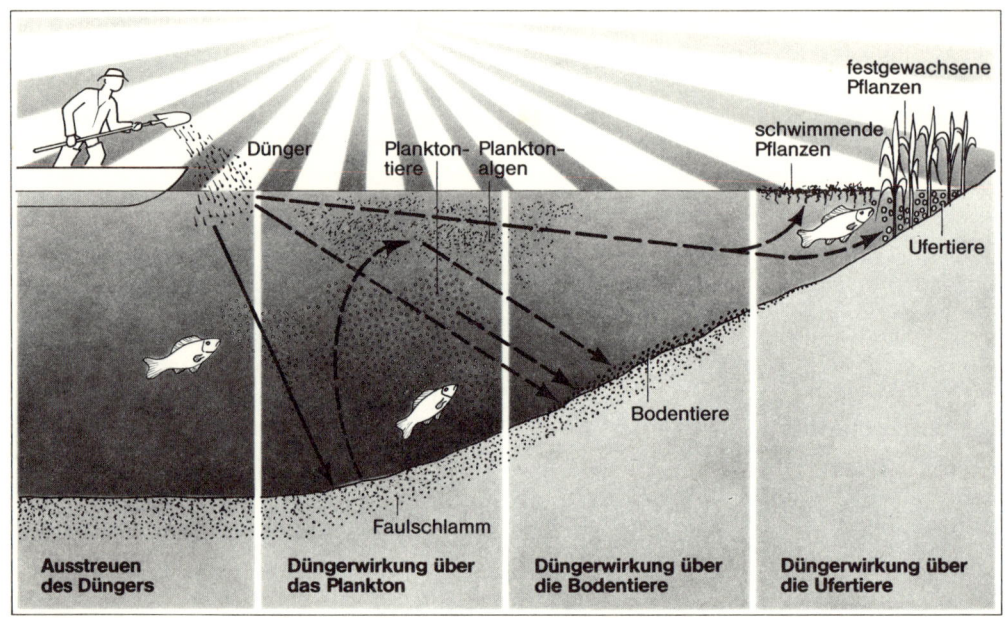

Einfluß der Düngung auf den Stoffhaushalt des Teiches (nach Wunder 1956).

anheben. Diese Steigerung des Futterangebotes ist dabei nicht nur einfach zu bewerkstelligen und billiger als die Verwendung von Industriefutter, sondern, da es sich um die natürlichen Futtertiere der Fische handelt, auch artgemäßer und den Tieren zuträglicher.

Wenn die Düngung ihre volle Wirkung entfalten soll, müssen die Teiche allerdings gut in Schuß sein. So beeinträchtigen z. B. zu viele Über- und Unterwasserpflanzen den Erfolg. Die Wassertiefe sollte etwa 80 cm betragen, da in zu flachen Teichen die zugeführten Nährstoffe überwiegend den höheren Wasserpflanzen zugute kommen und nicht den Schwebalgen.

Wichtig ist weiterhin, daß die Wasserverhältnisse in Ordnung sind. Große Wasserverluste bewirken bei zu starker Er-

wärmung des mit Phytoplankton angereicherten Wassers, daß die Algen absterben, zu faulen beginnen und die Fische an Sauerstoffmangel eingehen. Man bedenke immer, daß jede Düngung einen Eingriff in das Ökosystem Teich darstellt und daher konsequent durchdacht und geplant werden muß!

Kalkung

Die ertragsteigernde Wirkung der Teichkalkung beruht in erster Linie auf einer positiven Beeinflussung verschiedener produktionsbiologisch wichtiger Vorgänge, weniger auf einer Nährstoffwirkung des Kalziums. So führt die Kalkung zu Verbesserungen im Kohlensäuregehalt und beeinflußt pH-Wert und SBV (Säurebindungsvermögen) günstig. Sie schafft gute Umweltbedingungen für die verschiedenen Bakterienarten des Teichbodens, wodurch die Produktionsschicht aktiviert und der Zelluloseabbau gefördert wird. Darüber hinaus dient die Ätzwirkung des sog. Branntkalks der Desinfektion und der Vernichtung von Parasiten.

Da kein Teich völlig dem anderen gleicht, vor allem nicht hinsichtlich des Wasserchemismus, muß die Kalkung immer individuell erfolgen. Natürlich richtet sich ihre Intensität auch immer nach dem angestrebten Ziel, Düngung oder Desinfektion. Alle nachfolgend angegebenen Aufwendungsmengen können daher nur ungefähre Richtwerte sein.

Man unterscheidet folgende Kalkarten und Aufwendungsmengen:

Kohlensaurer Kalk oder Kalziumkarbonat ($CaCO_3$), der aus fein gemahlenem, natürlichem Kalkstein besteht (95% $CaCO_3$). Seine Anwendung hat den Vorteil, daß sie zu keiner direkten pH-Verschiebung führt. Vielmehr trägt sie über eine SBV-Erhöhung zu einer geringen pH-Senkung bei (vgl. Kalk-Kohlensäure-Gleichgewicht). Kohlensaurer Kalk ist allerding nur wenig wasserlöslich, etwa bis zu einem SBV von 0,2. Er eignet sich für schlammige und sandige Teichböden (Aufwandmengen 300 bis 700 kg/ha), aber auch zur Wasserbehandlung von Teichen mit hohen pH-Werten (bis 300 kg/ha und Woche).

Branntkalk oder Kalziumoxid (CaO) wird durch Brennen von $CaCO_3$ gewonnen, wodurch das CO_2 ausgetrieben wird. Er kommt gemahlen und gekörnt in den Handel (85% CaO), wobei das gemahlene Produkt nicht nur billiger, sondern auch effektiver ist. Bei Verwendung von gekörntem Branntkalk tritt die Wirkung verzögert ein, was im Teich zumeist unerwünscht ist. Er eignet sich daher nicht für die Düngung kurz vor dem Besetzen im Frühjahr und noch weniger für eine Anwendung im Sommer. Es besteht dann sogar die Gefahr, daß die Fische nichtgelösten Branntkalk versehentlich als Nahrung aufnehmen und geschädigt werden. Gekörnten Branntkalk verwendet man daher am besten nur im Herbst.

Mit Wasser bildet Branntkalk Kalziumhydroxid oder Kalklauge (Ca(OH_2)), das unter Bindung des im Wasser vorhandenen CO_2 als feinstes Kalziumkarbonat ($CaCO_3$) ausfällt und zu Boden sinkt. Bei ausreichend freier Kohlensäure und pH-Werten um 7 bildet sich Kalziumhydrogenkarbonat (Ca(HCO_3)$_2$), was eine Erhöhung des SBV sowie eine pH-Senkung und -Stabilisierung im Wasser nach sich zieht. Branntkalk wird meist in ertragreichen, schlammigen Teichen verwendet. Nach einer Kalkung mit CaO muß mit dem Besatz etwa 14 Tage gewartet werden, bis der pH-Wert des Wassers wieder unter 8 liegt. Bei seinem Gebrauch sind bestimmte Vorsichtsmaßregeln zu ergreifen, da sonst Verletzungen auftreten können (Handschuhe, Augenschutz).

Für die Aktivierung des Teichbodens rechnet man im allgemeinen mit 300 bis 1000 kg Branntkalk pro Hektar. In Abhängigkeit von der Dicke der Schlammschicht können als Richtwerte gelten:

300–500 kg/ha	bei einer Schlammschicht < 10 cm
750 kg/ha	bei einer Schlammschicht zwischen 10 und 20 cm
1000 kg/ha	bei einer Schlammschicht > 20 cm.

Zur Desinfektion werden 2500 bis 10000 kg/ha empfohlen. Zur Erhaltung der Teichfruchtbarkeit und zur Prophylaxe verwendet man Mengen zwischen 50 und 300 kg/ha Branntkalk. Allerdings darf der pH-Wert des Wassers den Wert 9 nicht übersteigen.

Löschkalk oder Hydratkalk ($Ca(OH_2)$) hat einen CaO-Gehalt von 65 bis 70% und wird aus Branntkalk durch Zusatz von Wasser hergestellt. Löschkalk ist, im Gegensatz zu Branntkalk, im landwirtschaftlichen Fachhandel meist vorrätig. Wegen seiner geringen Wirksamkeit ist seine Verwendung in der Teichwirtschaft allerdings relativ selten.

Kalkstickstoff findet als Desinfektionsmittel zur Vernichtung von Krankheitserregern Verwendung (vgl. Fischkrankheiten, Teichdesinfektion). Gelegentlich wird er auch zum Vernichten von zweikeimblättrigen Pflanzen herangezogen, wobei er auf die noch nassen, grünen Pflanzen aufgebracht werden muß (1000 bis 2000 kg/ha). Nur unter dieser Voraussetzung ist die Behandlung erfolgversprechend. Bei der Verwendung von Kalkstickstoff ist ebenfalls Schutzkleidung zu tragen, und die Augen müssen geschützt werden.

Kalkulation der erforderlichen Kalkmengen. Wie schon kurz angedeutet wurde, kann das SBV des Teichwassers zur Berechnung der einem Teich zu verabreichenden Kalkmenge herangezogen werden: Ein SBV von 1 besagt, daß 1 ml (= 1 cm^3) 1normale Salzsäure (= n HCl) von 1 l Wasser gepuffert wird, d. h. in einem Liter Wasser müssen 28 mg Kalziumoxid (CaO) enthalten sein oder 28 g/m^3 (gleiche Dimension).

Rechnet man diesen Wert um auf einen Teich von 1 ha Fläche bei einer durchschnittlichen Wassertiefe von 1 m, ergeben sich 280 kg/ha CaO ($100 \times 100 \times 1 = 10000$ m^3; $28 \times 10000 = 280000$ g $= 280$ kg). Diese Menge Branntkalk (CaO) muß aufgebracht werden, um bei einer Teichfläche von 1 ha das SBV um den Wert 1 zu erhöhen. Da 1 mg/l CaO $= 1,78$ mg/l $CaCO_3$ ist, entsprechen der Pufferkapazität von 28 mg CaO in 1 l Wasser $28 \times 1,78 = 49,84$ mg $CaCO_3$. Die Umrechnung auf den Beispielsteich ergibt daher $49,84 \times 10000$ m^3 oder 10000000 l $= 498400000$ mg $= 498,4$ kg $CaCO_3$. Anstelle von 280 kg Branntkalk pro Hektar Teichfläche können wir auch rund 500 kg kohlensauren Kalk verwenden, um das SBV um den Wert 1 zu erhöhen.

Eine Düngekalkung sollte immer so gewählt werden, daß das SBV im Sommer mindestens den Wert 1 erreicht oder noch besser 1,5 bis 2. Bei SBV-Werten über 3 ist sie überflüssig.

Achtung! Beim Streuen von Branntkalk und Kalkstickstoff vorsichtig verfahren. Schutzkleidung tragen und vor allem die Augen schützen! Nie gegen den Wind streuen. Bekommt man trotz aller Vorsicht Kalk in die Augen, sofort mit sauberem Wasser aus der hohlen Hand nachspülen, bis das Brennen aufhört. Es besteht sonst die Gefahr einer Hornhautentzündung. Hände vorher gut säubern.

Durchführung der Kalkung. Der Kalk kann auf unterschiedliche Weise ausgebracht werden. Für alle Techniken ausschlaggebend ist eine möglichst gleichmäßige Verteilung. Die nächstliegende und für den Hobbyteichwirt sicher auch die einzig adäquate Verteilungsform ist das Ausbringen von Hand mit einer Schaufel, und zwar entweder auf den trokkenen Teichboden oder bei bespanntem Teich auf das Wasser vom Ufer oder einem Boot aus. Man kann den Kalk auch mit dem Zulaufwasser in den Teich schwemmen. Obwohl dies auf den ersten Blick sicher am einfachsten erscheint, spricht die unregelmäßige Verteilung gegen dieses Vorgehen. Eine besonders feine Verteilung, die zudem bei entsprechendem Gerät auch arbeitssparend ist, erzielt man durch Verblasen. Allerdings ist dieses Verfahren witterungsabhängig (Verdriften durch den Wind, Kalkfahnenbildung). Um den Staub zu vermeiden, kann man den Kalk auch kurz vor dem Ausbringen mit Wasser löschen und die Kalkmilch mit einer korrosionsfesten Pumpe versprühen. Um eine gleichmäßige Verteilung zu erreichen, sind der Phantasie des Bewirtschafters keine Grenzen gesetzt. Trotz allem wird für den Nebenerwerbsteichwirt das Ausbringen per Hand wohl die Methode der Wahl bleiben.

Düngung

Die Düngung ist in engem Zusammenhang mit der Kalkung der Teiche zu sehen. Erst beide Maßnahmen zusammen führen zu nachhaltigem Erfolg. Da der Kalk den Teichboden aufschließt, ist es besonders wichtig, rechtzeitig vor der Düngung zu kalken. Aber auch alle anderen Maßnahmen der Teichpflege sollten vor dem Düngen abgeschlossen sein. Was hilft die beste Düngung, wenn sie ausschließlich den Über- und Unterwasserpflanzen zugute kommt? Diese verbrauchen nur wertvolle Nährstoffe und überziehen und verfilzen die gesamte Teichfläche, so daß sich der Lebensraum unse-

rer Fische verschlechtert – von den Kosten der Mehrarbeit für den Bewirtschafter ganz abgesehen. Wichtig ist weiterhin eine leicht alkalische Reaktion des Wassers, zumindest aber eine neutrale, da die Düngung in saurem Wasser ihre Wirkung nicht voll entfalten kann. Selbstverständlich darf der Teich nach der Düngung nicht mehr durchströmt werden, weil andernfalls das fruchtbare Wasser ausgeschwemmt würde.

Da die Teichdüngung vor allem die Urproduktion verstärkt und eine starke Schlammbildung bewirkt, sollte man besonders in Teichen mit steinigem oder sandigem Boden, die naturgemäß arm an organischen Stoffen sind und kaum fruchtbaren Schlamm enthalten, nur mit Volldünger arbeiten, es sei denn, man kann sömmern. Organische Düngemittel tragen ganz wesentlich zur Bildung der fruchtbaren Schlammschicht bei.

Die Teichdüngung mit organischen Düngemitteln erfolgt unterschiedlich. Die Beschaffenheit des Teiches bestimmt, zu welcher Jahreszeit gedüngt wird. Kann der Teich trockengelegt werden, wird er bei der winterlichen Trockenlegung gedüngt. Man kann die Dungstoffe aber auch in den bespannten Teich einbringen. Die Phosphorsäure ist wichtigster Nährstoff und spielt die Hauptrolle im Teich. In der Regel ist sie in fast allen Teichen im Minimum und muß daher entweder in Form natürlicher Dungstoffe oder als industrieller Dünger zur Verfügung gestellt werden, will man entsprechende Erträge erzielen.

Natürliche Dünger. Eine Düngung mit Jauche oder Mist erfordert immer große Vorsicht. Ihre sachgerechte und erfolgreiche Verwendung setzt große Erfahrung des Bewirtschafters voraus. Mist und Jauche enthalten bekanntlich Ammoniak (NH_3), das sehr fischgiftig ist und bei ungenügender Verdünnung und hohem pH-Wert des Wassers unbedingt tödlich für die Fische wirkt. Entsprechend hohe pH-Werte sind an sonnigen Tagen gegeben, wenn durch die verstärkte Assimilation der Pflanzen der pH-Wert weit über 8 ansteigt (vgl. Der Teich als Lebensraum und Fischkrankheiten). Der erfahrene Teichwirt düngt daher mit Jauche immer nur bei kühlem, regnerischem Wetter. Die Düngung mit frischem Mist kann außerdem zur Kiemenfäule bei den Fischen führen.

So wertvoll die natürliche Düngung auch ist, sie bleibt äußerst risikoreich und kann zudem die Düngung mit Phosphaten nicht völlig ersetzen, ganz zu schweigen von der Kalkung.

Flüssige Dungstoffe wie Jauche oder Mist läßt man an möglichst vielen Stellen verteilt auf den Teichboden oder in das Wasser laufen. Bei entsprechenden Uferverhältnissen kann die Jauche in breiter Verteilung direkt aus dem Jauchewagen eingebracht werden. Jauche ist das am schnellsten wirkende Düngemittel. Allerdings hält der Erfolg nur wenig nach. Sie wird daher meist bei Teichen verwendet, in denen Jungfische heranwachsen. Jauche muß beim Einfließen in den Teich gut vermischt werden (Rühren). Sie ist schwerer als das Wasser und sinkt daher sofort zu Boden. Ohne Rühren unterbleibt die Durchmischung bzw. erfolgt viel zu langsam, und die Fische werden geschädigt. Daher ist es am besten, sie zu verspritzen, z .B. durch ein Prallblech am Jauchewagen. Die Jauchemengen, die man benötigt, sind extrem unterschied-

lich; einmal weil jeder Teich einen anderen Bedarf hat, zu anderen weil Jauche nicht gleich Jauche ist. Die Jauchedüngung erfordert daher besonders viel Fingerspitzengefühl vom Bewirtschafter. Als Anhaltspunkt für eine Jauchedüngung können 2500 l/ha zweimal jährlich gelten.

Feste natürliche Düngemittel, wie alle Arten von Stallmist, dürfen im Gegensatz zu Jauche nie im Teich verstreut werden. Eine Decke aus Mist würde die Tätigkeit der Produktionsschicht völlig unterbinden und gerade das Gegenteil des gewünschten Effektes bewirken. Will man frischen Stallmist verwenden, wird er im Herbst nach dem Trockenlegen in Haufen an den Teichrändern abgesetzt. Man kann ihn mit Folie abdecken, damit er bis zum Frühjahr gar ist. Auch ein Aufsetzen der Misthaufen auf die Eisdecke ist möglich. Beim Bespannen bzw. beim Tauen wird der Mist allmählich vom Wasser ausgelaugt. Gelegentlich werden Misthaufen auch in den bespannten Teich eingebracht, doch immer so, daß die Haufen aus dem Wasser herausragen. Man glaubt auf diese Weise einer zu starken Sauerstoffzehrung und einer Ammoniakvergiftung vorbeugen zu können. In jedem Fall bleibt diese Methode jedoch extrem riskant. Neuerdings erhält man im Handel auch abgepackten getrockneten Hühnermist. Er enthält etwa fünfmal mehr Phosphorsäure als Rindermist. Schweinemist hat ebenfalls etwa den doppelten Gehalt an Phosphorsäure wie Rindermist.

Gelegentlich zieht der Teichwirt auch eine Gründüngung in Erwägung, die tatsächlich vorteilhaft sein kann. Man verwendet hierzu meist die abgemähten Wasserpflanzen, die man – wie beim Mist beschrieben – auf Haufen setzt. Man kann aber auch landwirtschaftliche Nutzpflanzen auf dem aufbereiteten Teichboden aussäen, z. B. Schmetterlingsblütler oder Getreide. Dabei muß die Saat auch gar nicht sehr hoch werden, da sonst beim Überstauen leicht zu viel fäulnisfähiges Material entsteht. Am besten arbeitet man vor dem Überstauen die Grünmasse in dünner Schicht in den Boden ein. Die Gründüngung wird vor allem bei Streckteichen angewandt (vgl. Sömmerung).

Mineralische Dünger. Phosphor ist, wie gesagt, der wichtigste mineralische Dünger. Aus vielen wissenschaftlichen Versuchsreihen weiß man, daß für eine merkliche Ertragsteigerung etwa 30 kg/ha Phosphorsäure notwendig sind. In den handelsüblichen Düngern liegt der Phosphor als Salz der Phosphorsäure, als sog. Phosphat in unterschiedlichen Prozentgehalten vor und wird von der Industrie als Phosphorpentoxid (P_2O_5) angegeben. Die verschiedenen Düngemittel unterscheiden sich auch in der Löslichkeit ihres Phosphorsäureanteils. So enthält beispielsweise nur Superphosphat wasserlösliche Phosphorsäure. Der Teich reagiert daher auf seine Verabreichung prompt. Superphosphat darf allerdings nicht zusammen mit Branntkalk ausgebracht werden, da sonst schwerlösliche Verbindungen entstehen. Daher sind zwei bis drei Wochen Wartezeit zwischen Kalkgabe und Düngung angebracht. Da Superphosphat außerdem keinen Branntkalk enthält, beeinflußt es den pH-Wert kaum. Für saure, kalkarme Teiche ist es somit nicht zu empfehlen, es sei denn, man kalkt vorher entsprechend.

Da Thomasphosphat und andere Phosphatdünger schwer wasserlöslich sind, werden sie als Grund- und Vorratsdüngung im späten Winter oder vier Wochen vor dem Fischbesatz auf den bespannten Teich ausgebracht. Es hat sich gezeigt, daß die Phosphatdüngung auch noch im folgenden Jahr wirksam ist, so daß erneute Phosphatgaben auf die Hälfte reduziert werden können. Bei der Phosphatdüngung sollte man heutzutage auch die Gehalte an Phosphat und Stickstoff im Teichspeisewasser berücksichtigen. Eine Analyse auf diese Stoffe erweist sich im allgemeinen als sehr nützlich, da man mit ihrer Hilfe die folgenschwere Überdüngung vermeiden kann.

Die auszubringende Menge an Phosphatdünger muß in jedem Fall möglichst genau bestimmt werden. Wegen der unterschiedlichen Gehalte an Phosphatsäure in den verschiedenen Produkten kalkuliert man die Einsatzmenge nach der Formel

$$\text{Einsatzmenge} = \frac{\text{Gewünschte Menge reines } P_2O_5 \times 100}{\% \ P_2O_5 \text{ des Handelsproduktes}}$$

Beispiel: Es sollen 35 kg P_2O_5 ausgebracht werden. Wieviel Thomasphosphat (15% P_2O_5) oder Rhenaniaphosphat (29% P_2O_5) müssen aufgewandt werden?

$$\text{Thomasphosphat} \quad \frac{35 \times 100}{15} = 233 \text{ kg;}$$

$$\text{Rhenaniaphosphat} \quad \frac{35 \times 100}{29} = 120{,}6 \text{ kg.}$$

Um die gewünschten 35 kg P_2O_5 zu erzielen, müssen somit entweder 233 kg Thomasmehl oder 120 kg Rhenaniaphosphat ausgestreut werden.

Neben den Phosphatdüngern finden in der Teichwirtschaft gelegentlich auch Kalidünger (K_2O) Verwendung. Sie sollten aber nur dort verwendet werden, wo großer Kaliummangel herrscht, also bei sandigen, torfigen und moorigen Böden. Die meisten Böden verfügen in der Regel über ausreichend Kalium. Als Richtwert gelten 30 kg/ha reines Kali. Die Kalkulation der erforderlichen Mengen eines bestimmten Handelsproduktes erfolgt wie bei Phosphatdüngern. Man sollte jedoch bei der Kalidüngung Vorsicht walten lassen, da die Teiche sehr schnell völlig verkrauten und veralgen.

Die Stickstoffdüngung kann in der Regel vernachlässigt werden, da der Teich durch den Zulauf, die Niederschläge und die Tätigkeit der Bakterien ausreichend mit Stickstoff versorgt ist. Auch der Teichschlamm enthält in der Regel genügend, meistens sogar zu große Stickstoffmengen.

Eine Spurenelementdüngung ist im allgemeinen ebenfalls überflüssig. Das gilt vor allem dann, wenn der Teich sowieso mit Thomasmehl oder Superphosphat behandelt wird, da diese Düngemittel mit entsprechenden Zusätzen versehen sind.

Die im Handel befindlichen organischen Volldüngemittel enthalten Phosphorsäure, Stickstoff und Kali. Sie können natürlich auch den Teichboden verbessern, vor allem wenn ihm Humusstoffe fehlen, wie das bei Sandböden der Fall ist. Im normalen Wirtschaftsbetrieb finden sie zumeist aus Kostengründen keine Verwendung. Der Klein- oder Hobbyteichwirt, bei dem die Kosten unter Umständen nicht so sehr im Vordergrund stehen, mag dies anders sehen, für ihn wird z. B. Hornoska empfohlen.

Düngung nicht ablaßbarer Gewässer

Abschließend noch einige Bemerkungen zur Düngung tiefer, nicht ablaßbarer Gewässer, wie große Himmelsteiche oder Kiesgruben. Meist erhalten diese keinerlei Einschwemmungen durch Zuflüsse, sondern werden nur vom Grundwasser und aus Niederschlägen gespeist. Ihr Boden ist daher wenigstens anfangs, unmittelbar nach ihrer Entstehung, steril. Will man die Fruchtbarkeit derartiger Gewässer erhöhen, scheint eine Düngung mit Mineralstoffen durchaus angebracht. Jedoch ist hier höchste Vorsicht am Platz! Man berücksichtige, daß jedes Gewässer langsam von selbst eutrophiert und daß alle Organismen allmählich – unter bestimmten Umständen aber auch sehr rasch – zu Bodenablagerungen führen, die nicht nur Nährstoffe speichern, sondern diese auch wieder an den Wasserkörper abgeben. Dies gilt natürlich besonders für jede Düngung, vor allem für eine zu starke. Einmal überdüngt, ist ein solches Gewässer zerstört und kaum mehr zu sanieren. Im Gegensatz zu Teichen lassen sich nicht ablaßbare, seeähnliche Gewässer nur sehr schwer manipulieren. Baggerseen, Kiesgruben und ähnliche Wasseransammlungen sollten daher auf keinen Fall gedüngt werden. Wer jedoch glaubt, nicht darauf verzichten zu können, muß unbedingt den Rat eines Hydrobiologen einholen. Eine solche Manipulation erfordert gründliche Voruntersuchungen, ebenso wie eine anschließend kontinuierliche Überwachung des Gewässers. Entsprechende Vorsichtsmaßregeln sollten auch bei einer beabsichtigten Kalkung zur Förderung der Zersetzung angesammelter organischer Sedimente ergriffen werden.

Bewirtschaftung des Teiches

Ernährung der Fische

In engem Zusammenhang mit Ertragsfähigkeit und Ertragsverbesserung des Teiches steht – neben entsprechenden Besatzmaßnahmen – die Ernährung der Fische. Unter dem Aspekt des Ertrages ist sie zweifellos der wichtigste Produktionsfaktor, da sie vom Menschen besonders gut beeinflußt werden kann. Bei der Ernährung von Teichfischen unterscheidet man die Naturnahrung, die im Teich erzeugt wird, und die Fütterung, die allein oder zusätzlich zur Naturnahrung vom Teichwirt verabreicht wird.

Karpfenteichwirtschaften, die ausschließlich auf Naturnahrung basieren, gibt es heute kaum noch. Für einen Vollerwerbsbetrieb ist eine derart extensive Betriebsweise unrentabel, für den Liebhaberteichwirt hingegen kann sie durchaus interessant sein. Im Gegensatz zur Karpfenteichwirtschaft ist die Forellenzucht, wie schon des öfteren hervorgehoben wurde, nahezu ausschließlich auf die Fütterung abgestellt, so daß der Teich nur noch als »Stall« dient.

Naturnahrung

Hinweise auf die Naturnahrung einiger Teichfische finden sich bei den Artbeschreibungen. Leider existieren nur wenige zuverlässige Untersuchungen über die Nahrung der verschiedenen Teichfische. Dazu ist und war ihre wirtschaftliche Bedeutung immer zu gering. Eine Ausnahme macht – wie könnte es anders sein – nur der Karpfen. Schäperclaus, einer der großen deutschen Fischereiwissenschaftler, drückte dies einmal so aus: »...es kommt nur darauf an festzustellen, wo und wie die Naturnahrung der Teichfische – insbesondere die des Karpfens, weil sie am wichtigsten ist – entsteht, damit sie gefördert werden kann.« In der Praxis wird daher schlichtweg davon ausgegangen, daß alle karpfenartigen Teichfische, die als Beifische in der Karpfenteichwirtschaft eine mehr oder weniger große Nebenrolle spielen, in etwa die gleichen Nahrungsansprüche stellen wie der Hauptfisch, der Karpfen. Diese natürlich stark verallgemeinernde Schlußfolgerung wird aber gerechtfertigt durch die über Generationen gemachte Beobachtung, daß jede Förderung der Karpfenernährung sich immer auch auf die Beifische positiv auswirkte. Dies gilt sowohl für die Optimierung der Nährtiere, als auch für die verschiedenen Zufutter, ja selbst für die modernen Industriefutter (Preßlinge). Wirklich relevant wird die Ernährungsfrage in der Fischzucht immer erst dann, wenn eine »neue« Fischart nach den Maßstäben der modernen Tierzucht gezüchtet und intensiv produziert werden soll und daher mit industriell gefertigtem Futter ernährt werden muß. Hier wird daher nur auf die natürliche Nahrung des Karpfens eingegangen, vor allem unter Berücksichtigung ihres alters- und jahreszeitlich bedingten Wechsels sowie ihrer »Steuerung« durch die Teichpflege.

Der frisch geschlüpfte Karpfen ernährt sich zunächst von seinem Dottersack. Ist dieser weitgehend aufgebraucht, frißt er kleine Krebstiere und Würmer, stellt sich aber alsbald auf größere Futtertiere ein. Bereits bei 2 cm großen Fischen enthält der Darm Wasserflöhe und Zuckmückenlarven (Chironomiden). Der größere Karpfen schließlich nimmt alles, was sich ihm im Überfluß anbietet. Nur Wasserpflanzen, Libellenlarven und Egel scheint er zu verschmähen.

In Abhängigkeit von der Jahreszeit ändert sich die Besiedlung eines Teiches und folglich auch die natürliche Nahrung des Karpfens. Allerdings bevorzugt er stets Futter, das in Massen auftritt. Trotzdem hat der Karpfen immer Hauptnährtiere. In guten Teichen ist dies im April Bodennahrung, die überwiegend aus Zuckmückenlarven besteht. Daneben nimmt er auch – soweit vorhanden – Zooplankton. Etwa im Mai wird dieses dann zur Hauptnahrung, da es nun in Massen vorhanden ist. Nimmt in den Monaten Juni und Juli das Plankton mengenmäßig ab, treten die im Kraut lebenden Würmer und Mückenlarven an seine Stelle. Im August ist der Nährtierbestand, insbesondere der des Teichbodens, nahezu aufgezehrt, und es macht sich Nahrungsmangel bemerkbar. Die Bodennahrung – Würmer und Insektenlarven – gewinnen erst im September wieder an Bedeutung.

Über das im Teich vorhandene Nährtierangebot entscheiden die Pflegemaßnahmen Bodenbearbeitung, Pflanzenbekämpfung und Düngung. In nicht ablaßbaren Weihern liegt das Massenauftreten der roten Zuckmückenlarven gewöhnlich zwischen Februar und April. Es ist also im April, also zu der Zeit, in der bei uns in der Regel die Karpfenteiche besetzt werden, bereits wieder im Abklingen. Die Teichpflegemaßnahmen, ganz besonders die winterliche Trockenlegung, bewirken jedoch beachtliche Veränderungen in der Nährtierwelt des Teiches (vgl. Teich als Lebensraum). Sie verschiebt unter anderem das Maximum des Zuckmückenangebots in die Monate April bis Juni. Beim Besetzen eines Karpfenteiches finden die Fische daher sofort einen reich gedeckten Tisch vor. Demgegenüber wird der Planktonzyklus zeitlich nicht, oder nur wenig deutlich verändert, um so mehr jedoch seine Qualität und Quantität (Düngung). Etwa ab Mitte August geht dann das gesamte Angebot an Naturnahrung deutlich zurück und Nahrungsmangel setzt ein. Dieser muß nun entweder durch erneutes Ankurbeln der Urproduktion, also durch Düngung, oder aber durch Zufütterung ausgeglichen werden, wenn Einbußen in der Produktion vermieden werden sollen.

In der extensiven Fischhaltung bildet die Naturnahrung die Grundlage der Eiweißversorgung der Fische. Die Nährtiere liefern die lebenswichtigen, sog. essentiellen Aminosäuren, welche die Fische nicht selbst erzeugen können. Zu diesen gehören z. B. Lysin, Threonin, Valin u. a. m. Dieses Aminosäurenspektrum ist aber nicht in allen tierischen Eiweißen gleich, weshalb unterschiedliche Nährtiere verschiedene Futterwerte haben. So sind z. B. bestimmte Aminosäuren im Winterplankton, verglichen mit dem des Frühjahrs, deutlich reduziert. Pflanzliche Futtermittel enthalten zwar auch Aminosäuren, allerdings nicht in so qualitativ hochwertiger Form wie tierisches Eiweiß. Daher kann totaler Ausfall an Naturnahrung allein durch pflanzliches Beifutter nicht voll ausgeglichen werden. Bei längerdauernder Mangelernährung zeigen die Fische Konditionsschwächen, die zu echten Schäden führen können.

Zufütterung

Um Schwankungen in der Zufuhr der essentiellen Aminosäuren auszugleichen, verfüttert man tierisches Eiweiß. Es kommt trocken in gepreßter Form in den Handel, wobei die Preßlinge oder Pellets, entsprechend dem Alter der zu fütternden Fische, unterschiedlich groß sind. Man füttert Pellets jedoch nur zu den Zeiten, in denen Mangelzustände zu befürchten sind. Allerdings kann man, um höhere Erträge zu erwirtschaften, auch in der übrigen Zeit pflanzliche Futtermittel verabreichen, z. B. Getreide, Mais, Sojaschrot oder Kartoffeln.

Jedes Futtermittel hat einen spezifischen Futterquotienten (FQ), der angibt, wie viele Gewichtseinheiten eines Futters verfüttert werden müssen, um eine Gewichtseinheit Fischmasse zu produzieren. Der FQ von Getreide liegt z. B. zwischen 4 und 5, d. h. es müssen 4 bis 5 kg Getreide verfüttert werden, um 1 kg Fischfleisch zu erzeugen. Der Futterquotient gibt jedoch nicht an, wie gut ein Futtermittel beim Fisch ankommt. Biertreber etwa hat nur einen FQ zwischen 20 und 25, wird aber vom Karpfen besonders gern gefressen und dient daher auch oft als Lockmittel.

Der FQ ist ein absoluter Zahlenwert. Er gibt nur den durch die Zufütterung erzielten Zuwachs an. Die Zuwachsleistung in einem Teich hängt jedoch nicht nur von der Zufütterung ab, denn in jedem Teich wachsen die Fische auch entsprechend der natürlichen Leistungsfähigkeit des Teiches. Diesen Zuwachs ohne jede Maßnahme zur Ertragsverbesserung bezeichnet man als Naturzuwachs. Der Naturzuwachs kann aber bereits durch gute Teichpflege, sprich Düngung und Bodenbearbeitung, nahezu verdoppelt werden, was man Düngerzuwachs nennt. Bei optimaler Teichpflege und Zufütterung setzt sich somit der Gesamtzuwachs eines Teiches zu je $1/3$ aus Natur-, Dünger- und Futterzuwachs zusammen.

Um den Futterzuwachs errechnen und seine Futtermittel kostengünstig einsetzen zu können, sollte der Bewirtschafter grundsätzlich den Naturzuwachs seiner Teiche kennen. Meist ist dies jedoch nicht der Fall. Der Naturzuwachs kann nur nach mehrjähriger Bewirtschaftung ohne Düngung als Durchschnittswert festgelegt werden. Aus diesem Grund ist es auch schwierig die Wirtschaftlichkeit der Fütterung mit Hilfe des FQ zu kontrollieren. Daher bedient man sich in der Praxis des sog. relativen FQ. Er bezieht sich auf den Gesamtzuwachs und wird auf die verbrauchte Futtermenge umgerechnet. Unter optimalen Verhältnissen beträgt er demnach $1/3$ des absoluten FQ. Einem absoluten FQ von 4,5 entspricht also ein relativer FQ von 1,5. Bei diesem Wert kann man davon ausgehen, daß Futtermenge und Verwertung optimal waren. Liegt der relative FQ für Getreide aber etwa bei 2, wurde das angebotene Futter nicht richtig genutzt. Sei es weil zu viel gefüttert wurde, oder weil durch fehlerhafte Düngung die Nährtierproduktion nicht voll zur Wirkung kam. Der relative FQ für Mais, Sojaschrot liegt bei 1,3.

Jeder Praktiker weiß, wie schwierig es ist, den absoluten FQ zu ermitteln. Er ist selbst bei der gleichen Fischart unterschiedlich. Auch spielt das Alter der Fische eine Rolle. Es ist also von Bedeutung, ob kleine oder große Karpfen mit demselben Futter gefüttert werden. Am größten ist der FQ, wenn das Einsatzstückgewicht und der Stückzuwachs am größten sind, z. B. beim Abwachsen von zwei- und dreisömmerigen Karpfen. Beim Aufziehen von Ein- und Zweisömmerigen werden etwa zehnmal mehr Fische als Besatz für die gleiche Wasserfläche genommen, die nahezu gleiches Einsatzgewicht aber ein wesentlich höheres Abfischungsgewicht besitzen. Die Einsömmerigen brauchen bei gleicher Futtermenge wie Zweisömmerige, bei ihrem geringeren Eigengewicht, weniger Erhaltungsfutter und verbrauchen das gereichte Zufutter in Verbindung mit einer besseren Ausnützung des Naturfutters für ihren Gewichtszuwachs. Für den günstigeren FQ ist weiterhin von Bedeutung, daß die vielen Einsömmerigen die Futterstellen am Teichboden sorgfältiger absuchen und für eine totale Aufnahme des Zu- und des Naturfutters sorgen.

Futterbedarf: Die Menge des Zufutters richtet sich nach der Fischzahl im Teich. Bei 600 Zweisömmerigen pro Hektar mit einem Stückgewicht von 250 g und der Forderung nach einem Verkaufsgewicht von 1200 g muß jeder Fisch um 1000 g zunehmen (= Gesamtzuwachs). Wie dargelegt wurde, beträgt der Futterzuwachs 1/3 des Gesamtzuwachses, also rund 330 g pro Fisch. Bei einem absoluten FQ von 3,3 für Getreide ergibt sich pro Tier ein Futterbedarf von $3,3 \times 330\,g = 1089\,g \approx 1,1\,kg$. Da aber 600 Zweisömmerige pro Hektar eingesetzt werden, müssen $600 \times 1,1 = 660\,kg/ha$ Getreide zugefüttert werden.

Bei allen Futtermitteln ist wichtig, daß sie sich in einwandfreiem Zustand befinden. Muffig riechendes oder verdorbenes Futter wird in der Regel von den Fischen verschmäht, doch können die Tiere bereits bei geringfügiger Aufnahme erkranken. Alle pflanzlichen Futtermittel, Kartoffeln ausgenommen, können ungekocht verabreicht werden. Für kleine Fische ist es jedoch wichtig, daß grobkörnige Futtermittel gebrochen oder geschrotet eingesetzt werden.

Wann soll gefüttert werden? Wie bei allen wechselwarmen Tieren, so hängt auch bei unseren Fischen die Bereitschaft Futter aufzunehmen von der Temperatur und vom Sauerstoffgehalt des Wassers ab. Man beginnt deshalb mit der Zufütterung erst bei Temperaturen über 16 °C. Die Ration soll zunächst klein sein, mit zunehmender Wassertemperatur jedoch größer werden.

Die Hauptfütterung fällt in die Monate Juli und August. In diesem Zeitraum wird gut die Hälfte der veranschlagten Gesamtfuttermenge verabreicht. Die andere Hälfte wird von Mai bis Juni in zunehmenden und im September in abnehmenden Rationen verfüttert.

Diese Regel ist jedoch nur ein Orientierungsschema. Ist es z. B. auch im Oktober noch warm, kann man durch eine Verlängerung der Zufütterung eine beachtliche zusätzliche Gewichtszunahme erreichen. Ein Zuviel an Fütterung ist aber nicht nur sehr kostspielig, sondern bei hohen Wassertemperaturen über die Sauerstoffzeh-

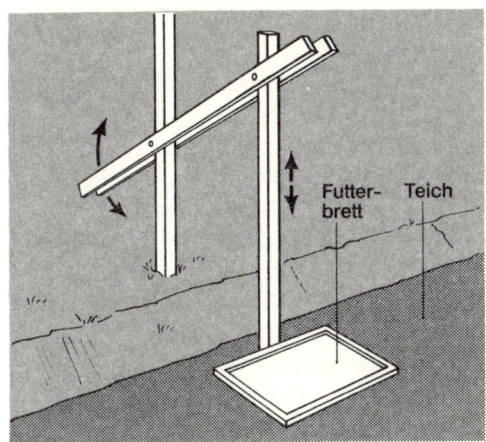

Futter-brett **Teich**

**Beweglicher Futtertisch für den Karpfenteich.
Mit dem Hebel kann er aus dem Wasser gehoben werden und ermöglicht eine mühelose
Kontrolle auf Futterreste
(nach Koch 1982, verändert).**

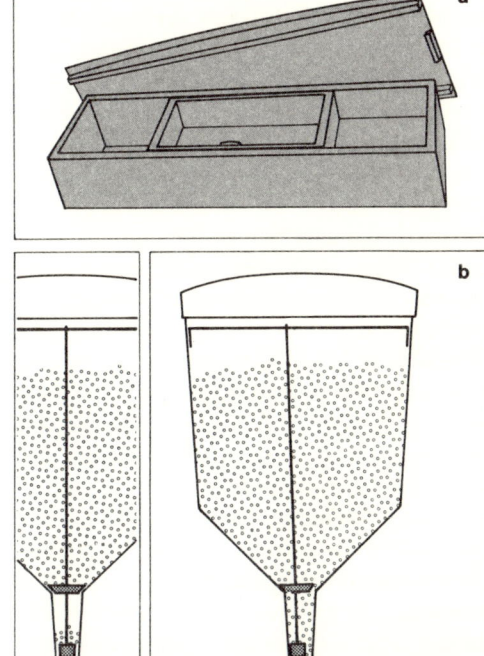

a

b

10 cm
20 cm

**Futterautomaten.
a) Intervallfütterer. Der Boden des Kastens ist
als Transportband ausgebildet, das über eine
Zeitschaltuhr gesteuert wird
(nach Koch 1982, verändert).
b) Prinzip eines Pendelfütterers
(nach Greenberg 1979).**

rung für die Fische auch gefährlich. Daher
sind zumindest gelegentliche Wasserkon-
trollen wichtig.

Um die Freßlust der Fische beurteilen
zu können, müssen die Futterplätze regelmäßig kontrolliert werden. Man markiert
daher die Futterstellen durch einge-
rammte Pfähle. Mit einer Schaufel kann
man dann vorsichtig den Boden auf Futterreste hin überprüfen. Praktischer sind
Futtertische aus Holz, die erhöhte Ränder
haben und sich mit Hilfe einer einfachen
Hebevorrichtung in der Senkrechten bewegen lassen. Sie werden mit Futter versehen und versenkt und zur Kontrolle aus
dem Wasser gehoben.

Das Zufutter wird um so besser verwertet, je kleiner die Portionen sind und je öf-
ter sie dargeboten werden. Tägliche Fütterung ist daher einer wöchentlichen vorzu-
ziehen und mehrmalige Fütterung pro
Tag einer einmaligen. Da dies sehr zeit-
aufwendig ist, füttert man in der Regel
heute vorzugsweise mit Futterautomaten.

Die im Handel befindlichen Apparate
arbeiten entweder nach dem Prinzip des
Intervall- oder dem des Selbstfütterers.
Beim Intervallfütterer werden in beliebig

147

einstellbaren Abständen bestimmte Futtermengen in den Teich gestreut. Intervallfütterer benötigen in der Regel eine Energiequelle, also entweder Netz- oder Batteriestrom, denn sie arbeiten mit einer Schaltuhr. Der Vorteil dieser Automaten ist, daß der Bewirtschafter die Futtermenge bestimmt und damit auch das Abwachsen der Fische.

Bei den Selbstfütterungsautomaten, auch Pendelfütterer genannt, stoßen die Fische – anfangs spielerisch, später gezielt (Dressureffekt) – an einen in das Wasser hineinragenden Stab, wodurch aus einem Vorratsbehälter das Futter ins Wasser fällt. Die Fische lernen sehr schnell, diesen Apparat zu bedienen.

Futterautomaten sind in erster Linie für die handelsüblichen Fertigfutter geeignet, doch kann man sie auch für Getreide verwenden. Die Futterautomaten werden an einem Pfahl befestigt oder mit einem Dreibeingestell im Teich aufgestellt und vom Ufer aus beschickt. Man kann sie jedoch auch über einen schmalen Ausleger am Ufer befestigen. Schwankt der Wasserspiegel im Teich, ist zu berücksichtigen, daß sich auch der Automat entsprechend heben oder senken kann. Eine Umhüllung aus Maschendraht oder Perlonnetz zum Schutz vor Wasservögel kann angebracht sein. Pendelfütterer gibt es für alle Fischgrößen im Fachhandel. Um die Fische an das Gerät zu gewöhnen, füttert man unmittelbar in der Nähe des noch leeren Gerätes einige Tage von Hand. Erst nach dieser Anfütterung wird der Apparat gefüllt. Die Fische gewöhnen sich schnell an diese Art der Fütterung. Mit Selbstfütterern wird der beste Abwachs erzielt. Zwar überfressen sich die Fische anfangs, doch nach einer gewissen Anpassungszeit nehmen sie nur noch so viel Futter, wie sie wirklich brauchen.

Noch einige Worte zur Forellenfütterung. Die noch vor wenigen Jahrzehnten übliche Zubereitung von Naßfutter aus Schlachthofabfällen (Eiweiß) Ballaststoffen (Kleie) und Vitaminzusätzen (Hefe) ist nahezu völlig ausgestorben. Trockenfuttermittel, von denen zahlreiche Fabrikate den deutschen Markt beliefern, sind heute soweit entwickelt und so gut, daß sie über Generationen von Forellen verwendet werden können, ohne daß Mangelerscheinungen auftreten.

Der Futterquotient der zur Zeit im Handel befindlichen Futtermittel liegt ungefähr bei 2. Gegenüber den früher verwendeten Naßfuttermitteln ist dies ein beachtlicher Fortschritt. Die Zusammensetzung, die Rezeptur, wird bei den einzelnen Fabrikaten immer angegeben. Der Haupteiweißanteil besteht aus Fischmehl. Daneben findet als pflanzlicher Bestandteil Soja Verwendung. Je nach Fabrikat werden dann noch sehr unterschiedliche Stoffe als Füll- und Preßhilfsmittel verwendet sowie Vitamine und unter Umständen Medikamente beigegeben (Medizinalfutter). Der Rohproteingehalt schwankt zwar zwischen den verschiedenen Produkten nicht sehr, bietet aber doch gewisse Vergleichsmöglichkeiten. Gleiches gilt für den Preis. Hochwertige Eiweißstoffe sind allerdings immer teuer. Selbstverständlich werden die verschiedenen Trockenfuttermischungen in unterschiedlicher Pelletierung angeboten, von mehlfeinen Sortierungen für Brut bis zu 4-mm-Pellets für Fischgrößen über 12 cm.

Auch für die Gewichtszunahme der Forellen gilt, daß sie um so größer ist, je gleichmäßiger die Ration über den Tag verteilt wird. Häufig verwendet man daher zur Fütterung Automaten. Die Futtermenge wird in Prozent vom Körpergewicht verabreicht und richtet sich nach der Stoffwechselintensität, die wiederum von der Wassertemperatur abhängt. Bei Sauerstoffschwund muß die Fütterung ebenso eingeschränkt werden wie beim Auftreten von Krankheiten. Hier kommt allein das Gespür oder besser die Erfahrung des Bewirtschafters zum Tragen. Zahlenangaben für richtiges Füttern versagen in solchen Fällen meist! Die untenstehende Tabelle kann daher nur als grobe Hilfestellung betrachtet werden.

Futtermengen und Häufigkeit der Fütterung für Regenbogenforellen in Abhängigkeit von der Wassertemperatur (nach Ruhdel 1977)

Wasser-temperatur (°C)	Futtermenge in % des Fischgewichts	Häufigkeit der Fütterung pro Woche
2	keine Fütterung	–
2– 3	0,5	2
3– 4	0,5	5
4– 5	1,0	5
5– 6	1,5	5
6– 7	2,0	5
8–12	3,0	6
12–18	3–4	6
18	3 und weniger	5

Die Fütterung hat aber zusätzlich noch eine sehr wichtige Funktion: Sie ist vom Besetzen bis zum Abfischen eines Teiches der einzige Kontakt, den der Teichwirt mit seinen Fischen hat. Nur bei der Futteraufnahme, wenn die Tiere gierig um die besten Brocken streiten, kann er

sie etwas genauer beobachten. Aus ihrem Verhalten kann er auf eventuelle Gefahrensituationen schließen und die erforderlichen Maßnahmen zu deren Behebung ergreifen. Ein guter Teichwirt wird daher nie – und sei sein Betrieb auch noch so automatisiert – auf diese Kontrollmöglichkeit verzichten. An diesem Verhalten erkennt man, wie an manch anderen Kleinigkeiten auch, welche Einstellung ein Teichwirt zu seinen Fischen hat.

Wachstum der Fische

Verglichen mit seinen Verwandten ist der Karpfen schnellwüchsig. Sein Wachstum hängt von der Wassertemperatur ab, dem Nahrungsangebot und der Zahl der Fische, die sich dieses teilen. In der Teichwirtschaft wird, wie schon bei der Besprechung der Leistungsfähigkeit des Teiches erwähnt wurde, aber nicht die individuelle Gewichtszunahme der Fische bewertet, sondern der Zuwachs pro Flächeneinheit des Teiches, in kg/ha. Das Gewicht der Karpfen ist ganz auf die Marktgewohnheiten des Verbrauchers abgestellt (vgl. Besatz). Für einen Speisekarpfen liegt es zwischen 1250 und 1500 g. Da der Karpfen in unserem Klima im Winter nicht wächst, sind zur Erzeugung von Speisekarpfen drei Jahre (Sommer) notwendig. Man nennt dies einen dreijährigen Umtrieb. Diese Wirtschaftsform, der Vollbetrieb, erfordert natürlich eine Vielzahl von speziellen Teichen, über die der Liebhaberteichwirt kaum verfügen dürfte. Für ihn kommt daher der dreijährige Umtrieb nicht in Frage. Er wird sich vorzugsweise auf die Erzeugung von Satzfischen (Zweisömmerige) oder auf das Ab-

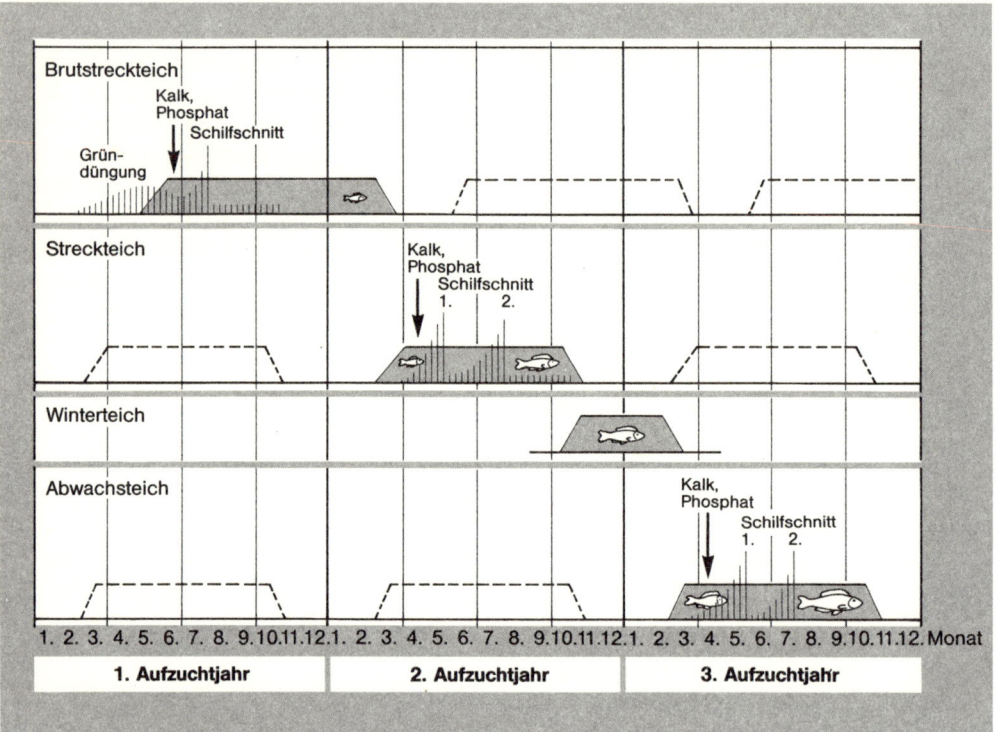

Übersicht über die periodischen Pflegemaßnahmen (Trockenlegung, Bespannung und Bekämpfung der Verschilfung) in den verschiedenen Teich-Typen einer Karpfenteichwirtschaft mit dreijährigem Umtrieb (nach Schäperclaus 1961).

wachsen von Speisefischen (Dreisömmerige) verlegen.

Zwischen dem Gewicht eines Fisches und seiner Länge besteht erfahrungsgemäß – bestimmte Streuungen einkalkuliert – ein direkter Zusammenhang. Für Karpfen zeigt ihn die Tabelle auf Seite 151. Natürlich wird diese Beziehung durch die jeweils herrschenden Umwelt- und Haltungsbedingungen beeinflußt.

Den Grad dieser Beeinflussung beschreibt der sog. Korpulenzfaktor (k). Er ist in gewisser Weise ein Maß für die Beleibtheit des Fisches und wird berechnet nach der Formel:

$$k = \frac{100 \times \text{Gewicht (g)}}{\text{Gesamtlänge}^3 \text{ (cm)}}$$

Im Herbst nach der sommerlichen Freßperiode ist k in der Regel größer als nach dem Überwintern. Aus umfangreichen Versuchen glaubt man zu wissen, daß bei einsömmerigen Karpfen große Verluste auftreten, wenn der Korpulenzfaktor nach der Winterruhe nur noch einen Wert um 1,2 aufweist, anstatt 1,4 bis 1,5. Für Zweisömmerige soll dieser kritische Wert bei 1,4 liegen.

Zusammenhang zwischen Länge und Gewicht beim Karpfen (nach Koch, Bank, Jens 1982)

Gesamtlänge (cm)	Mittleres Gewicht (g)	Gesamtlänge (cm)	Mittleres Gewicht (g)
3	0,34	26	347
4	0,9	27	396
5	2,0	28	451
7	7,5	29	527
8	11,0	30	570
9	16,0	31	651
10	19,0	32	717
11	26,0	33	794
12	34,0	34	872
13	43,0	35	960
14	51,0	36	1056
15	61,0	37	1126
16	72,0	38	1222
17	84,0	39	1350
18	95,0	40	1364
19	115,0	41	1580
20	138,0	42	1710
21	164,0	43	1781
22	198	44	1930
23	231	45	1950
24	268	46	2120
25	301	47	2290

Es kann also aus mancherlei Gründen nützlich sein, den Zuwachs der Fische im Verlauf eines Produktionsjahres zu kontrollieren, sei es um den Zuwachs zu verfolgen, um die Rationierung der Zufütterung richtig zu kalkulieren oder auch nur um den Gesundheitszustand zu überprüfen. Man fängt zu diesem Zweck einige Tiere mit dem Wurfnetz oder besser mit einem kleinen Zugnetz. Da der Umgang mit einem Wurfnetz zum einen viel Übung verlangt, zum anderen auch immer nur den Fang weniger Fische ermöglicht, sei dem Anfänger das Zugnetz empfohlen. Es wird im Teich ausgelegt. Dann füttert man an und zieht nach 2 bis 3 Stunden das Netz heraus. Auf diese Weise erhält man genügend Tiere für eine statistisch gesicherte Kalkulation des Zuwachses.

Die Forellenproduktion richtet sich, was das Gewicht der Fische anlangt, natürlich ebenfalls nach den Erfordernissen des Marktes. Im allgemeinen wird eine Speiseforelle zwischen 200 und 250 g gewünscht. Allerdings zeichnet sich in neuester Zeit ein deutlicher Trend zu größeren Speisefischen ab. Früher benötigte der Züchter mindestens 2 bis 2 1/2 Jahre, um diese Marktgröße zu erzielen. Heute werden Regenbogenforellen unter guten Produktionsbedingungen bereits nach 1 1/2 Jahren marktreif. Unter optimalen Bedingungen und wissenschaftlicher Leitung wurde dieses Ziel sogar schon in 10 Monaten erreicht. Ein solch rapides Wachstum setzt besonders frohwüchsige Stämme voraus, optimale Haltungsbedingungen und vollwertige Futtermittel. Derartige »Rekorde« liegen natürlich weit außerhalb der Möglichkeiten eines Liebhaber-Teichwirts. Er wird sich, in Abhängigkeit seines Produktionsfaktors Wasser, bei der Forellenhaltung in seinem Teich auf das Abwachsen von Speisefischen beschränken müssen.

In der Forellenzucht strebt man an, den Korpulenzfaktor als Kennwert für die Körperproportionen zu verwenden, da man hofft, über diese den Filetanteil beeinflussen zu können. Denn gerade bei der Forelle verkörpert weder ein zu schlanker, noch ein zu voluminöser Fisch

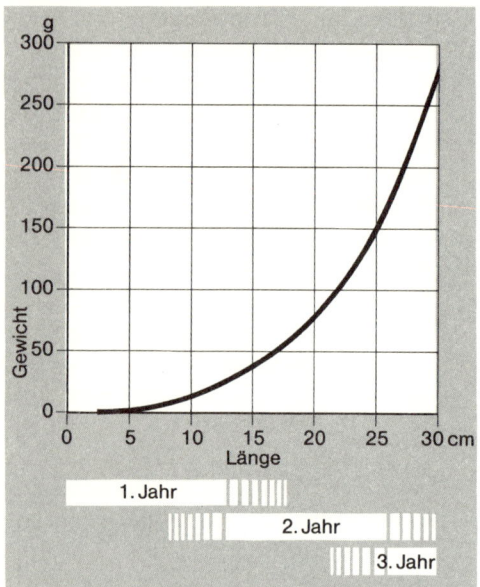

Zusammenhang zwischen Länge, Gewicht und Alter normal gezogener Regenbogenforellen. Da die Kurve aus sehr vielen Messungen gemittelt wurde, können nach der einen oder anderen Seite Abweichungen auftreten (nach Jens 1980).

den idealen Speisefisch. Gestreckt gewachsene Regenbogenforellen haben einen Korpulenzfaktor unter 1,0, während er bei gut gewachsenen Tieren über 1,1 liegt. Den Zusammenhang zwischen Gewicht und Länge sowie das zugehörige Alter bei »normal« erzeugten Regenbogenforellen zeigt die nebenstehende Abbildung.

Besatz

Alle bislang beschriebenen Kunstgriffe zur Ertragsverbesserung sind jedoch hinfällig, wenn der Fischbesatz unseres Teiches nicht stimmt. Nur ein richtig errech-

neter und gut gewählter Besatz macht es möglich, dem Teich einen vernünftigen Ertrag abzugewinnen. Der Bewirtschafter muß sich hüten, seinen Teich mit allen möglichen, aus verschiedenen Zuchten zusammengewürfelten Fischarten vollzustopfen. Wie jedes Tier und jede Pflanze benötigen auch Fische einen bestimmten Raum, wenn sie gesund aufwachsen sollen. Daher muß für jeden Teich die Menge des Besatzes gut kalkuliert werden.

Beim Kauf von Besatzmaterial sollte man grundsätzlich bestimmte »Spielregeln« beherzigen: Satzfische erwirbt man nur von sorgfältig geführten Zuchtbetrieben. Vor Billigangeboten obskurer Händler sei nachdrücklich gewarnt. Man sollte auch nie ohne schwerwiegende Gründe seine Bezugsquelle wechseln. Man beugt so Störungen im seuchenbiologischen Gleichgewicht am besten vor. Unter diesem Gleichgewicht versteht man die Tatsache, daß Fische gegen gewisse Stämme von Krankheitserregern, z. B. der Bauchwassersucht, eine Immunität erwerben. Kommen sie aber mit anderen Tieren zusammen, die ihrerseits wiederum gegen andere Stämme immun sind, kann es zum Ausbruch der Krankheit kommen, obwohl keiner der beiden Fischbestände vorher sichtbar erkrankt war. Der Satzfischkäufer sollte die Fische, die er kaufen will, genau prüfen. Sie dürfen also nicht nur im Wasser schwimmend betrachtet werden, sondern man nimmt auch einige Exemplare aus dem Wasser heraus, läßt sie durch die Finger gleiten und betrachtet sie etwas genauer. Ansonsten richtet sich der Hobbyfischer zweckgemäß nach den Ratschlägen des Züchters, z. B. hinsichtlich des Übernahmetermins und der Transportmaßnahmen. Jedem vernünftigen Züchter ist daran gelegen, daß seine Fische beim Käufer gut ankommen und abwachsen. Ein echtes Vertrauensverhältnis zwischen Käufer und Verkäufer bringt immer wertvolle Tips und spart neben Ärger viel Geld und Mühe.

Noch einige Bemerkungen zur Sortierung von Fischen, also zu den Altersklassen und Stückgewichten. In der Fischzucht werden Art und Altersklassen durch Abkürzungen angegeben. So bedeutet H = Hecht, S = Schleie, K = Karpfen, RF = Regenbogenforelle, Z = Zander usw. Zur Altersangabe wird an diese Buchstaben eine Zahl bzw. ein Buchstabe angehängt:

K_0 = Jung- oder Dotterbrut des Karpfens

K_V = Vorgestreckte Karpfen, Vorstreckbrut

K_1 = Einsömmeriger Karpfen, Setzling

K_2 = Zweisömmeriger Karpfen

K_3 = Dreisömmeriger Karpfen, Speisekarpfen oder Konsumfisch

K_L = Karpfenlaicher.

K_0 und K_V werden wegen ihres geringen Gewichts nur nach Stückzahl abgegeben und nicht nach Gewicht. K_1 werden in der Regel in Stückgrößen sortiert und gehandelt. Man unterscheidet 6 bis 9 cm, 9 bis 12 cm und 12 bis 15 cm, bei einem Gewicht von 10 bis 35 g. K_2 dagegen kommen häufiger nach Gewichtssortierung – meist mit 50 g Gewichtsdifferenz – auf den Markt. Sie sollten zwischen 200 und 500 g je Stück wiegen (∅ 250 g). Speisekarpfen (K_3) liegen im Gewicht durchschnittlich bei etwa 1250 g (1250 bis 1500 g) und werden nach Gewicht gehandelt. Durch bestimmte betriebliche Maßnahmen können diese Regelgrößen und -gewichte manipuliert werden. Bei größeren und schwereren Einzelstücken

spricht man von »getriebenen« Fischen, bei kleineren von »zurückgehaltenen«.

Die natürlichen Verlustraten unter den verschiedenen Altersgruppen nehmen immer mit dem Größerwerden der Fische ab. Mit 50 bis 60% ist der Stückverlust bei der Aufzucht von K_0 zu K_V am größten. Werden K_V zu K_1 gezogen, geht er auf etwa 30% zurück. Bei der Erzeugung von K_2 beträgt der Ausfall nur noch 10 bis 15% und bei der von K_3 etwa 5%. Diese Zahlen schwanken, entsprechend der Vielzahl der sie beeinflussenden Faktoren, natürlich erheblich und sind lediglich als Faustzahlen für den Anfänger gedacht.

Bei Forellen spricht man bei Fischen bis zu 4 cm Länge von vorgestreckter Brut und bei Größen zwischen 4 und 22 cm von Setzlingen. Setzlinge werden gehandelt in Größen von 6 bis 8 cm, 8 bis 10 cm, 10 bis 12 cm, 12 bis 15 cm, 15 bis 18 cm und 20 bis 22 cm. Bei einer Größe von 20 bis 22 cm ist die 100-g-Grenze bereits überschritten. Die Verlustraten im Teich betragen bei Brut etwa 70%, ist diese vorgestreckt, geht der Verlust auf etwa 30% zurück.

Beim Umsetzen von Fischen ist immer die Wassertemperatur zu beachten, damit kein Temperaturschock auftritt (Hautschäden, Erkältung etc.). Selbstverständlich gilt diese Maßnahme für alle Größensortierungen. Hat man kein geeignetes temperiertes Mischwasser zur Hand, stellt man das Transportgefäß an einer flachen Stelle in den Teich und schöpft langsam Teichwasser in das Gefäß. Diese Prozedur wird so lange fortgesetzt, bis die Temperatur ausgeglichen ist. Anschließend schiebt man den Behälter in tieferes Wasser, damit die Fische herausschwimmen können.

Besatzmenge

Jeder Teich ist, wie schon des öfteren gezeigt wurde, ein individuelles Gebilde und stellt somit auch eine selbständige Wirtschaftseinheit dar. Es wäre also völlig falsch, gleich große Wasserflächen identisch mit Fischen zu besetzen. Für den Besatz eines bewirtschafteten Teiches sind immer zwei Gesichtspunkte ausschlaggebend: sein Naturzuwachs und der Umfang der zur Ertragsteigerung getroffenen Maßnahmen.

In der Regel wird jeder Teich nur für eine Wachstumsperiode, also für rund ein Jahr, besetzt. Kennt der Bewirtschafter einen neuen Teich nicht, muß er zwangsläufig den Naturertrag und evtl. auch den Düngezuwachs schätzen. Anhand dieser Schätzung des Naturertrags wird dann ein Besatz errechnet. Ob die Einschätzung und der auf ihr basierende Fischbesatz richtig war, läßt sich bei der Abfischung des Teiches im Herbst relativ genau feststellen. Im darauffolgendem Jahr kann man dann die Zahl der Fische entsprechend korrigieren. Kommt man jedoch zu keinem Entschluß, wählt man, einer alten Faustregel entsprechend, 200 K_2/ha.

Kennt man aber den Naturzuwachs seines Teiches, kann man die Stückzahl des Besatzes leicht ermitteln. Selbstverständlich ist der Gesamtzuwachs eines Teiches nicht jedes Jahr gleich. Es spielen ja auch Faktoren mit, auf die der Bewirtschafter keinen Einfluß hat, z. B. die Temperatur während der Sommermonate oder die Futterverwertung der Satzfische. Diese Faktoren beeinflussen jedoch den Gesamtertrag des Teiches erheblich.

Ziel jeder Besatzrechnung ist die möglichst vollständige Verwertung der während der sommerlichen Wachstumsperiode produzierten Naturnahrung durch die Fische. Sind zu wenig Fische im Teich, erhält man zwar größere Einzeltiere, die wenigen Mäuler können aber nicht die gesamte Naturnahrung verwerten. Wissenschaftliche Untersuchungen zeigten, daß Karpfen bei Normalbesatz ohne Zufütterung nur etwa 50% der vorhandenen Naturnahrung verbrauchen. Der Gesamtertrag des Teiches ist daher geringer als bei einer der Naturnahrung genau entsprechenden Fischzahl. Setzt man dagegen die Zahl der Fische zu hoch an, erhält man einen kleineren Stückzuwachs, aber einen hohen Gesamtertrag. Denn die vielen Fischmäuler finden insgesamt mehr Naturnahrung.

Der unbefangene Leser könnte nun annehmen, daß es prinzipiell besser wäre, möglichst viele Fische in einen Teich zu setzen. Tatsächlich kommt es auch in der Praxis viel öfters vor, daß Teiche über- anstatt unterbesetzt werden. Man kann jedoch vor einem Überbesatz nicht eindringlich genug warnen. Überhöhte Besatzzahlen sind der Kardinalfehler in der Teichwirtschaft. Durch den alsbald auftretenden Mangel an Naturnahrung brechen nämlich Krankheiten und Seuchen aus, die bei gutgenährten Fischen überhaupt keine Rolle spielen würden.

Die Besatzberechnung erfolgt nach der Formel:

$$\text{Besatzzahl (Stück)} = \frac{\text{Gesamtzuwachs (kg)}}{\text{Stückzuwachs (kg)}} + \text{Verlustaufschlag (Stück)}$$

Berechnungsbeispiel: Ein Karpfenteich von 2 ha soll mit K_2 eines Stückgewichts von 250 g besetzt werden. Erzeugt werden sollen Speisefische mit einem Einzelgewicht von 1250 g. Der Naturzuwachs des Teiches liegt bei 100 kg/ha. Verbesserungen zur Steigerung der Ertragsfähigkeit (Düngung, Fütterung) sind nicht vorgesehen.

Lösung: Der Gesamtzuwachs entspricht in diesem Fall dem Naturzuwachs der gesamten Teichfläche, also 2×100 kg $= 200$ kg. Der angestrebte Zuwachs eines Fisches beträgt 1000 g = 1 kg. (K_3: 1250 g $- K_2$: 250 g). Der Verlust muß mit etwa 5% in Rechnung gestellt werden. In die obige Formel eingesetzt ergibt sich:

$$\text{Besatz (Stück)} = \frac{200 \text{ kg}}{1 \text{ kg}} = \begin{array}{l} 200 \text{ Stück} + \\ 5\% \text{ Verlust-} \\ \text{aufschlag} = \\ 10 \text{ Stück} \end{array}$$

$$\text{Besatz (Stück)} = 210 \text{ K}_2$$

Wir können also ohne Aufwendung von Dünger und Zufutter 210 K_2 aussetzen.

Beim Abfischen im Herbst würden wir in diesem Teich rechnerisch folgenden Ertrag erhalten:

Naturzuwachs = Gesamtzuwachs = 200 Fische à 1 kg = 200 kg Gesamtzuwachs. Das Gewicht des Besatzes betrug 200 Stück à 250 g = 50 000 g = 50 kg. Das Abfischungsergebnis beträgt somit 200 kg Gesamtzuwachs minus 50 kg Gewicht des Besatzes = 150 kg.

Soll der gleiche Teich mit K_1 besetzt werden, verfährt man sinngemäß: Der Gesamtzuwachs bleibt gleich, beträgt also 200 kg. Der Stückzuwachs ergibt sich aus K_2 250 g minus K_1 25 g = 225 g oder 0,225 kg. Die Verlustrate wird mit 15% veranschlagt. Durch Einsetzen in die Formel erhält man:

$$\text{Besatz (Stück)} = \frac{200 \text{ kg}}{0,225 \text{ kg}} =$$
888 Stück + 15% =
133 Stück
$= 1021 \text{ K}_1$

Da bei einem Besatz mit K_1 etwa 5mal so viele Fische auf die gleiche Teichfläche kommen, ist es verständlich, daß entsprechend der besseren Ausnutzung der Naturnahrung unser Teich jetzt einen höheren Gesamtertrag bringt als bei einem Besatz mit K_2.

Abfischungsergebnis beim Besatz mit K_1: Naturzuwachs = Gesamtzuwachs = 888 Stück à 0,225 kg = 199,8 kg. Gewicht des Besatzes 888 Stück à 25 g = 22 200 g = 22,2 kg. Das Abfischungsergebnis würde somit in diesem Fall betragen 199,8 kg − 22,2 kg = 177,6 kg.

Bei Zufütterung kann der Besatz vergrößert werden, da die Fütterung den Gesamtzuwachs erhöht und gleichzeitig die größere Anzahl Mäuler die Naturnahrung besser ausnutzt. Diese Überlegung gilt jedoch nur dann, wenn das Abfischungsgewicht pro Fisch nicht erhöht werden soll. Die benötigte Futtermenge der verschiedenen Futtermittel wurde bereits bei der Fütterung erläutert.

Nehmen wir wieder unseren 2 ha großen Teich, der in einer Wachstumsperiode 200 kg Naturertrag an K_3 bringt. Dieser Ertrag soll nun bei gleichbleibendem Stückzuwachs von 1 kg durch Zufütterung verdoppelt werden, also 400 kg betragen.

$$\text{Besatz (Stück)} =$$
$\frac{400 \text{ kg}}{1 \text{ kg}} = 400$ Stück + 20 Stück Verlustaufschlag (= 5%)
$= 420$ Stück K_2

Wir können also doppelt so viele Fische aussetzen, müssen aber entsprechend zufüttern. Analog zum FQ der verschiedenen Futtermittel werden für die 200 kg Futterzuwachs benötigt:

200×4 kg = 800 kg Sojaschrot (FQ 4)
oder
200×5 kg = 1 000 kg Getreide (FQ 5)
oder
$200 \times 2,3$ kg = 460 kg Pellets (FQ 2,3).

Soll ein Teich mit Karpfen zweier Altersklassen besetzt werden, müssen wir dafür sorgen, daß den Fischen beider Klassen auch genügend Nahrung zur Verfügung steht. Wir legen daher zunächst einmal fest, welche Altersklassen den Hauptbesatz bildet. Diesen Fischen weisen wir den größeren Teil der Produktionskraft unseres Teiches zu. Den verbleibenden Rest kann dann die andere Altersklasse nutzen.

Als Beispiel wählen wir noch einmal unseren Teich von 2 ha Fläche mit einem Naturzuwachs (= Gesamtzuwachs) von 100 kg/ha. In diesen Teich wollen wir K_1 und K_2 einsetzen. Dabei sollen aus den K_1 so viele zweisömmerige Karpfen heranwachsen, wie wir im nächsten Jahr zur Erzeugung der gleichen Zahl Dreisömmeriger brauchen. Wir weisen daher 80% der Teichproduktivität = 80 kg/ha dem Besatz mit K_2 zu und 20% = 20 kg/ha überlassen wir den Einsömmerigen.

Somit gilt für den K_2-Besatz:
Gesamtzuwachs = 80 kg×2 = 160 kg;
Stückzuwachs: 1 kg;

$$\text{Stückzahl} = \frac{160 \text{ kg}}{1 \text{ kg}} + 3$$

(= 5% Verlustaufschlag) = 163 K_2

und für den K_1-Besatz:
Gesamtzuwachs = 20 kg×2 = 40 kg;
Stückzuwachs: 0,2 kg;

$$\text{Stückzahl} = \frac{40 \text{ kg}}{0,2 \text{ kg}} + 30$$

(= 15% Verlustaufschlag) = 240 K_1

Entsprechend geht man auch bei Mischbesatz mit anderen Friedfischen vor.

Sofern ein Teich über ausreichende Mengen guten Wassers verfügt, kann er ausschließlich für Forellen genutzt werden. Wir wissen, daß gerade im Aufzuchtteich mit Zufütterung die Wasserqualität ausschlaggebend ist, wobei der Sauerstoffgehalt den limitierenden Faktor bildet. Nur bei ausreichendem Sauerstoffangebot ist ein normales Wachstum der Forellen gesichert. Über den Sauerstoffgehalt des Wassers entscheiden, wie schon beschrieben wurde, eine Vielzahl von Faktoren. In der Forellenzucht sind dies vor allem die Wassertemperatur, die Hydraulik des Teiches oder Beckens sowie Alter und Ernährung der Fische. Um gute Aufzuchtbedingungen sicherzustellen sollte daher die Wasserqualität laufend überwacht werden, insbesondere pH-Wert, Temperatur, Sauerstoff- und Ammoniakgehalt.

Basierend auf diesen Zusammenhängen, kann man den für die Forellen verwertbaren Sauerstoffgehalt des Wassers zur Grundlage für eine Besatzberechnung machen, wobei er in Beziehung zu dem Sauerstoffbedarf gesetzt wird, der für die Verbrennung von 1 kg Fertigfutter benötigt wird. Die Ermittlung der Besatzzahl erfolgt also über die unter den jeweiligen Bedingungen mögliche Futtermenge.

Diese Art der Besatzberechnung führt man nach folgender Formel durch:

$$\frac{O_E - O_A}{2} \times q = kg\ Futter/d$$

Dabei bedeuten:

O_E = Sauerstoffgehalt des Zulaufwassers (mg/l);

O_A = Sauerstoffgehalt des Ablaufwassers, wobei 5–6 mg/l als Grenzwert gelten;

2 = Konstante, die den ernährungsphysiologischen Bezugswert herstellt;

q = Wassermenge (l/sec).

Berechnungsbeispiel: Der Zulauf eines Forellenteiches betrage 10 l/sec und habe einen Sauerstoffgehalt von 10 mg/l. Der O_2-Gehalt des Ablaufes sei 6 mg/l. In die obige Formel eingesetzt erhält man:

$$\frac{10 - 6}{2} \times 10 = 20\ kg\ Futter/d.$$

In den Teich könnten also pro Tag 20 kg Futter eingebracht werden, ohne daß dies den Sauerstoffgehalt des Teiches nachteilig beeinflussen würde.

Aus dieser Futtermenge kann, da sie proportional zum Gewicht verabreicht wird, auf das Gewicht der zu fütternden Forellen zurückgerechnet werden. Soll z. B. die Futtermenge 2% des Fischgewichtes betragen, entsprechen die 20 kg Futter in unserem Beispiel diesen 2% des Fischgewichtes und das Gesamtgewicht beträgt $\frac{20 \times 100}{2} = 1000$ kg. Wir können mit den 20 kg Futter/d 1000 kg Forellen füttern. Eine verstärkte oder verringerte Fütterung, etwa 3% oder 1% des Fischgewichtes, müßte sinngemäß berechnet werden.

Nun läßt sich diese Angabe des Gesamtfischgewichtes natürlich auch auf die Stückzahl umrechnen. Bei einem durchschnittlichen Gewicht von beispielsweise 200 g = 0,2 kg, entsprechen

$$1000\ kg = \frac{100\ kg}{0,2\ kg} = 5000\ Forellen.$$

Da zwischen Länge und Gewicht ebenfalls eine Abhängigkeit besteht, handelt es sich bei diesen Forellen um etwa 29 cm große Tiere.

Besetzen eines Angelteiches

Ist ein Teich als Angelteich gedacht, muß sein Besatz besonders umsichtig geplant werden, vor allem dann, wenn der Teich nicht ablaßbar ist. In solchen Fällen erweisen sich bereits Verstöße gegen die einfachsten fischereilichen Regeln als kapitale Fehler! Unter keinen Umständen sollte man sich von einem Wunschdenken leiten lassen und die Fische einsetzen, die man gerne hätte. In ein Gewässer dürfen immer nur die Arten eingesetzt werden, denen es einen adäquaten Lebensraum bietet. Die wichtigste Grundregel lautet daher: Der richtige Fisch gehört ins richtige Wasser!

Beachtet man diese Regel, stellt sich sofort die Frage, welche Altersklassen für einen Besatz am besten geeignet sind. Bedauerlicherweise hat sich heute unter manchen Anglern die Unsitte breitgemacht, Fische einzusetzen, die sofort fangreif sind. Entscheidend ist da offenbar nur noch die »Trophäe«! Bei diesem Vorgehen bleiben wesentliche integrierende Bestandteile der fischereilichen Hege unbeachtet. Es entspricht nicht der fischereilichen Bewirtschaftung eines Gewässers, denn bestimmte Kategorien von

Fischnährtieren im Gewässer werden z. B. überhaupt nicht mehr genutzt. Erfahrungsgemäß wählt man als Besatzfische besser jüngere Altersklassen. Je jünger ein Fisch ist, desto größer ist sein prozentualer Zuwachs pro Jahr und desto geringer seine Nahrungskonkurrenz gegenüber anderen Fischarten. Die Fische, die man in einen neuen Lebensraum einbringt, müssen somit nach Art, Alter und Größe dem jeweiligen Gewässer angepaßt werden. Dabei gilt grundsätzlich, daß alle Fischarten, die natürlich in einem Gewässer vorkommen, sich auch als Besatz eignen, vor allem dann, wenn ihre natürliche Vermehrung aus bestimmten Gründen unmöglich ist, ansonsten die Lebensbedingungen jedoch gut sind. Beim Einsetzen neuer Fischarten darf man aber nicht übersehen, daß vorhandene Arten unter Umständen ähnliche Lebensbedingungen haben und erhebliche Futterkonkurrenten sein können. Dies gilt für die verschiedenen Forellenartigen, aber auch für Weißfische. Ebenso kann durch einen erhöhten Raubfischbestand die eine oder andere Fischart verdrängt werden, z. B. die Forelle durch Hecht, Barsch oder Aal. Selbst unter Raubfischen kann es zu Artenverschiebungen kommen. So unterliegt, auch wenn die Bedingungen des Lebensraumes stimmen, bei gleichzeitigem Besatz mit Hecht und Zander immer letzterer. Man strebt daher einen ausgewogenen Bestand und eine passende Alterszusammensetzung an, selbstverständlich immer unter Berücksichtigung des vorhandenen Nahrungsangebotes.

Jeder Überbesatz ist zu vermeiden. Er birgt die Gefahr einer Konditionsschwächung, die meist zu Erkrankungen führt. Daher ist im Zweifelsfall ein geringer Besatz immer günstiger. Zweckmäßigerweise stellt man einen mehrjährigen Bewirtschaftungsplan auf, wobei nicht nach schematischen Regeln vorgegangen werden sollte, sondern allein nach einer gründlichen Prüfung der Voraussetzungen, also des Gewässerzustandes und der vorhandenen Fangmöglichkeiten.

Der Erfolg des Besatzes wird um so größer sein, je weniger konkurrierende Fische der gleichen Art im Teich sind, wenn also eine starke Befischung der ausgewachsenen Exemplare vorausgegangen ist. Der Besatz mit Jungfischen steht somit in direktem Zusammenhang mit dem Fangergebnis. Hieraus folgt zwangsläufig, daß alle Fänge aus einem Angelteich nach Art, Zahl und Gewicht sorgfältig und vollständig aufgezeichnet werden müssen, damit sie bei nachfolgenden Besatzmaßnahmen einkalkuliert werden können. Als Anhaltspunkte für den Raubfischbesatz im Angelteich mit ausreichenden Futterfischen können folgende Richtwerte – bezogen auf 1 ha – gelten:

Satzhechte (20–30 cm) oder	40 Stück
Vorgestreckte Hechte (4–6 cm) dazu	160 Stück
Zandersetzlinge (12–18 cm) oder	40 Stück
Vorgestreckte Zander (3–5 cm) dazu	160 Stück
Satzaale (25–35 cm) oder	40 Stück
Glasaale dazu	160 Stück
Regenbogenforellensetzlinge (15–20 cm)	60 Stück

Abfischen

Mit fortschreitender Abkühlung des Wassers im Herbst stellen die Fische allmählich die Nahrungsaufnahme ein. Für den Bewirtschafter kommt nun die schönste Zeit des Jahres, die Ernte oder, wie es im Fachjargon heißt, das Abfischen. Für den Fachmann sind Abfischungen aber leider immer wieder Ärgernisse. Liefern sie doch häufig nur Negativbeispiele und zeigen dann, wie man nicht vorgehen soll. Auch bei Berufsteichwirten beobachtet man leider oft, wie wenig sachgerecht sie bei dieser Gelegenheit mit ihren Fischen umgehen. Oberster Gedanke beim Abfischen lautet aber: Wie fange ich meine Fische am schonendsten?

Zeitpunkt des Abfischens

Abgefischt wird in der kühlen Jahreszeit, etwa von Ende September an bis Mitte November. Selbst in diesem Zeitraum ist es an wärmeren Tagen für die Fische besser, wenn möglichst früh am Tag geerntet wird. Die Sonne erwärmt das flache Wasser nämlich noch stark, wodurch sein Sauerstoffgehalt teilweise sehr niedrig ist, so daß die Fische unter Sauerstoffmangel leiden. Die im schlammigen Wasser auf engem Raum zusammengedrängten Tiere benötigen durch ihre lebhaften Bewegungen aber gerade viel Sauerstoff, der dann nicht zur Verfügung steht. Demgegenüber leiden die Fische im flachen Wasser, das sie kaum mehr bedeckt, aber auch bei Frost. In der Regel treten dann Hautschäden auf. Hinzu kommt noch, daß bei Eis und Schnee auch das Personal erfahrungsgemäß weniger schonend mit den Fischen

umgeht. Daher eignen sich schöne Spätherbsttage am besten für die Abfischung.

Auch die Absatzmöglichkeiten spielen eine Rolle beim Abfischungszeitpunkt. Dienen die Fische als Besatzmaterial, ist ein früherer Abfischungstermin, etwa Ende September oder Anfang Oktober, günstiger. Sie haben dann noch ausreichend Zeit, sich in ihren neuen Lebensraum einzugewöhnen und können ihre Winterquartiere in Ruhe aussuchen. Speisefische finden demgegenüber auch noch später im Jahr ihren Markt. Aus diesen Gründen ist es gut, wenn der Teichwirt von vornherein weiß, wohin er seine Fische verkauft. Auch sollten die Abnehmer, die ja auch bestimmte Vorbereitungen treffen müssen, vom Abfischungs- und Anlieferungstermin rechtzeitig unterrichtet werden.

Technik des Abfischens

Ein Abfischen muß gut organisiert werden. Jedem Helfer ist vor Beginn der Gesamtablauf genau zu erklären. Es wird festgelegt, was mit den gefangenen Fischen geschieht und was der einzelne zu tun hat. Nur so kann der Leiter der Abfischung Zeit für unerwartete Ereignisse – solche treten erfahrungsgemäß fast immer auf – gewinnen. Während des Erntens, das sei nochmals betont, sind die Fische möglichst schonend zu behandeln! Das Ablassen des Teichwassers muß langsam erfolgen, damit die Fische mitziehen können. Dies gilt besonders für Teiche, deren flache Uferzonen dicht bewachsen sind. Es empfiehlt sich, Markierungen anzubringen, die anzeigen, wie viel Wasser noch ablaufen muß, bis der

Teich abfischbar ist. Solche Marken kann man entweder mit Pfählen im Teichboden setzen oder am Mönch anbringen. Sie ermöglichen es, den Zeitpunkt der Abfischung präzise zu bestimmen. Ungenaue Termine, die das Hilfspersonal zur Untätigkeit verurteilen, bringen stets Ärger, vor allem aber kosten sie Geld. Während des Ablassens muß die Ablaßvorrichtung des Teiches laufend von Schwimmstoffen freigehalten werden, damit kein Rückstau entsteht. Vorsicht ist aber auch hinsichtlich eines zu schnellen Ablaufens geboten. Wird nämlich der Vorfluter überlastet, kommt es zu Überschwemmungen, evtl. sogar zu Erosionen des Ufers, was mit Sicherheit zu Schadensersatzforderungen führt. Selbstverständlich ist, daß das Abfischen von Teichen innerhalb einer Teichkette mit den Ober- und Unterliegern abgesprochen werden muß.

Rechtzeitig vor der Ernte werden alle Gerätschaften an den Teich gebracht. Der Umlaufgraben, falls vorhanden, wird von Schlamm und Pflanzen gereinigt, und die Hälternetze oder Kästen zum Aufbewahren der Fische werden bereitgestellt.

Abfischen vor dem Mönch. Mit dem Beginn des Abfischens muß solange gewartet werden, bis das Wasser flach genug ist und sich genügend Tiere in der Abfischgrube gesammelt haben. Wird das Wasser zu schnell abgelassen, bleiben die Fische im Schlamm liegen und müssen von Hand eingesammelt werden, was sich jedoch nie ganz vermeiden läßt. Zum Einsammeln verwendet man entweder sog. Schiffchen oder Kübel und Wannen aus Kunststoff. Letztere sollten nicht zu hoch sein, da sonst die untersten Fische Druckschäden erleiden. Beim Anfassen der Fische darf unter keinen Umständen in die Kiemen gegriffen werden. Das empfindliche Gewebe wird zu leicht verletzt, und die Tiere können irreparabel geschädigt werden. Fische, die aus größerer Höhe zu Boden fallen, sind häufig Todeskandidaten und sollten gleich ausgeschieden werden. Mit Fangkeschern lassen sich die Tiere gut und sauber fangen und in den »Schiffchen« besonders vorteilhaft transportieren (vgl. Gerätschaften zum Abfischen). Dabei wird in die »Schiffchen« sauberes Wasser gekippt, bis der Boden bedeckt ist. So können sie noch leicht bewegt und dorthin geschoben werden, wo man sie benötigt. Man fischt stets gegen den Mönch. Die Fische können dann nicht nach oben in Richtung Einlauf entweichen. Verschlammte Fische wäscht man durch Tauchen der Kescher frei. Es ist wichtig, daß die Fische sauber sind. Man vermeidet überflüssigen Streß und ein nochmaliges Waschen vor dem Verladen.

An die strikt einzuhaltende Einteilung des Personals sei erinnert. Es muß genau festgelegt werden, wer die Fische einsammelt, wer sie sortiert und schließlich verladet. Gerade beim Abfischen vor dem Mönch ist der Streß für die Tiere besonders groß. Er kann aber durch gute Organisation und reibungslosen Ablauf der Aktion erheblich gemindert werden.

Abfischen hinter dem Mönch. Die Abfischung hinter dem Mönch ist zweifellos bequemer und bei richtigem Bau der Abfischanlage für die Fische risikoloser als eine Abfischung vor dem Mönch. Dies gilt vor allem für das Ende des Abfischens, wenn vor dem Mönch ein großes Durcheinander aus Fischern, Fischen und Schlamm herrscht.

Zum Ablauf eines Abfischens hinter dem Mönch sei auf die Funktionsweise der Abfischeinrichtungen verwiesen (vgl. Der Teich in Planung und Bau, Abfischeinrichtungen). Ansonsten gelten die oben gegebenen allgemeinen Hinweise. Beim sorgfältigen Abfischen hinter dem Mönch kommen die Fische eines Mischbesatzes in bestimmter Reihenfolge, z. B. Regenbogenforellen, Schleien und Karpfen. Besonders wichtig bei dieser Art der Abfischung ist ein ganz langsames, vorsichtiges Absenken des Wasserspiegels im Teich.

Eine einfache und schonende Art des Abfischens hinter dem Mönch ist das Arbeiten mit einem sog. Mönchsnetz. Wenn der Wasserspiegel im Teich so weit gefallen ist, daß man mit dem Abfischen beginnen kann, wird der Ablauf kurz unterbrochen und das Netz am Mönch gut befestigt. Dann wird der Mönch wieder geöffnet, und der Teich kann völlig leerlaufen. Wichtig bei dieser Art des Abfischens ist, daß keinerlei Zufluß in den Teich kommt, da sonst die Karpfen diesem entgegenziehen und das Abflußrohr des Mönches meiden. Hinter dem Mönchsnetz fängt ein Helfer mit Fangkeschern die Fische aus dem Netz und gibt sie in bereitstehende Wannen, die zum Sortieren und Aufsetzen getragen werden. Kommen zu viele Fische auf einmal durch den Ablauf, wird durch ein Staubrett im Mönch der Ablauf unterbrochen, bis das Mönchsnetz geräumt und gesäubert ist. Dies wiederholt man so lange, bis kein Fisch mehr kommt. Selbstverständlich müssen auch bei dieser Art des Abfischens die im Teich zurückbleibenden Fische zwischenzeitlich eingesammelt werden.

Beobachtet man hinter dem Mönch keine Fische mehr, wird der Teich erneut für kurze Zeit angestaut und wieder abge-

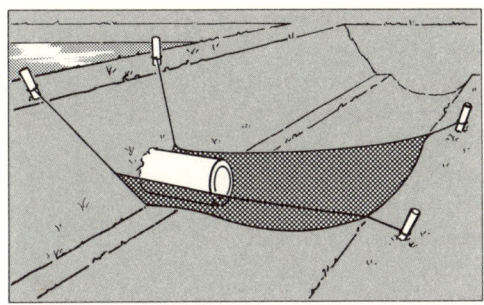

Befestigung eines sog. Mönchsnetzes am Auslauf eines Teiches (nach Kunze 1975, verändert).

lassen, damit alle Fische, die evtl. im Abflußrohr des Mönches liegen bleiben, durch den Wasserschwall ausgetragen werden. Dieses kurzfristige Anstauen empfiehlt sich allerdings auch bei anderen Abfischungsarten.

Verwendung von Zugnetzen. Bei der Abfischung sehr großer Teiche mit geringem Gefälle fängt man häufig einen Teil der Fische vorweg mit dem Zugnetz. Man schließt dabei einen möglichst großen Teil des Teiches mit dem Netz ein, bewegt es gegen den Hauptdamm und zieht es langsam so weit zusammen, bis man die Fische mit Keschern herausfangen kann. Für Fische von 30 bis 35 cm Länge sollte ein solches Zugnetz eine Maschenweite von 20 mm haben, für kleinere Fische von 10 mm.

Sortieren, Zählen und Aufsetzen

Die aus dem Teich kommenden Fische werden in Bottichen mit wenig Frischwasser zum Sortiertisch (vgl. Gerätschaften zum Abfischen) getragen und nach

161

Art und Größe getrennt. Schon vor Beginn des Sortierens ist der Tisch gut zu befeuchten, damit sich die Fische nicht verletzen. Selbstverständlich muß er aus völlig glattem Material gefertigt sein. Ein einziger herausragender Nagel oder eine scharfe Kante genügen, um alle Fische eines Bestandes zu verletzen, was meist gravierende Ausfälle nach sich zieht, z. B. durch Verpilzen der Wunden während der Hälterung. Während des Zählens ist der Sortiertisch hin und wieder abzuspülen und zu reinigen, deshalb muß in Reichweite dieses Arbeitsplatzes ausreichend Frischwasser zur Hand sein.

Abfischungen sind nicht nur für das Personal anstrengend, sondern vor allem für die Fische. Es muß daher dafür gesorgt werden, daß sich die Fische bald in sauberem Wasser reinigen und erholen können. Der Teichwirt bezeichnet dies als »Aufsetzen«. Hat man in der Nähe fließendes Wasser zur Verfügung, sind die entsprechenden Einrichtungen dort vorzusehen. In vielen Fällen eignet sich zum Aufsetzen der Umlaufgraben. Bestehen keine derartigen Möglichkeiten, stellt man hierfür mehrere große Bottiche mit sauberem Wasser auf, die man belüftet oder denen man Frischwasser zupumpt. Man kann die geernteten Fische aber auch in benachbarten Teichen aufsetzen. Hierzu verwendet man vielfach »Drahtkästen«. Sie bestehen aus vier Holzrahmen, die mit Drahtgewebe – nicht mit Maschendraht – oder besser noch mit Kunststoffgewebe bespannt sind. Die Maschenweite richtet sich nach der Größe der Fische. Die Aufsatzkästen müssen stets so befestigt werden, daß sie bis zum oberen Rahmen im Wasser schwimmen. Einfacher ist es allerdings, die Fische in einem ein-gehängten Netz unterzubringen, das man durch Stangen mehrfach unterteilen kann (Größensortierung).

Verwiegen

Vor dem Abtransport der Fische in die Hälter oder direkt zum Abnehmer muß der Fischertrag noch gewogen werden. Das Verwiegen muß ebenfalls schnell und zügig erfolgen. Ein Kübel mit etwas Wasser wird auf die Waage gestellt und eintariert. Man wiegt immer nur relativ wenig Fische, z. B. 25 kg, damit der Streß möglichst gering bleibt. Die Waage wird dann auf 25 kg eingestellt, und es werden solange Fische dazugegeben, bis dieses Gewicht erreicht ist. Auf diese Weise läßt sich verhältnismäßig schnell, ohne allzu große Belastung für Fische und Personal, das Erntegewicht ermitteln oder eine Lieferung zusammenstellen. Stückzahl und Gewicht werden notiert. Nach dem Wiegen müssen die Fische mehr Wasser erhalten oder in Hälter überführt werden.

Sichtung des Abfischergebnisses

Ob man im Einzelfall immer die hier gewählte Abfolge von Sortieren – Zählen – Aufsetzen – Verwiegen einhält, ist unwichtig. Spezielle Gegebenheiten können zu einer anderen Reihenfolge zwingen. Wichtig ist allein, daß die Fische nach dem Abfischen so schnell wie möglich in frischem Wasser zur Ruhe kommen und daß der Ernteertrag sorgfältig gesichtet und protokolliert wird. Je umfassender über einen Teich Buch geführt wird, desto besser kann man seine Bewirtschaftung

Teichname, Teichgröße, Wirtschaftsjahr:	_Kirchweiher, 1 ha, 1985_							
Zuwachs (kg) Natur: _150_ Dünger: _250_ Futter: _400_ _800 kg_	Art und Alter der Fische	Stück- zahl	Gewicht (kg)	Wert (DM)	Dünge- mittel: Art, Menge, Preis	Futter- mittel: Art, Menge, Preis	Sonstige Unkosten: Arbeits- löhne, Fuhr- kosten etc.
Besatz am: _25.3.85_	_K₂_	_800_	_200_	_800.–_	_Brannt-kalk 8 dt, x DM_ _Thomas-phosphat 4 dt, y DM_	_getreide 15 dt z DM_	
Abfischung am: _18.10.85_ _K₃_		_750_	_1000_				
Verluste: _50_ Stück Roheinnahme: . . . . DM Unkosten: Besatz . . . . DM Düngemittel . . . . DM Futtermittel . . . . DM sonst. Unkosten . . . . DM Reineinnahme: . . . . DM							

beurteilen und sie im Lauf der Jahre zum Besseren korrigieren. Ein einfaches »Formblatt« dafür ist hier wiedergegeben, das man zweckmäßigerweise durch ein zweites Blatt für die Daten der Wasseruntersuchungen ergänzt.

Gerätschaften zum Abfischen

Zum Herausheben der Fische aus dem Wasser verwendet man Kescher. Sie sollten je nach Verwendungszweck unterschiedlich gebaut sein. Es ist ein Unter-

Muster eines Formblattes zur Protokollierung der Wirtschaftsmaßnahmen für einen Teich (nach Hofmann 1979).

schied, ob Fische aus einem Teich oder einem Hälter herausgefangen werden und ob es sich dabei um Brut oder um größere Fische handelt. Da nicht zuletzt die Abfischungsgeräte eine Art Visitenkarte des Teichwirtes darstellen – sie lassen gute Rückschlüsse auf den Umgang des Bewirtschafters mit seinen Fischen zu –, wollen wir diese Gerätschaften etwas näher betrachten, zumal sie, wenigstens

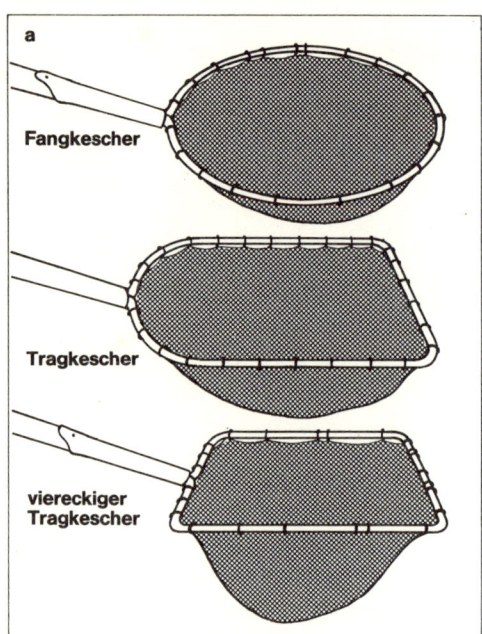

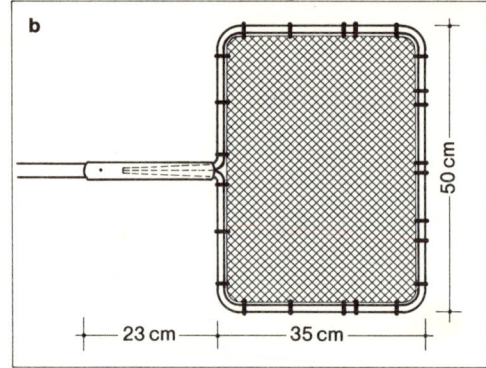

a) Verschiedene Kescher-Typen.
b) Beispiel für das Anschlagen (Befestigen)
des Netzes am Kescherbügel
(nach Hofmann 1979, verändert).

teilweise, auch selbst gefertigt werden können.

Der Fangkescher ist rund. Sein Bügel besteht aus einem etwa 10 mm starken Stahlrohr und hat einen Durchmesser von etwa 35 cm. Das Netz, mit einer Maschenweite zwischen 20 und 22 mm, darf höchstens 25 cm durchhängen. Zum Stiel soll der Reif einen Winkel von etwa 25 ° nach oben haben. Dadurch ist der Fisch leichter und vor allem »sauberer« zu fangen. Das Herausfangen eines Fisches gleicht im Prinzip einem Schaufeln. Zum Laden von Koks nimmt man aber auch keinen Spaten, sondern eine Schaufel. Beim Keschern fängt man die Fische

gleichsam über dem Schlamm des Wassers, denn der Bügel liegt im Moment des Fanges ja fast horizontal. Brutfanghamen sind leichter. Ihre Bügelstärke beträgt etwa 6 mm, ihr Durchmesser ungefähr 30 cm und der Netzdurchhang 10 bis 12 cm bei einer Maschenweite von 10 bis 12 mm.

Meist hängen die Netze der Kescher zu weit durch, in der irrigen Annahme, daß man mit einem längeren Sack mehr Fische fängt und man sich das häufige Entleeren spart. In Wirklichkeit aber werden die zuerst gefangenen Fische unaufhörlich im Schlamm herumgezogen und so einem durchaus vermeidbaren Streß ausgesetzt. Ein Kescher mit langem Sack läßt sich auch viel schwerer entleeren als ein solcher mit flachem. An den abgefischten Tieren sieht man den Unterschied in der Behandlung deutlich. Beim Abfischen

Oben: Vor dem Abfischen. Der Bewirtschafter richtet in einem benachbarten Teich provisorische Netzgehege zum Aufsetzen der Fische ein. Unten: Der große Pendelfütterer dieses Karpfenteiches wird von drei Schwimmern getragen und kann so allen Schwankungen des Wasserspiegels folgen.

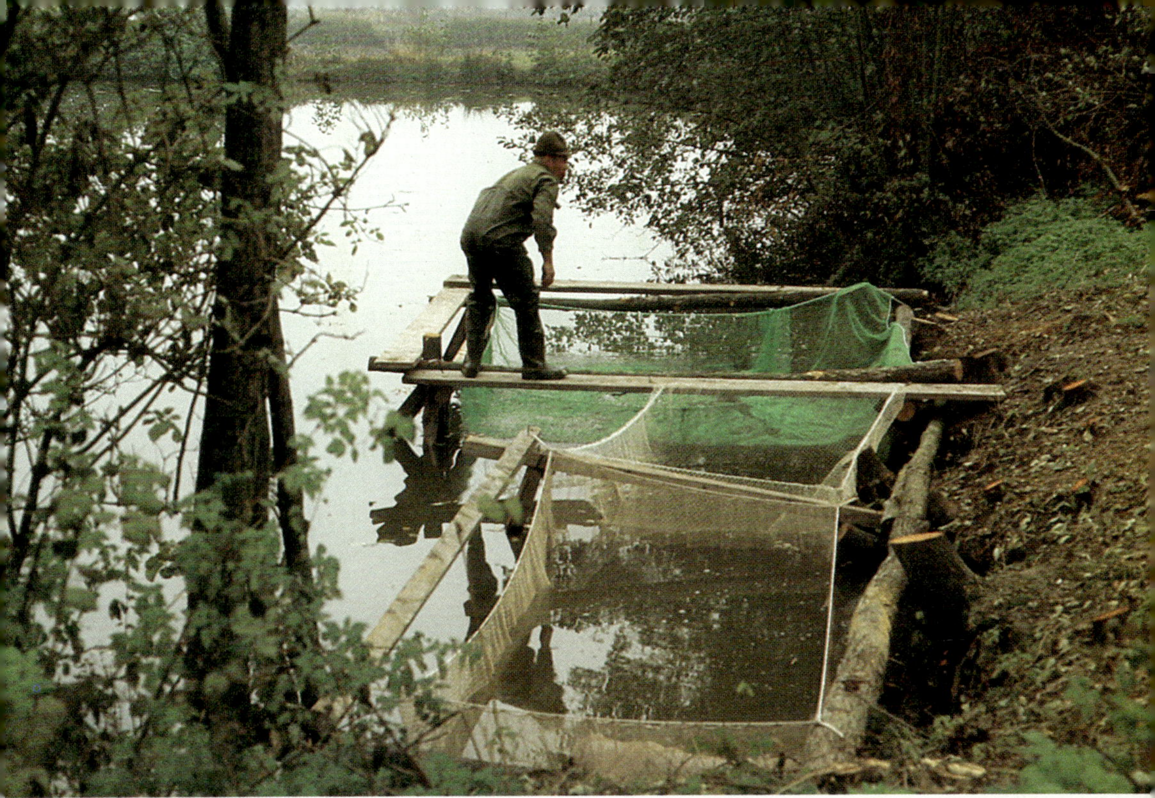
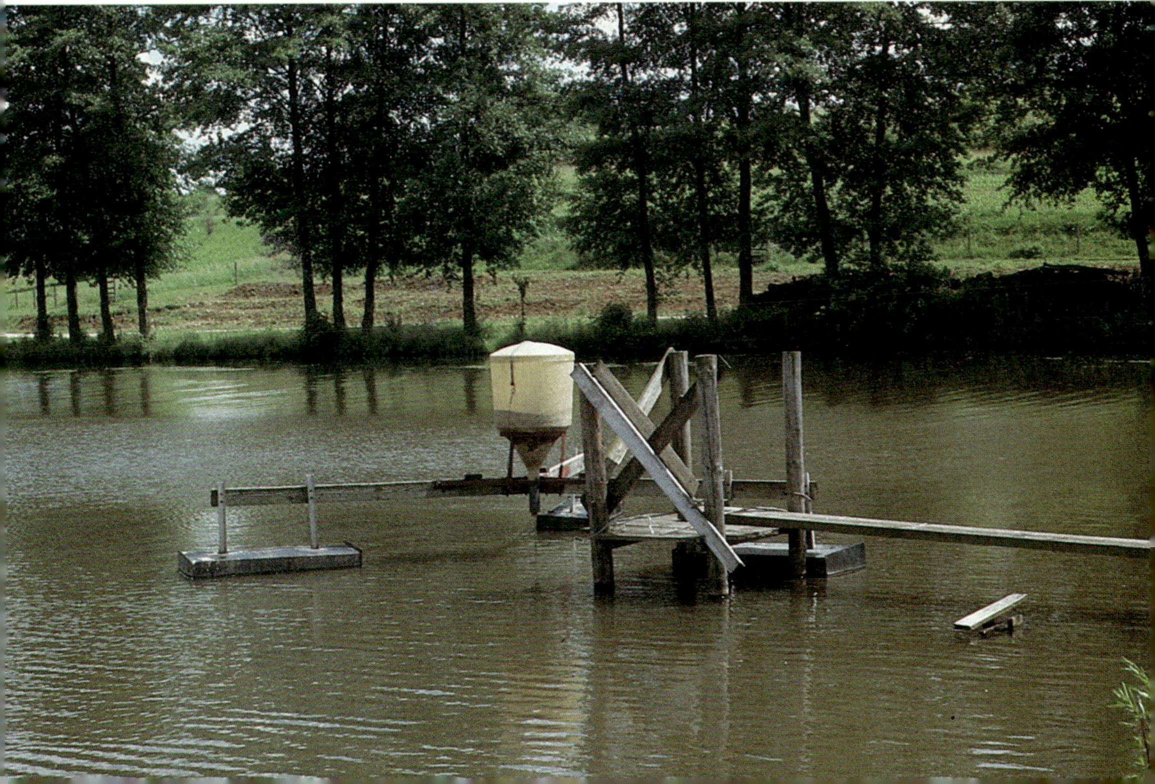

mit einem Langsack-Kescher sind die Tiere wesentlich stärker verschlammt. Das Gerät zeigt eben die Einstellung des Bewirtschafters zu seinen Fischen!

Tragkescher sind eckig. Sie dienen zum Transport der Fische von einem Behälter zum anderen sowie zum Herausfangen aus einem Hälter. Ihre Netze können daher mehr fassen und dürfen etwa 45 cm durchhängen. Der Bügel muß sehr stabil sein, etwa 11 mm stark. Er kann dreieckig oder bei besonders geräumigen Keschern auch viereckig gemacht werden. Seine Länge kann etwa 35 cm und seine Breite 50 cm betragen. Es ist immer vorteilhaft, alle Kescher entsprechend der Größe der vorhandenen Gefäße und Hälter zu »normen«.

Um zu vermeiden, daß sich das Garn mit dem das Netz eingebunden ist, beim Gebrauch zu schnell durchscheuert, kann man einen zweiten Bügel vorsetzen. Doch sind auch andere Lösungen möglich, z. B. ein abgeflachtes Bügelvorderteil mit Lochungen zum Anschlagen des Netzes. Der Stiel besteht am besten aus einem leichten, festen Holz (Esche). Zur Befestigung des Bügels am Stiel ist eine Stielhülse (Tülle) am günstigsten. Besonders zu beachten ist bei allen Keschern die Befestigung der vorderen Netzmaschen am Bügel. Sie erfolgt mit Schnur, wobei möglichst viele Maschen fest mit dem Bügel

Oben: In Franken verwendet man zum Einsammeln der im Schlamm zurückgebliebenen Karpfen noch vielerorts hölzerne »Schiffchen«.
Unten: So schön die Erntezeit auch ist, für den Teichwirt bedeutet sie Knochenarbeit, für die Fische Streß! Ganz besonders gilt dies für Teiche ohne Abfischhilfen, hier am Vorstecknetz in einem alten Karpfenteich.

verknotet werden. Eine gute Befestigung des Netzes ist besonders wichtig, denn nichts ist ärgerlicher, als wenn sich diese Verbindungen während des Fischens lösen.

Gut bewährt sich beim Abfischen ein sog. Stecknetz. Es sollte etwa 5 m lang sein und für größere Fische eine Maschenweite von 20 mm und für kleinere eine solche von 8 bis 10 mm haben. Das Stecknetz wird im Halbrund um den Ablauf gesteckt. Es bietet dem Ablaufen des Wassers weniger Widerstand als das Gitter des Mönches. Bei sehr unterschiedlichen Fischgrößen verwendet man zwei Netze unterschiedlicher Maschenweiten hintereinander.

Zum Einsammeln der im Schlamm zurückbleibenden Fische sind die in Franken üblichen »Schiffchen« praktisch. Sie sind ungefähr 1,5 m lang und fassen 150 bis 200 kg. Sie lassen sich im flachen Wasser leicht bewegen. Allerdings müssen die Enden der Schiffchen nach oben gebogen sein, sonst ist ihre Fortbewegung stark erschwert.

Der Transport der Fische vom Abfischplatz zu einem Frischwasserbehälter erfolgt in Wannen oder Kübeln, die mit etwas Wasser gefüllt neben der Abfischungsstelle bereitstehen. Am besten eignen sich kältebeständige Kunststoffbehälter mit eingelassenen Griffen. Zum Abfahren der Fische dienen saubere Bottiche, die man erst kurz vor dem Transport mit dem Frischwasser füllt, in dem die Tiere aufgesetzt werden. Es ist nicht ratsam, den Behälter zu früh zu füllen, weil sich das Wasser bei starker Sonneneinstrahlung sonst zu sehr erwärmt.

Der Sortiertisch sollte bei aller Stabilität zerlegbar und leicht zu befördern sein.

Als Material empfiehlt sich glattes Holz oder stabiler Kunststoff. Für K_1 und K_2 reicht eine Plattenlänge von 1,5 m und eine Breite von 60 cm. Seitliche Begren-

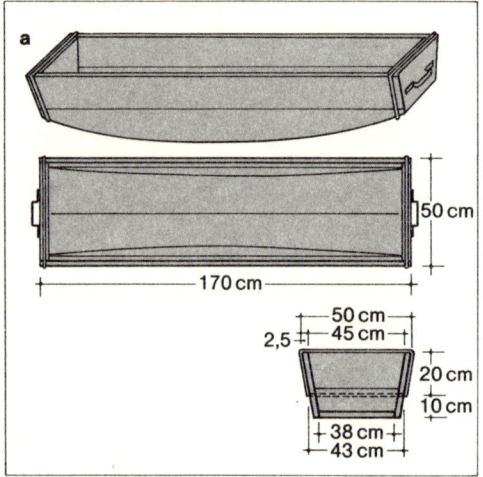

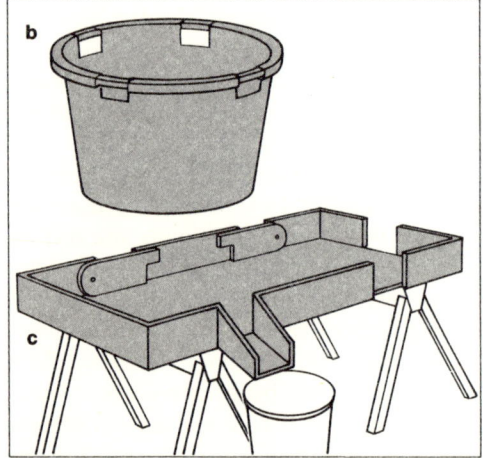

Gerätschaften zum Abfischen.
a) Schiffchen zum Einsammeln der im Schlamm liegengebliebenen Fische (nach Hofmann 1979, verändert).
b) Tragekübel aus Kunststoff mit eingegossenem Metallring und vier Durchgriffen.
c) Sortiertisch (nach Vollmann-Schipper 1975).

zungsbretter von 8 bis 10 cm Höhe sind unerläßlich. Sie sollten eine oder mehrere Öffnungen besitzen, durch welche die Fische aussortiert werden.

Zum Wiegen muß eine Waage vorhanden sein. Sie wird auf einer waagerechten Unterlage austariert. Geeignet sind Dezimal-, Platten- oder auch Schiebegewichtswaagen.

Vor dem Einsatz sind selbstverständlich alle Gerätschaften genau daraufhin zu überprüfen, ob sie auch wirklich glatt sind und keinerlei scharfe Kanten aufweisen, an denen sich die Fische verletzen können.

Transport

Die Fische kommen noch am Tag des Abfischens entweder in eine Hälteranlage oder – wenn die Transportwege kurz sind – gleich zu den Abnehmern. Ehe Fische über lange Strecken transportiert werden, müssen sie sich vom Streß des Abfischens völlig erholt haben. Dies erfordert mindestens eine Hälterung von 2 bis 3 Tagen in reinem, sauerstoffreichem Wasser. In dieser Zeit werden die Kiemen sauber und der Darm ist entleert, eine wesentliche Voraussetzung für einen verlustfreien Transport. Im Hälter sollten die Fische nicht zu dicht gedrängt stehen. Während der Hälterung führt man auch die verschiedenen Bäder zur Bekämpfung von Ektoparasiten durch (vgl. Fischkrankheiten).

Für den Transport ist eine Trennung nach Größen und Klassen notwendig. »Gemischte« Transporte sind besonders für die kleinen Fische nachteilig. Sie werden gedrückt und an die Oberfläche gedrängt, wo sie während des ganzen Transportes der verstärkten Wasserbewegung ausgesetzt sind. Dadurch werden sie über Gebühr gestreßt, und das führt zu einer verstärkten Anfälligkeit gegenüber Krankheiten. Eine gute Vorbereitung und ein sachgerechter Transport sind somit ganz wesentliche Voraussetzungen für ein verlustfreies Eingewöhnen und Fortkommen im neuen Lebensraum.

Heute sind kaum mehr Transportgefäße aus Holz oder Stahlblech im Gebrauch. Sie sind zu unhandlich und viel zu schwer. Außerdem leiten Metallbehälter die Wärme zu gut. Man verwendet deshalb heute ausschließlich Behälter aus Kunststoff, wobei die kleineren aus Polyethylen bestehen, die größeren aus Polyester. Letztere sind aus Gründen der Wärmedämmung vielfach doppelwandig. Kunststoffbehälter sind glatt, leicht sauberzuhalten und gut zu desinfizieren. Sie werden von zahlreichen Firmen in verschiedenen Größen angeboten. Für den Kleinteichwirt kommen in erster Linie Behälter von 50 bis 100 l Inhalt in Frage.

Wichtig für den Transport lebender Fische ist – vor allem wenn in dieser Zeit keine Sauerstoffzufuhr erfolgt – die richtige Besatzdichte im Transportgefäß. Der Sauerstoffverbrauch hängt von der Oberfläche der Fische ab. Je größer sie ist, desto mehr Sauerstoff wird verbraucht. Bei gleichem Gesamtgewicht benötigen deshalb K_1, die eine größere Oberfläche haben, mehr Sauerstoff als K_2 oder gar K_3. Bei gleicher Wassermenge transportiert man deshalb gewichtsmäßig weniger K_1 als K_2 oder K_3. Dies ist immer zu berücksichtigen, wobei der durchschnittliche Sauerstoffbedarf des Karpfens je kg Masse und Stunde bei $10\,°C = 15\,cm^3$ und bei $30\,°C = 30\,cm^3$ beträgt.

Wassermengen (l) für den Transport von 1 kg zweisömmeriger Karpfen (Stückgewicht 200–500 g) ohne Sauerstoffzufuhr in Abhängigkeit von der Transportdauer (h) und der Lufttemperatur (°C) (nach Vollmann-Schipper 1975, verändert)

Luft-temperatur (°C)	Transportdauer (h)				
	2	4	6	8	10
− 5	3,1	3,5	3,9	4,3	4,7
0	3,3	3,7	4,1	4,5	5,0
+ 5	3,6	3,9	4,4	5,0	5,6
+ 10	3,9	4,3	5,0	5,6	6,4
+ 15	4,2	5,0	5,8	6,6	7,5

Das Wasser für den Transport muß sauber, kühl und sauerstoffreich sein. Je kühler das Wasser ist, desto weniger Transportwasser wird benötigt. In den Tabellen sind einige Richtwerte für den Lebendtransport ohne Sauerstoffzufuhr zusammengestellt. Genaugenommen gelten diese Werte für die früher in der Teichwirtschaft üblichen hölzernen Schüttelfässer mit einem Inhalt von 100 bis 250 l. Sie können jedoch auch auf entsprechend große Kunststoffgefäße übertragen werden. Um eine möglichst große Oberfläche

Wasserbedarf beim Transport von Brut ohne Sauerstoffzufuhr (nach Schäperclaus 1961)

Für			
10 000 Stück K_0	5	–10	Liter
1 000 Stück K_v	15	–30	Liter
1 000 Stück Maränenbrut	1	– 2	Liter
1 000 Stück Hechtbrut	1,5	– 3	Liter
1 000 Stück Forellenbrut	7	–20	Liter

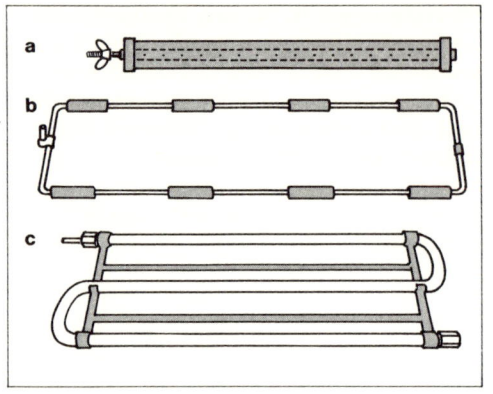

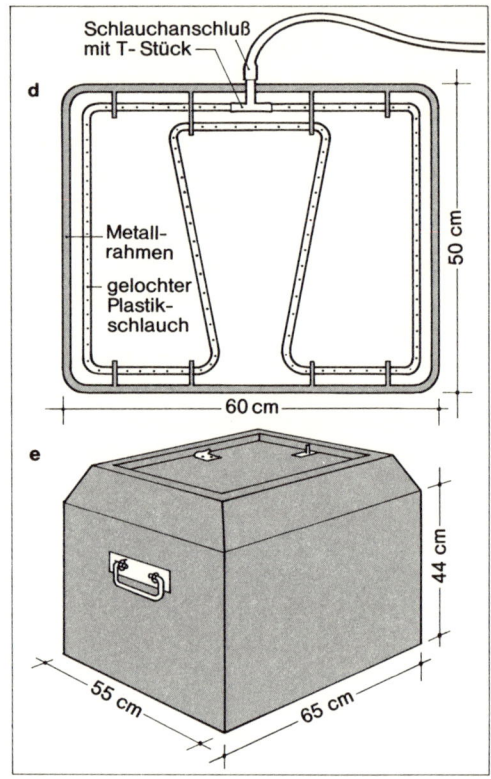

Geräte für den Fischtransport.
a) Stangenförmiger Belüfter aus unterschiedlich porösem Material (Belüftungs- oder Filterkerze).
b) Auf einen Rohrrahmen montierte Keramikausströmer.
c) Ausströmer aus porösem Gummischlauch, der auf einer Flacheisenhalterung befestigt ist.
d) Kunststoffbeschichteter Metallrahmen mit Flächenbelüfter aus gelochtem PVC-Schlauch. Die Größe des Rahmens entspricht dem jeweiligen Transportbehälter.
e) Transportbehälter aus Kunststoff für den Kofferraum (Inhalt etwa 100–150 l) (nach Vollmann-Schipper 1975).

für den Sauerstoffaustausch zu erhalten, dürfen diese Transportgefäße natürlich nicht verschlossen und randvoll gefüllt werden.

In jedem Fall besser ist eine Beförderung mit Sauerstoffzufuhr. Hierzu braucht man eine Sauerstoffflasche mit Manometer und Ausströmer. Wichtig ist, daß der Sauerstoff möglichst feinblasig eingebracht wird, denn je kleiner die Sauerstoffblasen sind, desto größer ist ihre Löslichkeit im Wasser. Außerdem ist bei feinblasiger Belüftung die Turbulenz im Wasser geringer, wodurch der Streß für die Fische herabgesetzt wird. Als Ausströmer verwendet man die im Handel erhältlichen Rohrbelüfter oder perforierte Schläuche, die an einem dem Gefäßboden angepaßten Gitter befestigt sind. Wie weit das Reduzierventil der Sauerstoffflasche geöffnet werden muß, um genügend Sauerstoff in das Wasser einzutragen, ist Gefühlssache. Keinesfalls darf das Wasser ungestüm sprudeln. Die feinen Bläschen sollen langsam aufsteigen und einzeln erkennbar sein. Große Blasen sind ein Hinweis auf defekte Ausströmer. Nach kurzer Transportdauer legt man eine Pause ein und kontrolliert, wie sich die Fische verhalten. Stehen sie ruhig am Grunde des Gefäßes, reicht der Sauerstoff aus. Bewegen sie sich unruhig an der Wasseroberfläche, sind abgeblaßt oder springen gar gegen den Deckel des Transportgefäßes, muß mehr Sauerstoff zugegeben werden. Wenn das Gefäß mit Fischen besetzt ist und einige Zeit mit Sauerstoff versorgt wurde, bildet sich auf der Wasseroberfläche eine ungefähr 2 cm starke Schaumschicht. Sie zeigt an, daß die Sauerstoffeinstellung richtig ist. In jedem Fall ist aber eine zu geringe Dosierung besser als eine zu große. Einige Zahlenwerte als Anhaltspunkte für die Beförderung von Fischen mit Sauerstoffzufuhr enthalten die folgenden Tabellen.

Um die Fische in Form zu halten und ihre Transportfähigkeit zu verbessern, kann man dem Transportwasser Kochsalz zufügen. Unbedenklich ist eine Gabe von 1 kg Speisesalz auf 100 l Wasser. Vor allem für lange Transportwege empfiehlt sich eine derartige Salzung. Sie verbessert die Kondition und stärkt die Lebenskraft der Fische.

Immer häufiger werden in neuerer Zeit für die Beförderung von Fischen Kunststoffbeutel mit Sauerstoffatmosphäre ver-

Verhältnis des Fischgewichts (kg) zum Wasserinhalt eines Behälters (l) bei guter Sauerstoffversorgung mit Flächenausströmern, einer Wassertemperatur von 8 bis 12 °C und einer Transportdauer von 1–2 h (nach Vollmann-Schipper 1975, verändert)

Fischart	Fischmenge	: Wassermenge
Speisekarpfen	1	1
Karpfensetzlinge	1	5
Speiseforellen	1	3
Forellensetzlinge	1	4–5
Satzhechte	1	2
Pflanzenfresser	1	2

Relativer Sauerstoffbedarf einiger Fischarten (nach Vollmann-Schipper 1975)

Wird der Sauerstoffbedarf des Karpfens gleich 1 gesetzt, so ergeben sich für andere Fischarten folgende Verhältniszahlen:

Forelle	2,83	Hecht	1,10
Zander	1,76	Karpfen	1,00
Plötze	1,51	Aal	0,83
Barsch	1,46	Schleie	0,83
Brachsen	1,41	Karausche	0,81

Ungefährer Sauerstoffverbrauch für den Transport von Karpfen (nach Vollmann-Schipper 1975)

Behälterinhalt (Wasserstand) (l)	Rauminhalt der Druckflasche (l)	Sauerstoffinhalt der Flasche: 150 bar (l)	Ausreichend für Transport (h)
50	3	450	10–15
100	5	750	15–20
150	7	1050	20–30
500	10	1500	10–20

Die Angaben beziehen sich auf Quellwassertemperatur und richtige Einstellung der Reduzierventile.

Richtwerte für den Transport von Karpfen mit und ohne Sauerstoffversorgung (nach Vollmann-Schipper 1975)

Transport-dauer (h)	Schüttelfaß, 100 l Inhalt				
	K_3	K_2	K_1	K_1	K_v
	(kg)	(kg)	(9–12 cm)	(6– 9 cm)	
5	30	20	500	600	1000
15	20	15	350	400	800

Transport-dauer (h)	Sauerstoff-Kübel, 100 l Inhalt				
	K_3	K_2	K_1	K_1	K_v
	(kg)	(kg)	(9–12 cm)	(6– 9 cm)	
5	50	40	1000	1200	2000
10	35	24	700	800	1600
20	25	15	500	700	1200

Transport-dauer (h)	Transportgerät mit Sauerstoffversorgung, 1000 l Inhalt				
	K_3	K_2	K_1	K_1	K_v
	(kg)	(kg)	(9–12 cm)	(6– 9 cm)	
10	500	250	8000	9000	20000
20	300	150	6000	8000	18000

An kalten Herbst- und Wintertagen kann um 50% erhöht werden. Alle Angaben beziehen sich auf Quellwassertemperatur.

Umrechnungswerte für den Transport einiger anderer Fischarten (nach Schäperclaus 1961)

1 kg zweisömmeriger Karpfen können beim Transport folgende Mengen gleichgesetzt werden:

1,2	kg	Speisekarpfen oder Speiseschleien
1	kg	Schleien von 100–125 g Stückgewicht
0,25	kg	Forellen, Hechte oder Zander von 200 g Stückgewicht

15	St. Karpfen	bis	9 cm Länge
10	St. Karpfen		9–12 cm Länge
6	St. Karpfen	über	12 cm Länge
70	St. Schleien		4– 9 cm Länge
25	St. Schleien		9–18 cm Länge
20	St. Forellen		5– 7 cm Länge
5	St. Forellen		10–15 cm Länge

Transportmenge verschiedener Fischarten im Gewicht von 1000–1700 g in 1000 l Wasser bei Sauerstoffzufuhr und einer Beförderungsdauer von 2–24 Stunden in Abhängigkeit von der Jahreszeit (nach Vollmann-Schipper 1975)

Monate Fischart	I	II	III	IV	V	VI	VII	VIII	IX	X	XI	XII
	Gewicht in 100 kg											
Karpfen, Schleie	5	5	5	4,5	3,5	3,5	3,5	3,5	4	4,5	4,5	5
Graskarpfen	6	6	5	4	3	2	2	2	2,5	3	3	6
Silberkarpfen	2	2	2	2	1	1	1	1	1	1	2	2
Marmorkarpfen	5	5	5	5	4	4	4	4	4	5	5	5
Zander	2	2	2	2	1	1	1	1	1	2	2	2

Verminderung des Fischgewichts je 1000 Liter bei Fischen

von	500 g bis 1000 g	um 20–30%
von	200 g bis 500 g	um 30–50%
von	100 g bis 200 g	um 50–60%
unter	100 g	um 60–80%

wendet. Gut eignet sich diese Transportart für Fische bis zu einer Länge von 15 cm. Am besten verwendet man Polyethylenbeutel mit Wandstärken zwischen 0,08 und 0,15 mm. Da diese Säcke zwar sehr reißfest, aber stich- und ritzempfindlich sind, steckt man zwei ineinander und stellt diese dann in entsprechende Behälter (Kisten). Für längere Transportwege ist eine Isolationsschicht aus Zeitungspapier oder Styropor angebracht, die man zwischen Kunststoffbeutel und Versandkasten stopft. Der innere Beutel wird nun mit Wasser gefüllt, und die Fische werden eingesetzt. Dann drückt man die im Beutel befindliche Luft durch Zusammenpressen des Oberteils heraus und leitet durch einen dünnen Schlauch Sauerstoff aus der Flasche in den Beutel, bis dieser wieder prall gefüllt ist. Jetzt wird das Sackoberteil des inneren Beutels zu einem Hals zusammengedreht, nach unten umgeknickt und unter Spannung mit mindestens zwei Gummiringen mehrfach umwickelt. Diese Verschnürung muß gas- und wasserdicht sein. Prüfen! Anschließend wird der äußere Beutel in gleicher Weise verschlossen.

Wichtig bei dieser Transportart ist, daß die Beutel nicht für längere Zeit ruhig stehen. Denn nur durch die Bewegung wird der Sauerstoff vom Wasser aufgenommen. Es ist deshalb günstiger, die Beutel in der Verpackung nicht zu stellen, sondern zu legen, da man auf diese Weise eine größere Kontaktfläche zwischen Wasser und Sauerstoffatmosphäre erhält. Die folgende Tabelle zeigt einige Daten für diese Versandmöglichkeit von Fischen.

Zum Schluß noch ein wichtiger Hinweis: Wie bei jedem Umsetzen von Fischen muß auch vor und nach dem Transport immer die Wassertemperatur überprüft werden. Man darf Fische niemals aus wärmerem Wasser plötzlich in kaltes setzen oder umgekehrt. Die Temperatur

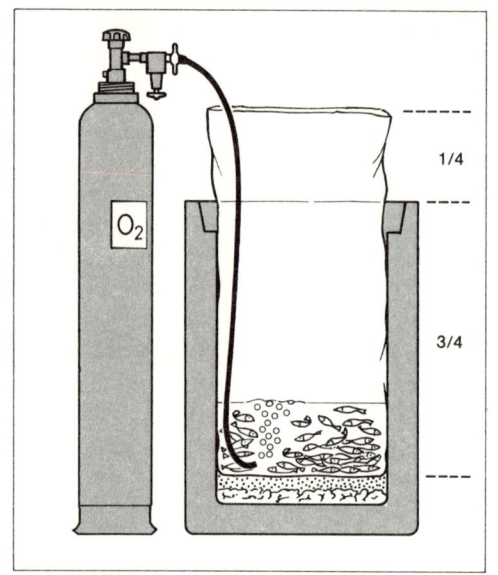
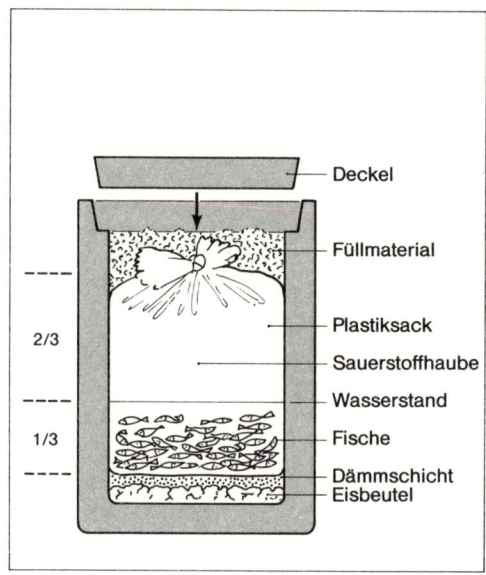

Deckel
Füllmaterial
Plastiksack
Sauerstoffhaube
Wasserstand
Fische
Dämmschicht
Eisbeutel

Fischtransport in Kunststoffbeuteln
(nach Vollmann-Schipper 1975, verändert).

Fischtransport in Kunststoffbeuteln (nach Jens 1980)

Fischart Größe	Volumen d. Beutels	Wasser- menge	Wasser- temperatur	Stückzahl Gewicht	Ver- luste	Maximale Transportdauer
Forellen 4– 6 cm	50 l	15 l	10 °C	500 St. 800–1200 g	–	15 Std.
Forellen 9–12 cm	50 l	10 l	10 °C	100 St. 1500 g	–	12 Std.
Forellen 12–15 cm	50 l	15 l	10 °C	100 St. 2500 g	–	12 Std.
Hechte 4– 7 cm	50 l	10 l	6– 8 °C	1000 St. 900–1200 g	< 2%	16 Std.
Zander Setzlinge	50 l	10 l	< 10 °C	1000 g	< 1%	15 Std.
Zander 6– 9 cm	50 l	15 l	–	1000 St. 1500 g	< 1%	15 Std.
Zander 9–12 cm	50 l	15 l	–	1000 St. 1800 g	< 1%	15 Std.

Während des Transportes keine Stehzeiten über 30 Minuten Dauer.

muß stets durch Zu- und Abschütten all- mählich angeglichen werden.

Absatz- und Veredelungsmöglichkeiten

Im Gegensatz zu früheren Jahren ist in der letzten Zeit die Nachfrage nach Satzfischen aller Art erheblich gestiegen. Nicht zuletzt steht dies in Zusammenhang mit der ständig steigenden Zahl von Angelfischern. Die Züchter in der Bundesrepublik waren daher zeitweise nicht in der Lage, die von den Anglervereinen gewünschten Besatzfische anzubieten. Eine Folge hiervon war ein verstärkter Import, was jedoch ein erhebliches Risiko hinsichtlich des Einschleppens von Fischseuchen und Krankheiten darstellte.

Zwischenzeitlich wurde diese Marktlücke allerdings erkannt und nahezu geschlossen. Große Vollbetriebe erzeugen heute zum Teil mit modernster Technologie, nicht nur die bisher bei uns gängigen Nutzfische, sondern darüber hinaus auch die unterschiedlichsten Kleinfischarten für Zierteiche.

Gleichzeitig mit dieser Entwicklung wurde auch der Trend nach größeren Fischen, die möglichst sofort fangfähig sind, immer deutlicher. Wie schon im Abschnitt »Besatz« erwähnt wurde, ist dieses Vorgehen biologisch wenig sinnvoll, da wesentliche Belange der fischereilichen Hege wegfallen. Es steht zudem im krassen Gegensatz zu der von den Fischereivereinen stets betonten Hege und fischereilichen Bewirtschaftung der Gewässer und kann nicht gutgeheißen werden. Da jedoch die Produktion von Satzfischen dem Züchter eine erheblich höhere Rendite bringt als die von Speisefischen, besteht hier eine, vom Gewässer her betrachtet, unheilvolle Rückkoppelung, der entgegengewirkt werden sollte.

Unsere Süßwasserfische werden vom Verbraucher vorwiegend als Frischfisch angeboten, d. h. die Tiere bleiben nach dem Fang unbehandelt oder werden nur gereinigt, ausgenommen und so gekühlt, daß das Fleisch nicht gefriert. Im letzten Jahrzehnt begannen die Erzeuger aber verstärkt, einen Teil ihrer Fische bereits küchenfertig anzubieten, z. B. filiert. War es bei den Aalfischern schon immer üblich, einen Teil ihrer Fänge zu räuchern, so gingen – bedingt durch die stetig steigende Nachfrage nach geräuchertem Edelfisch – immer mehr Forellenzüchter in den letzten Jahren dazu über, ihre Fische ebenfalls durch Räuchern zu veredeln. Demgegenüber konnte sich das Räuchern von Karpfen oder anderen Weißfischen bis heute auf dem Markt noch nicht durchsetzen, obwohl diese Fischarten geräuchert z. T. echte Delikatessen darstellen. Entsprechendes gilt für marinierte Süßwasserfischprodukte. Beim Marinieren werden Fische oder Fischteile ohne Wärmeeinwirkung durch eine Behandlung mit Essig, Salz und Genußsäuren unter Zusatz von Gewürzen gar gemacht. Marinaden aus Süßwasserfisch, z. B. in Gelee eingelegte Forellen und Felchenfilets oder »Rollmöpse« aus Forellen, halten aber in jeder Beziehung einem Vergleich mit Seefischmarinaden stand. Unter bestimmten Voraussetzungen besteht auch für einen Hobbyteichwirt durchaus die Möglichkeit, sich mit derartigen Veredelungsprodukten einen kleinen, aber sicheren Markt, z. B. in der lokalen Gastronomie, zu erschließen.

Etwas für Tüftler:
Vermehrung und Brutaufzucht

Die Vermehrung von Fischen ist heutzutage auch unter Berufsteichwirten nur etwas für versierte Spezialisten, erfordert sie doch neben ausreichender Teichfläche viel besonders gutes Wasser, diverse Einrichtungen und vor allem Erfahrung. Für den Liebhaberteichwirt, der seine Fische gut betreut und intensiv beobachtet, wird aber eines Tages der Zeitpunkt kommen, an dem ihn das Aufziehen der Fische allein nicht mehr befriedigt. Er wird die wunderbaren Vorgänge bei der Fortpflanzung seiner Schützlinge und ihren ganzen Lebenszyklus vom Ei an miterleben wollen. Deswegen muß er nun nicht unbedingt ein Bruthaus errichten oder andere umfangreiche Baumaßnahmen durchführen. Hat doch früher auch der Berufsteichwirt seine Fische unter freiem Himmel mit relativ bescheidenen Hilfsmitteln vermehrt und herangezogen. Daher soll im folgenden auch noch einiges zur Vermehrung von Nutzfischen gesagt werden, ohne daß dieses Thema damit erschöpfend behandelt sein will.

Fortpflanzung und Entwicklung des Karpfens

Laichfische

Männliche Karpfen, Milchner genannt, werden früher reif als Rogner (Weibchen). Nicht selten fließt bereits bei einsömme-rigen Milchnern unter leichtem Druck die Milch. Für das Laichgeschäft wählt man solche frühreifen Männchen jedoch nicht aus. Sie sollten hierfür immer mindestens viersömmerig sein, während man bei den Rognern fünf Sommer alte Tiere bevorzugt. Die obere Altersgrenze für Laichkarpfen liegt in der Praxis etwa bei 10 Jahren. Zur Laichzeit sind die beiden Geschlechter sicher zu unterscheiden. Die Milchner zeigen dann, hauptsächlich auf den Kiemendeckeln, Laichausschlag (vgl. Lebewesen Fisch). Die Laichreife ist, da sie in erster Linie von der Wassertemperatur abhängt, an keinen festen Termin gebunden. In Ostasien, seiner eigentlichen Heimat, wird der Karpfen schon mit einem halben Jahr geschlechtsreif und laichreif. In unseren Breiten ist dies nur in Warmwasseranlagen möglich, wo die Fische dann auch das ganze Jahr über laichbereit bleiben. Die natürliche Laichzeit des Karpfens liegt bei uns in den Monaten Mai, Juni und Juli, nach sehr kalten Wintern manchmal sogar noch später. Mit dem Ablaichen im Freien sollte daher nicht zu früh begonnen werden. Temperaturrückschläge schädigen sowohl Eier als auch bereits geschlüpfte Brut. In der Regel läßt man Karpfen erst nach den Eisheiligen laichen.

Welche Tiere zur Vermehrung herangezogen werden, wird durch eine Auslese (Körung) entschieden. Aus dem zur Verfügung stehenden Bestand an Laichfischen werden diejenigen ausgewählt, die den züchterischen Vorstellungen am besten entsprechen. Alle Laicher mit anatomischen Anomalien, z. B. Flossen- oder Beschuppungsfehlern, Mopsköpfen etc., müssen ausgeschieden werden. Auch Rogner, die zu diesem Zeitpunkt bereits Eier abgeben, sind ungeeignet, da bei ihnen die Gefahr besteht, daß alle Eier zu früh ausgestoßen werden. Führt man die Körung Mitte April durch, sind die Rogner an ihrem vergrößerten Leibesumfang und die Milchner am Laichausschlag bereits gut zu erkennen. Nach der Auslese werden die Laichfische, getrennt nach Geschlechtern, in »Laicherwartungsteichen« gehältert, in denen sie bis zum Umsetzen in die Laichteiche verbleiben.

Laichteiche

Das sind immer kleine Teiche, etwa 6 × 10 m groß, mit einer Stauhöhe von nur 30 bis 40 cm. Sie müssen sonnig und windgeschützt liegen (Erwärmung). Nach ihren »Erfindern« heißen sie auch Dubisch- oder Hoferteiche. Im Dubischteich – auf ihn wollen wir uns hier beschränken – verläuft innen entlang den Dämmen ein Graben, von dem aus der Boden zur Teichmitte ansteigt, etwa bis zur späteren Wassertiefe von 20 cm. Der Graben, in dem die Laicher hin und her ziehen, muß allmählich in die Laichfläche übergehen, damit die Fische den ganzen Teich »übersehen« können. Karpfenlaichteiche müssen begrünt werden. Deutsches Weidelgras *(Lolium perenne)* eignet sich hierfür am besten, da es beim Überstauen nicht so leicht fault. Beim Bespannen des Teiches muß dafür gesorgt werden, daß kein

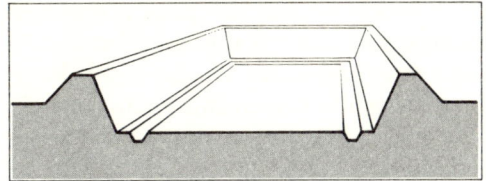

Schema eines Laichteiches nach Dubisch. Innerhalb des Dammes verläuft ein Graben, in dem sich die Elterntiere vor dem Ablaichen aufhalten können (nach Bank und Krusch 1978, verändert).

Zooplankton und keine Kaulquappen eingetragen werden, da ihnen die Brut allzuleicht zum Opfer fiele. Vielfach werden Laichteiche daher aus sterilen Teichen angestaut, den »Vorwärmern«, so genannt, weil sie gleichzeitig die Wassererwärmung fördern.

Abgelaicht wird bei Wassertemperaturen zwischen 16 und 18 °C. Man wählt für das Laichgeschäft Rogner aus, deren Leib sich weich anfühlt, und Milchner, die schon reichlich Sperma fließen lassen. Bei Fischen dieses Zustandes kann man davon ausgehen, daß sie wirklich innerhalb von 24 Stunden ablaichen. Der Laichteich wird immer zumindest mit einem Laichsatz – ein solcher besteht aus 1 Rogner und 2 Milchnern – besetzt. Dies ist für einen Erfolg unerläßlich. Da aber etwa 50% aller Rogner Versager sind, kann man auch mehrere Laichsätze in einen Teich einbringen. Man sieht, in der Karpfenteichwirtschaft ist eine erbgerechte Züchtung unmöglich, es sei denn, man verfügt über extrem viele Teiche, um paarweise laichen zu lassen und die Brut getrennt aufzuziehen. Beim Umsetzen von Laichfischen ist größte Vorsicht am Platze. Man transportiert sie nur in gut angefeuchteten Tragen aus Segeltuch oder Sackleinwand, die man selbst herrichten und falten kann. Laichen die Fische innerhalb einer Woche nicht, kommen sie in die Erwartungsteiche zurück. Wenn die Begrünung des Laichteiches noch in Ordnung ist, kann er erneut verwendet werden. Ansonsten muß ein anderer vorbereitet werden. Versager im Laichteich können, darauf sei hingewiesen, auch noch später im Abwachsteich ablaichen.

Laichvorgang

Nach dem Umsetzen in den Laichteich beginnt meistens sofort das Laichspiel, das ziemlich lange dauert und ständig intensiver wird. Der Rogner zieht, gefolgt von den Milchnern mehrmals durch den Graben des kleinen Teiches, das nennt man »Treiben«.

Dieses Liebesspiel dient der Harmonisierung der Partner. Es ist notwendig, weil die Lebensdauer der Geschlechtszellen nur auf 1 bis $1\frac{1}{2}$ Minuten beschränkt ist. Wenn das Treiben seinen Höhepunkt erreicht, stößt der Rogner über die Grasnarbe unter kräftigem Schlagen des ganzen Körpers die Eier aus. Gleichzeitig geben die Milchner die Milch ab. Dies wiederholt sich so lange, bis alle Eier ausgestoßen sind.

Die Eizahl des Karpfens ist sehr groß. Von 3 kg Körpergewicht an rechnet man mit etwa 200 000 Eiern pro kg Fischgewicht. Allerdings sind auch die Verluste riesig. Bis zum Abfischen der K_1 aus einem Laichvorgang muß man Ausfälle von 85 bis 90% einkalkulieren. Selbst unter günstigsten Bedingungen beträgt die Verlustquote meistens immer noch 50%.

Da die Elterntiere die Entwicklung der befruchteten Eier stören würden (Bewegung des Wassers), holt man sie möglichst bald nach dem Ablaichen aus dem Laichteich heraus.

Beeinflussung des Laichvorganges. Beginn und Häufigkeit des Laichaktes lassen sich künstlich steuern, wenn ein Betrieb dafür eingerichtet ist. In Warmwasseranlagen gehaltene Laichkarpfen sind, wie schon erwähnt wurde, das ganze Jahr über laichbereit. Der Zeitpunkt, zu dem der Laich gewonnen werden soll, kann bei ihnen durch die sog. Hypophysierung fast nach Belieben festgelegt werden. Durch diese Manipulation werden die Eier schneller und unabhängig von den Umweltbedingungen zur Reife gebracht. In der Fischzucht verwendet man vor allem Karpfen-Hypophysen. Nur bei wenigen Arten sind unbedingt Hypophysen (Hirnanhänge) von Artgenossen erforderlich.

Bei toten, geschlechtsreifen Karpfen läßt sich die winzige Hypophyse nach vorsichtiger Entfernung des Schädeldaches gut mit einem Löffel herausnehmen. Sie wird dann gründlich entwässert und entfettet und bleibt nach sorgfältiger Trocknung, kühl gelagert, jahrelang wirksam. Zur eigentlichen Hypophysierung werden dann einige Milligramm des fein pulverisierten Hypophysenmaterials in destilliertem Wasser oder schwacher Kochsalzlösung aufgeschwemmt und den zu stimulierenden Rognern mehrmals in die Rückenmuskulatur gespritzt. Damit die Milch gut fließt, erhalten auch die Milchner eine Injektion. Allerdings erfordert schon die Hypophysen-Gewinnung einige Erfahrung und setzt auch bestimmte Einrichtungen voraus, so daß dem Hobbyteichwirt von solchen »Experimenten« abgeraten werden muß.

Embryonalentwicklung

Das Karpfenei ist leicht gelblich und durchsichtig. Außerdem ist es klebrig und haftet dadurch an den Gräsern des Laichteiches, was eine optimale Sauerstoffversorgung der Eier gewährleistet. Unbefruchtete oder sonstwie geschädigte Eier werden alsbald weiß, verpilzen und sterben innerhalb kürzester Zeit ab. Die Überlebensdauer unbefruchteter Eier im Wasser beträgt ungefähr 2 Minuten. Im Trockenen, vor allem gekühlt, überleben sie dagegen mehrere Stunden. Auch die kleinen Samenzellen, welche die bekannte Spermiengestalt aufweisen, sind im Wasser nur kurze Zeit lebensfähig, während sie trocken und kühl gelagert mehrere Wochen haltbar sind.

Die Entwicklung des Karpfeneies ist temperaturabhängig. Je höher die Wassertemperatur ist, desto schneller läuft sie ab. Natürlich gilt dies für einen Normalbereich, der zwischen 10 und 32,5 °C liegt. Bei Dauertemperaturen um 10 °C bzw. um 32,5 °C gehen die Eier zugrunde.

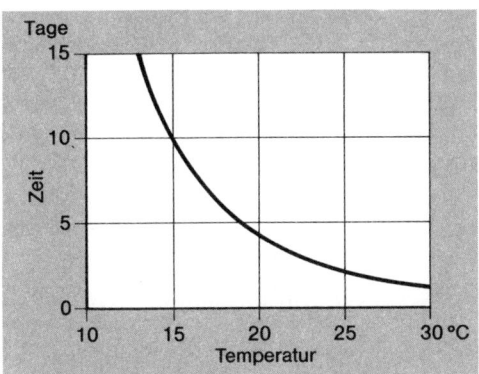

Einfluß der Temperatur auf die Entwicklungsdauer von Karpfeneiern bis zum Schlupf (nach Schäperclaus 1961).

Diese Beziehung zwischen Temperatur und Zeit nützt der Fischzüchter aus, wenn er die Entwicklung eines Fischeies, z. B. von der Besamung bis zum Schlüpfen, in »Tagesgraden« (T °) angibt. Dabei wird die durchschnittliche Wassertemperatur (Grade) mit der Entwicklungsdauer (Tage) multipliziert. Auf diese Weise kann man die Dauer der gesamten Embryonalentwicklung oder auch nur einzelne Abschnitte ziemlich sicher vorausbestimmen. Das befruchtete Karpfenei benötigt 50 bis 60 Tagesgrade zur Entwicklung, d. h. bei 15 °C schlüpfen die Larven nach 3 bis 4 Tagen (50 bzw. 60:15), bei 25 °C aber schon nach 2 bis $2^1/_2$ Tagen (50 bzw. 60:25).

Wenige Tage vor dem Schlüpfen sind an dem sich rhythmisch im Ei bewegenden Embryo, schon mit bloßem Auge, schwarze Augenpunkte zu erkennen, man spricht deshalb vom »Augenpunktstadium«. Unmittelbar vor dem Schlupf fallen dann die Eier auf den Boden. Die Bewegungen der Embryonen werden heftiger, die Eihülle reißt, und die Embryonen verlassen die Hülle mit dem Schwanz voraus. Die Larven liegen nun mehrere Stunden regungslos am Boden. Wieder beweglich geworden, saugen sie sich an den Grashalmen fest und arbeiten sich mühsam bis zum Wasserspiegel hoch. Frisch geschlüpfte Larven sind ungefähr 5 mm groß. Aus ihrem anfangs einheitlichen Flossensaum werden schon nach wenigen Tagen die typischen Flossen. Lediglich die Bauchflossen fehlen noch. An ihrer Stelle hängt ja der Dottersack, der die Larven in den ersten Lebenstagen ernährt: »Dottersackbrut« oder K_0 (sprich: K-Null). Erst etwa eine Woche nach dem Schlüpfen ist der Dottersack restlos auf-

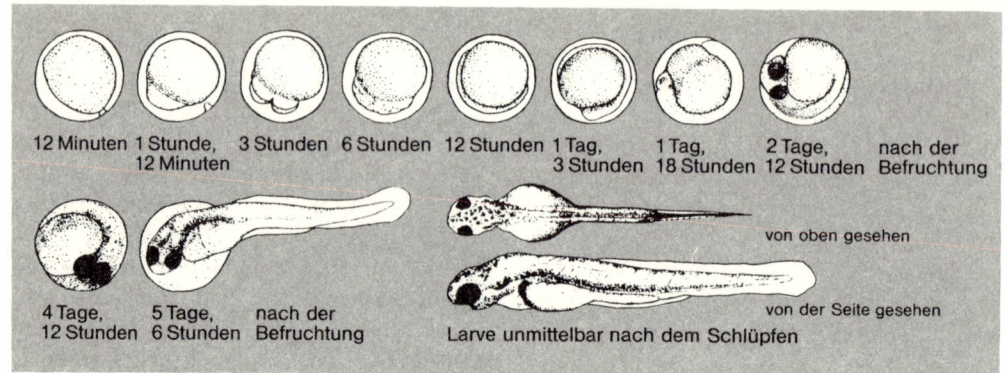

| 12 Minuten | 1 Stunde, 12 Minuten | 3 Stunden | 6 Stunden | 12 Stunden | 1 Tag, 3 Stunden | 1 Tag, 18 Stunden | 2 Tage, 12 Stunden | nach der Befruchtung |

von oben gesehen

| 4 Tage, 12 Stunden | 5 Tage, 6 Stunden | nach der Befruchtung | | Larve unmittelbar nach dem Schlüpfen | von der Seite gesehen |

Entwicklungsstadien des Karpfeneies und der jüngsten Karpfenbrut (nach Schäperclaus 1961).

gebraucht. Allerdings beginnen die kleinen Larven schon vorher, kleinste Nahrung in Gestalt von Einzellern oder kleinen Krebstieren aufzunehmen. Bei 16 bis 18 mm Länge setzt schließlich die Schuppenbildung ein, die abgeschlossen ist, wenn die Fischchen 22 bis 25 mm groß geworden sind.

Vorstrecken und Aufzucht der Karpfenbrut

Die Vorstreckphase beginnt bereits, wenn die Fischchen nach dem Luftschlucken zur freischwimmenden Lebensweise übergehen. Zu diesem Zeitpunkt fischt man die Laichteiche ab und überführt die Brut in einen sog. Brutvorstreckteich. Dieses Vorgehen ist aus zwei Gründen ratsam. Der noch vorhandene Dottersack erleichtert der Brut die Eingewöhnungszeit im Brutvorstreckteich. Außerdem ist die Beweglichkeit der Fischchen noch gering, weshalb ihr Fang auch relativ leicht ist. Abgefischt wird der Laichteich mit

flachen Keschern aus Gaze, oder aber er wird durch einen Gazebeutel abgelassen, der am Mönch angeschlagen wird.

Im Brutvorstreckteich, der über gutes Wasser und besonders viel Nahrung verfügen soll (gute Vorbereitung) bleiben die K_0 etwa 4 bis 6 Wochen. Die Besatzdichte beträgt bei guter Teichpflege 50000 bis 200000 K_0/ha, wobei Verlustraten von 50 bis 60% kalkuliert werden müssen. Beim Abfischen der Brutvorstreckteiche sind die K_V um 5 cm groß. Sie werden anschließend in Brutstreckteiche (Besatz 10000 bis 30000 K_V/ha) überführt, wo sie zu K_1 heranwachsen.

Vermehrung und Aufzucht von Forellen

Im Gegensatz zur Karpfenteichwirtschaft werden in der Forellenzucht die Fische überwiegend durch künstliche Besamung vermehrt. Der Hobbyteichwirt, der in der Regel keine Laichfische halten wird, sollte sich bei einem anerkannten Forellenzüchter Eier kaufen und diese nur erbrüten. Hat er jedoch einmal Laicher zur Hand, kann er sie ruhig auch selbst streifen und besamen.

Laichfische

Hinsichtlich der Laichzeit unterscheidet man bei den Forellen zwischen Frühlaichern, die im Sommer bzw. im Herbst laichen, und Spätlaichern, die sich im Winter und Frühjahr fortpflanzen. Weibliche Forellen sollten möglichst im dritten Lebensjahr geschlechtsreif werden, die Männchen dagegen bereits im zweiten. In diesem Alter können sie, sofern sie allen züchterischen Anforderungen entsprechen, schon zur Zucht verwendet werden. Mit 6 Jahren werden sie meistens vom Laichgeschäft ausgeschlossen. Je älter die Tiere sind, um so ausgeprägter sind auch zur Laichzeit die sekundären Geschlechtsmerkmale. Die Milchner erkennt man an den hakenartig aufgebogenen Unterkiefern und einer verstärkten Buckelbildung. Bei den Rognern ist die Geschlechtsöffnung rötlich gefärbt und vorgewölbt.

Einige Wochen vor der Laichzeit werden die Laicher nach Geschlechtern getrennt, und ihre Fütterung wird eingeschränkt. Da die Milchner immer etwas früher laichreif werden als die Rogner, hältert man sie – in Fließrichtung gesehen – oberhalb der Weibchen. Dies beschleunigt in der Regel die Reifung. Setzt die Laichreife ein, muß der Laichfischbestand regelmäßig kontrolliert und, sobald Milch und Rogen »laufen«, gestreift werden.

Streifen und Besamung

Die künstliche Gewinnung der Geschlechtsprodukte wird »Streifen« genannt. Da der Forellenzüchter möglichst ganzjährig über marktgängige Speisefische verfügen möchte, ist es notwendig, die Laichtermine seiner verschiedenen Stämme genau festzulegen, weshalb in der Regel hypophysiert wird. Auch zur Hypophysierung von Forellen verwendet man mit gutem Erfolg Karpfenhypophy-

Das Streifen bei Salmoniden. Der Kopfgriff ist wenig empfehlenswert. Er erhöht die Verletzungsgefahr der empfindlichen Kiemen erheblich (nach Koch 1982, verändert, und Bohl 1982, verändert).

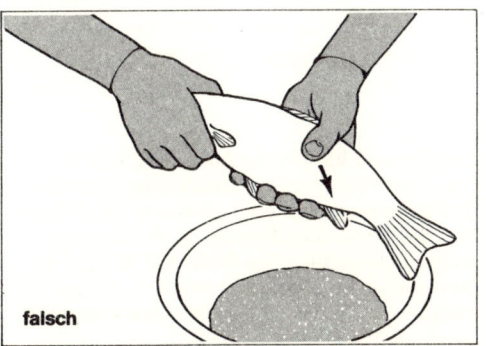

falsch

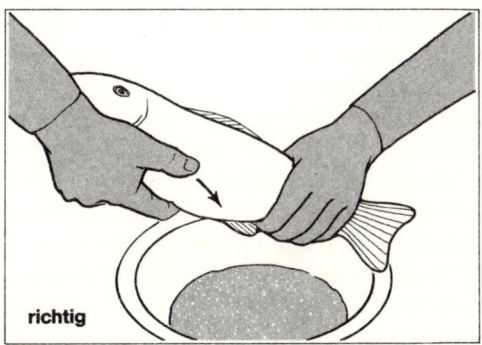

richtig

sen. Der Liebhaberteichwirt sollte aber auch bei Forellen auf diese Manipulation verzichten und die natürliche Reifung seiner Laicher abwarten.

Es ist ratsam, die Laicher vor dem Streifen ruhigzustellen. Die wertvollen Fische lassen sich dadurch schonender behandeln, und das Streifen kann von einer einzigen Person erledigt werden. Zur Betäubung wird heute, nach dem Verbot von MS 222 Sandoz, meist Trichlormethylpropanol (TCMP) verwendet. Es ist allerdings in kaltem Wasser nur schlecht löslich; deshalb werden Konzentrationen zwischen 1,5 und 2,0 g/l verwendet. Löst man jedoch das TCMP zuvor in heißem Wasser auf, reicht auch eine Konzentration von nur 1,0 g/l. Nach dem Streifen müssen sich die betäubten Tiere in gut durchlüftetem Wasser erholen, ehe sie in die Teiche zurückgesetzt werden. Mit TCMP betäubte Fische dürfen frühestens nach 30 Tagen als Speisefische verwendet werden.

Zur Gewinnung der Geschlechtsprodukte müssen die Laichfische völlig ausgenüchtert sein und sorgfältig abgetrocknet werden. Eier und Milch werden dann durch vorsichtige Streichbewegungen von vorn nach hinten, unter leichtem Druck von Daumen und Zeigefinger auf die Leibeshöhle, herausgestreift, wobei der Schwanz des Fisches leicht nach oben gebogen wird. Ein Halten am Kopf – der Kiemengriff – ist wegen der Verletzungsgefahr nicht empfehlenswert.

Im allgemeinen wird die trockene Besamungsmethode angewandt. Die Eier mehrerer Weibchen kommen in eine saubere, trockene Schüssel. Zerdrückte Eier, Eihüllen und Kotreste werden sorgfältig entfernt. Anschließend wird die Milch von zwei Milchnern – es könnte ja ein Männchen steril sein – über die Eier verteilt und mit einer sauberen Vogelfeder sorgfältig verrührt. Das Sperma wird jetzt in der vorhandenen Eierstockflüssigkeit beweglich. Da dieser Zustand nur etwa 1 Minute dauert, werden die Spermien nach dieser Zeit durch eine Wassergabe erneut aktiviert, was intensives Verrühren erfordert. Anschließend wird die Schüssel mit Wasser aufgefüllt, bis alle Eier bedeckt sind. Nun erfolgt die Befruchtung. Sie hängt also weitgehend von der sorgfältigen Vermischung von Milch und Rogen ab. Nach etwa 30 Minuten sind Quellung und Härtung der Eier abgeschlossen, so daß diese nach weiteren 30 Minuten zur Entfernung aller Verunreinigungen gründlich abgespült werden können.

Die gequollenen und gehärteten Eier sollten – falls sie nicht von anerkannt seuchenfreien Fischen stammen – vor der Erbrütung noch desinfiziert werden. Auf ihrer Oberfläche könnten Infektionserreger sitzen. Auch bei angekauften Eiern sollte diese Vorsichtsmaßnahme ergriffen werden. Empfehlenswert sind jodophore Desinfektionsmittel, wie z. B. Actomar K_{30}. Zudem verpilzen so behandelte Eier auch weniger. Zur Desinfektion gibt man die Eier für 10 Minuten in ein Tauchbad (20 ml Actomar auf 1 l Wasser), wobei das Mengenverhältnis Eier zu Badelösung

Streifen und künstliche Besamung von Forellen. Unter dem sanften Druck von Daumen und Zeigefinger auf die Leibeshöhle perlen die Eier des laichreifen Rogners in die bereitgestellte Schüssel (großes Bild). Auf die gleiche Weise wird die Milch, das Sperma, einiger Männchen zugegeben und das Ganze anschließend sorgfältig verrührt.

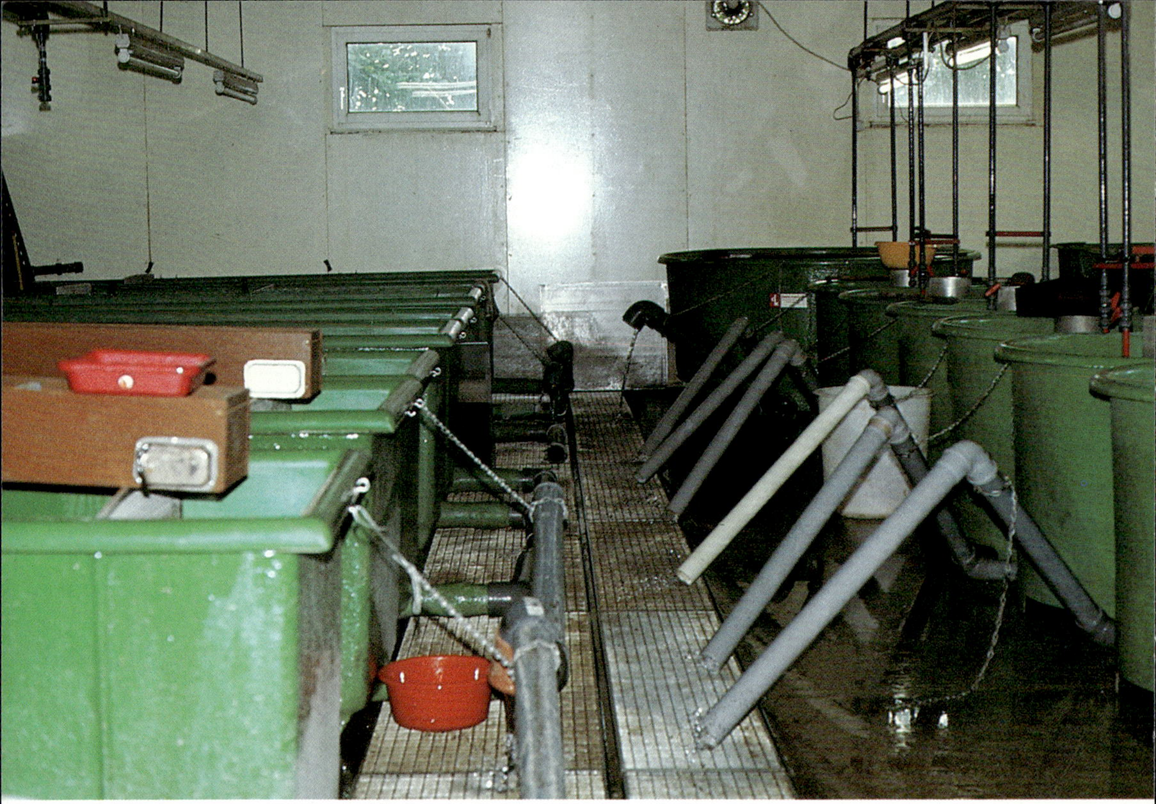

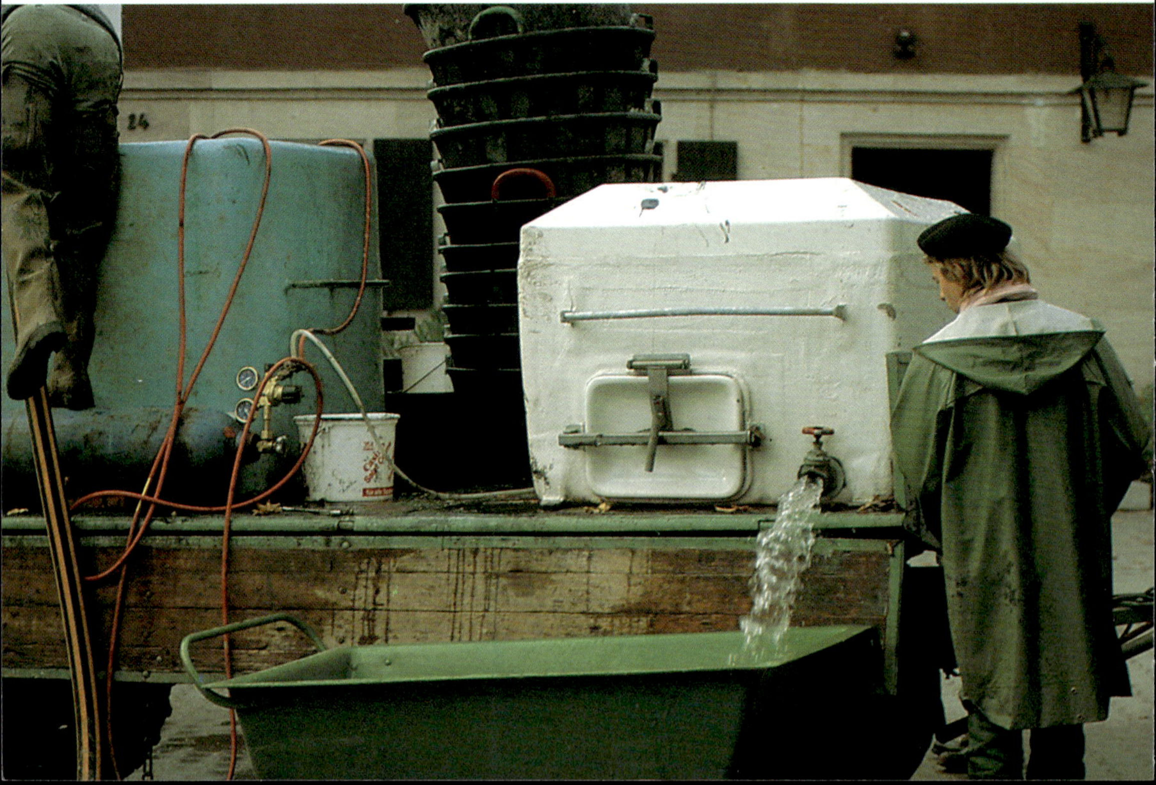
24

1 zu 5 betragen sollte. Als eine Art »Allheilmittel« zur Bekämpfung von Eiverpilzung gelten auch Malachitgrün-Bäder. Hierzu füllt man am besten den Bruttrog, dessen Wasserdurchfluß völlig gestoppt wird, mit 0,1%iger Malachitgrün-Lösung* (1 g/l Malachitgrün) und läßt diese Lösung 1 Minute einwirken. Diese Prozedur ist etwa alle 5 bis 7 Tage, je nach Gefährdung der Eier, zu wiederholen.

Erbrüten der Eier und Anfüttern der Brut

Auch wenn die Satzfischzucht immer ein Privileg der Berufszüchter bleiben wird, die über entsprechende Einrichtungen wie Bruthaus und Anfütterungsanlagen verfügen, so eignet sich doch für eine behelfsmäßige Erbrütung auch jeder Forellenteichzulauf. Hierzu wird ein Teil des Zulaufes in eine gut abgedeckte Holzrinne (Schutz gegen Belichtung und gegen Vögel) abgeleitet. Diese Rinne soll nach dem Prinzip des Langstrombeckens funktionieren. Wir setzen daher in sie einen oder mehrere Brutkästen ein, die wir entsprechend der Abbildung aus einem Holzrahmen in den Maßen 30 × 60 cm bauen. Als Unterseite für einen solchen Brutein-

satz verwenden wir eine an den Enden aufgebogene Kunststoffplatte mit Lochbohrungen von 1,5 bis 2,0 mm Durchmesser. Wählt man anstelle der Kunststoffplatte Zinklochblech, muß dieses mit einem Schutzanstrich aus Inertol versehen werden. Auf diese Einsätze kommen die befruchteten Eier, die der Anfänger nur in einer Schicht auflegen sollte. Man rechnet etwa 3 Eier pro Quadratzentimeter Auflagefläche. Je nach Größe der Brutrinne kann man sich so die erforderliche Fläche für seine Eimenge selbst ausrechnen. Da der Anfänger erst Erfahrungen mit der Erbrütung sammeln muß, ist es günstiger, zunächst einmal klein anzufangen!

Von großer Bedeutung ist weiterhin, daß das Wasser für den Bruttrog frei von Trübstoffen ist. Andernfalls sind Fehlschläge bei der Erbrütung unvermeidlich. Treten Trübstoffe auf, setzt man einen mit Holzwolle gefüllten Lattenkasten als Filter in den Einlauf. Im allgemeinen reichen 2 bis 3 m³ Holzwolle für eine volle Erbrütungsperiode. Holzwolle hat sich als Filtermaterial gut bewährt. Ihre Handhabung ist weitaus einfacher als die von Kies- oder Fichtenreisig, Materialien, die ebenfalls für Filter empfohlen werden. Ist

---

Oben: Modernes Bruthaus mit Rechteck- und Rundbecken. Der Wasserstand wird durch Staurohre reguliert, die in eine gemeinsame Ablaufrinne münden. Die Becken auf der linken Seite sind leer (Staurohre flach auf dem Boden), die rechten angestaut. Vorne links zwei Intervallfütterer, wie man sie für die Brut verwendet. Unten: Zurück vom Abfischen. Die verschiedenen Transportbehälter werden sofort entladen. Vorn rechts eine große Sauerstoffflasche zur Belüftung der Transporttanks, hinten ein Stapel Kunststoffkübel für das Abfischen.

---

* Malachitgrün (Oxalat, Chlorid) wird seit Jahrzehnten in der Fischzucht mit sehr gutem Erfolg als Desinfektionsmittel verwendet. Es ist aber *kein* Arzneimittel und von den Behörden als solches *nicht* zugelassen. Seine Anwendung birgt gesundheitliche Risiken. Es soll krebserregend wirken, Mißbildungen fördern und zu Veränderungen im Blutbild führen. In Fischen kann es sich offensichtlich anreichern und Rückstände bilden. Allgemein gültige behördliche Vorschriften über die Anwendung von Malachitgrün in der Fischzucht existieren bis jetzt nicht. Die Überprüfung dieser Substanz durch das Bundesgesundheitsamt steht noch aus. In Baden-Württemberg darf Malachitgrün seit März 1985 bei Speisefischen nicht mehr verwendet werden (Nachweis von Rückständen im Fischfleisch).

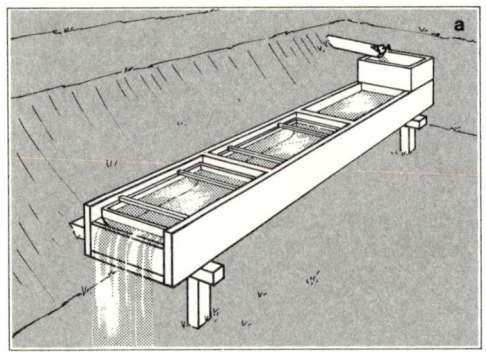

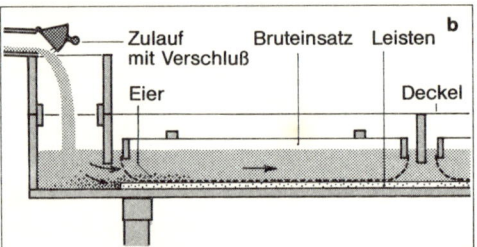

Zulauf mit Verschluß Bruteinsatz Leisten b

Eier Deckel

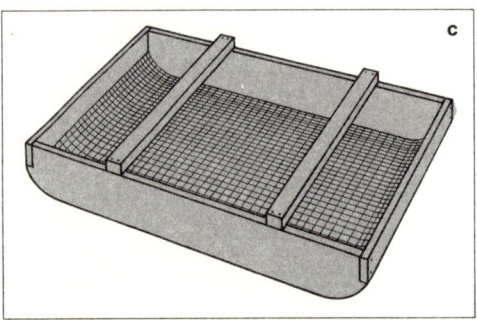

c

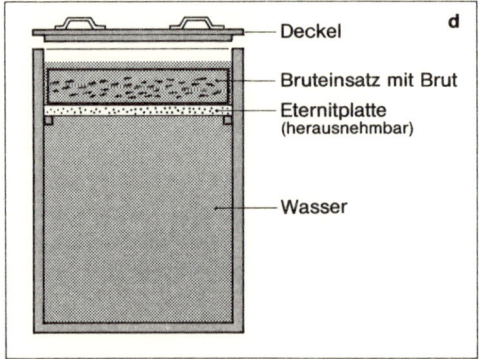

d

Deckel

Bruteinsatz mit Brut

Eternitplatte (herausnehmbar)

Wasser

der Trübstoffgehalt sehr groß, kann man die Holzwolle zwischendurch auch einmal auswaschen. Das Filter muß allerdings so viel Wasser durchlassen, daß pro Quadratmeter Eiauflagefläche ein Durchfluß von etwa 0,5 l/sec Wasser gewährleistet ist. Ein stärkerer Durchfluß ist nicht unbedingt von Vorteil, da er die Eier zu stark bewegen würde, und das wäre der Embryonalentwicklung abträglich.

Frisch befruchtete Eier sind die ersten 36 Stunden relativ unempfindlich, so daß sie sogar verschickt werden können. Etwa 90 bis 150 Tagesgrade nach der Befruchtung folgt eine Phase besonders hoher Empfindlichkeit. Geschädigte Eier werden zunächst trüb und später weiß. Sie müssen unbedingt entfernt werden, da sie verpilzen und die Pilze auf gesunde Eier übergreifen können. Zum Auslesen verwendet man einen Löffel oder eine Glaspipette mit Gummiball. Etwa 140 bis 160 Tagesgrade nach dem Auflegen der Eier sind die Augen der Embryonen zu erken-

Behelfsmäßige Erbrütung von Forelleneiern.
a) Erbrütungsrinne nach dem Prinzip des Langstromkastens im Teichzulauf.
b) Längsschnitt durch die abgedeckte Brutrinne. Die Bruteinsätze liegen auf etwa 3 cm hohen Leisten, so daß die Eier von unten angeströmt werden. Der Wasserzulauf wird mit einem Keilverschluß reguliert.
c) Bruteinsatz mit einem Boden aus Gaze.
d) Querschnitt durch eine Erbrütungsrinne, die als tiefer Trog gebaut wurde. Bis zur Schwimmfähigkeit der Brut wird unter die Bruteinsätze eine Eternitplatte geschoben. Auf diese Weise erfolgt eine Anströmung der Eier von unten. Die Tiefe des Troges wird nicht durchflossen. Sobald die Brut schwimmfähig ist, werden Bruteinsätze und Eternitplatte herausgenommen. Jetzt wird die ganze Trogtiefe durchflutet. Der Kasten kann nun, ohne Deckel, als Anfütterungstrog verwendet werden (nach Jens 1980).

nen (Augenpunktstadium). Es dauert dann noch einmal etwa 160 Tagesgrade, bis die Brut schlüpft. In dieser Zeitspanne ist das Ei wieder weniger empfindlich und verträgt Transporte. Aus Eiern gleicher Herkunft schlüpfen alle Fischchen innerhalb weniger Tage. Zuerst sieht man ihre lebhaften Bewegungen innerhalb des Eies, schließlich platzt die Eihülle, und die Larven versuchen sich ihrer durch Schüttelbewegungen zu entledigen. Der schwere Dottersack hindert die Brut zunächst, sich schwimmend zu bewegen, und so liegt sie zuerst am Boden des Bruteinsatzes (Dottersackbrut). Der kleine Fisch lebt in dieser Zeit nur von seinem Dottersack. Ist dieser zu 2/3 aufgebraucht – hierzu sind etwa 190 bis 200 Tagesgrade nötig –, wird das Fischchen schwimm- und freßfähig.

Die obere Temperaturgrenze für die Erbrütung von Bachforellen liegt bei 12,5 °C, die für Regenbogenforellen bei 15,5 °C. Die Untergrenze für beide Arten beträgt etwa 0 °C. Je wärmer das Wasser innerhalb dieser Temperaturspannen ist, desto schneller läuft die Entwicklung ab. Dabei gelten für die Entwicklungsabschnitte Befruchtung – Augenpunktstadium (I), Augenpunktstadium – Schlupf (II) und Schlupf – Schwimm- und Freßfähigkeit (III) folgende Tagesgrade:

Entwicklungs-abschnitt	Bachforelle	Regenbogen-forelle
	(T °)	(T °)
I	220–260	140–160
II	180–200	160
III	120–200	120–200
Gesamtdauer	520–660	420–520

Bei einer Wassertemperatur von 5 °C benötigt somit die Bachforelle mindestens 104 Tage (520:5) zur Entwicklung, die Regenbogenforelle nur 84 (420:5).

Sobald die Brut freßfähig ist, muß passende Nahrung zur Verfügung stehen, damit sie nicht zugrunde geht. Sie muß also entweder gefüttert oder aber in ein Gewässer ausgesetzt werden. Beim Aussetzen zu diesem Zeitpunkt drohen den Tieren sehr viele Gefahren durch Räuber, was enorme Ausfälle mit sich bringt. Die Brut wird daher in besonderen Hältern oder Rundbecken angefüttert. Ein elegantes und für den Liebhaberteichwirt besonders empfehlenswertes Verfahren ist die Anfütterung im Bruttrog, der dann allerdings etwas tiefer sein muß. Damit der gesamte Trog durchströmt wird, werden zum Anfüttern die Bruteinsätze herausgenommen. Auch braucht der Trog jetzt nicht mehr abgedunkelt werden. Wenn die Brütlinge in diesem Trog eine Länge von 2,5 cm erreicht haben, spricht man – bis zur Größe von 4 cm – von vorgestreckter Brut. Sie kann nun um- bzw. ausgesetzt werden, wobei im Teich die Verluste immer noch sehr groß sind. Durch entsprechende Fütterung hat der Züchter nun die Möglichkeit, den Wachstumsprozeß der Fische zu steuern. Dabei ist wichtig, daß bereits die Brut, aber auch später die älteren Fische regelmäßig nach der Größe sortiert werden. Auch bei sorgfältigster Fütterung läßt sich nämlich ein »Auseinanderwachsen« nicht vermeiden. Ist aber der Größenunterschied erst einmal zu groß, tritt unvermeidlich Kannibalismus auf.

Fischkrankheiten und Fischereischädlinge

Bedauerlicherweise treten Fischkrankheiten heute immer häufiger auf. Deshalb sollte auch der Hobbyteichwirt über etwas Sachkenntnis auf diesem Gebiet verfügen. Es geht ja nicht nur um Erregerbestimmung, sondern um das Erkennen des Zusammenspiels von Umwelt und Körperverfassung.

Dem Laien wird in vielen Fällen eine genaue Diagnose nicht möglich sein; er ist auf die Hilfe eines Fachmannes angewiesen. Trotzdem ist jeder diesbezügliche Versuch hilfreich. Denn rechtzeitiges Erkennen von Symptomen und Melden einer beginnenden Erkrankung erhöht in jedem Fall die Aussicht auf eine Heilung, zumindest aber trägt es zur Eindämmung von Fischkrankheiten bei. In diesem Sinn will dieses Kapitel verstanden sein.

Bei unserer Auswahl der wichtigsten Erkrankungen der Nutzfische stand die Möglichkeit des Erregernachweises durch den Laien im Vordergrund. Detailliert aufgeführt werden daher zuerst die wichtigsten, relativ einfach zu diagnostizierenden parasitären Fischkrankheiten. Auf seuchenhafte Erkrankungen – in erster Linie Virosen und Bakteriosen –, bei denen sichere Diagnosen nur von Spezialisten mit aufwendigen Labormethoden erstellt werden können, wird anschließend daher nur hingewiesen. Dies gilt auch für die Vergiftungen unter den umweltbedingten Schädigungen.

Erkennen von Krankheiten

Erstes Warnzeichen: Anormales Verhalten der Fische!

Schon das Verhalten der Fische kann erste Hinweise auf eine evtl. Erkrankung geben. Gesunde Tiere verteilen sich in der Regel gleichmäßig im Gewässer. Auf sich plötzlich ändernde Situation reagieren sie rasch. Kranke Fische dagegen stehen vielfach in Ufernähe oder schwimmen unmittelbar unter der Wasseroberfläche. Sie verweigern die Futteraufnahme und drängen sich am Zu- oder Auslauf des Teiches zusammen. Manchmal treten Gleichgewichtsstörungen auf oder starke Unruhe, d. h. sie schießen mehr oder weniger unkontrolliert durch das Wasser und springen über die Wasseroberfläche. Gelegentlich macht sich auch eine deutliche Hell- oder Dunkelfärbung der Haut bemerkbar. All diese Erscheinungen können Hinweise auf Krankheiten sein, zumindest aber auf ein Sich-nicht-wohl-fühlen.

Es sind folgende grundlegende Abläufe zu beachten: Bei Fischkrankheiten sterben täglich nur einige kranke Tiere. Es dauert also meist mehrere Tage, bis ein ganzer Bestand verendet, wenn dies überhaupt der Fall ist. Besonders widerstandsfähige Individuen können in vielen Fällen auch überleben. Bei Vergiftungen, etwa durch Abwassereinleitungen, aber auch bei Sauerstoffmangel setzt meist innerhalb weniger Stunden ein Massensterben ein. In solchen Fällen sind unbedingt Wasserproben zu entnehmen, da nur eine Wasseranalyse Aufschluß über die Ursache eines derartigen Sterbens geben kann.

Untersuchung eines erkrankten Fisches

Jeder, der sich unter Umständen mit kranken Fischen beschäftigen muß, sollte zumindest eine starke Lupe besitzen oder noch besser, Zugang zu einem Mikroskop haben. Denn eine mikroskopische Beurteilung ist meist unerläßlich.

Bei Verdacht auf eine Erkrankung werden mehrere Tiere – am besten solche, die bereits deutliche Symptome zeigen – aus dem Bestand herausgefangen. Der lebende Fisch wird in Seitenlage gebracht und der Augenreflex überprüft (vgl. Seite 41). Fehlt dieser, ist allein das schon als anormales Verhalten und krankheitsverdächtig anzusehen. Anschließend wird der Fisch getötet und *sofort* untersucht. Große Fische tötet man durch einen kräftigen Schlag auf den Kopf, kleine (Brut, Setzlinge) durch Genickschnitt mit einer Schere.

Bei der äußeren Untersuchung geht man am besten nach folgendem Schema vor, wobei die – möglichst an mehreren Fischen – festgestellten Beobachtungen sorgfältig notiert werden.

1. Verkrüppelungen: ?
2. Körperschwellungen: ?
3. Kiemendeckel: verkürzt – verkrüppelt?
4. Haut: Verwundungen – offene Geschwüre oder Verletzungen – watte-

bauschartige Beläge (= Verpilzungen) – weiße Pünktchen oder grauweiße Beläge – besonders starke Schleimabsonderungen?
5. Augen: Drehreflex – Blutungen – Trübung der Hornhaut – Verpilzung – Glotzauge (Exophthalmus)?
6. Flossen: ausgefranst – verpilzt – Blutungen?
7. Kiemen: Verschleimungen – abgeblaßt – stark gerötet – weiße Punkte oder Verpilzungen?
Anschließend werden mit einer Schere einige Kiemenblättchen abgeschnitten und diese auf einem Objektträger in etwas Wasser gelegt. Das Präparat wird mit einem Deckglas bedeckt, leicht gequetscht und bei geringer Vergrößerung unter einem Mikroskop betrachtet.
8. Hautparasiten: Mit Hilfe einer Lupe vor allem den Kopfbereich und die Ansatzstellen der Flossen absuchen. Etwas Schleim mit einem Messer oder Deckglas abstreifen, vorsichtig auf einem Objektträger ausstreichen, wie bei den Kiemen ein Präparat anfertigen und sofort unter dem Mikroskop untersuchen.

Im Anschluß an diese äußere Überprüfung wird der Fisch aufgeschnitten und die inneren Organe werden freigelegt. Auch bei der Sektion folgt man zweckmäßigerweise wieder einem gleichbleibenden Untersuchungsschema:
1. Leibeshöhle: Parasiten – mit Flüssigkeit gefüllt (Ascites-Bildung)?
2. Leber: Farbe – einheitlich marmoriert; Festigkeit – mit kleineren oder großen Knoten? Bei letzterem Befund vorsichtig ein Präparat anfertigen und mikroskopieren.

3. Gallenblase: stark geschwollen – Umgebung grün verfärbt?
4. Milz: Vergrößert – körnig?
5. Gonaden: Entzündet – Blutungen – tote Eier?
6. Schwimmblase: Mit Flüssigkeit gefüllt (Ascites-Bildung)? – Blutungen in der Wand?
7. Niere: Wäßrig – wellenförmig geschwollen – Ränder stark gezackt?
8. Magen und/oder Darm: Entzündet – vereitert? Anschließend vorsichtig vom After her aufschneiden: Nahrungsreste vorhanden – Parasiten?
9. Muskulatur: Knötchen vorhanden – flächige, punkt- oder kommaförmige Blutungen? Letztere dürfen mit Filterpapier nicht wegzuwischen sein.

Die bei dieser Untersuchung protokollierten Beobachtungen werden mit den anschließend beschriebenen Symptomen der verschiedenen Krankheiten verglichen. Ist keine eindeutige Zuordnung möglich, muß ein Spezialist gefragt werden. Hierzu bringt man am besten mehrere, deutliche Krankheitssymptome aufweisende Fische *lebend* zu einer der nachfolgend aufgeführten Untersuchungsstellen oder sendet zumindest frisch getötete, auf Eis gelagerte Fische per Expreß ein.

Als Bekämpfungsmaßnahmen werden hier nur einfache Verfahren aufgeführt, zumeist Kurz- oder Langzeitbäder mit relativ harmlosen Substanzen. Denn die Erfahrung zeigt, daß der Anfänger mit therapeutisch wirksameren Stoffen leider nur allzuoft seine Fische »totkuriert«, da ihm in der exakten Dosierung immer wieder Fehler unterlaufen. Will man jedoch unbedingt auf solche in der Spezialliteratur genannten Therapeutika zurückgreifen,

empfiehlt es sich, einen Fachmann (Fischereibiologe, Fachtierarzt) hinzuzuziehen.

Wichtige Fischkrankheiten

Pilzkrankheiten

Saprolegnia. Sicher hat jeder, der sich für Fische interessiert, schon einmal auf der Haut seiner Schützlinge wattebauschartige, grauweiße Verpilzungen beobachtet. Bei diesem schimmelartigen Belag handelt es sich fast immer um Pilze der Gattung *Saprolegnia.* Diese Pilze können sich aber in der Regel nur auf dem Fisch ansiedeln, wenn die schützende Schleimschicht bzw. die Oberhaut verletzt ist. Derartige Pilzwucherungen können die Folge von Stich- oder Bißwunden durch andere Organismen oder von mechanischen Verletzungen sein, aber auch durch Temperatur- oder Abwassereinwirkungen hervorgerufen werden. *Saprolegnia* ist ein echter Schwächeparasit, der in der Regel immer sekundär auftritt und im übrigen alle Fischarten befallen kann.

In der Teichwirtschaft hat sich für die Bekämpfung von *Saprolegnia* Malachitgrün (Malachitgrünchlorid oder Malachitgrünoxalat mit dem Zusatz »für die Fischzucht«) bewährt, wobei die vom Hersteller jeweils angegebene Dosierung genau eingehalten werden muß (siehe dazu die Fußnote auf Seite 185). Wichtiger als die Bekämpfung ist jedoch die Vorsorge, also gute, gesunde Haltung und Vernichtung aller Parasiten. Die direkte Bekämpfung von *Saprolegnia* ist immer nur ein Kurieren der Symptome und nicht der Ursachen der Erkrankung.

Kiemenfäule. Eine andere, durch zwei Vertreter der Gattung *Branchiomyces* hervorgerufene Pilzerkrankung ist die Kiemenfäule.

Der Pilz tritt zunächst innerhalb der Kiemenepithelien auf und bricht bei weiterem Wachstum nach außen durch. Kiemenfäule kann besonders im Sommer bei hohen Wassertemperaturen in stark eutrophierten Teichen mit dichtem Fischbesatz zu großen Verlusten führen.

Bei erkrankten Fischen beobachtet man folgende Symptome: Luftschnappen, Kiemenschwellung und Blutergüsse an den Kiemen, äußerlich sichtbare Verpilzung und gelbliche bis braune Verfärbung des Kiemengewebes. Im Endstadium sind die Kiemen dann weitgehend zerstört. Bei genügend starker Vergrößerung unter dem Mikroskop sind in abgeschnittenem Kiemengewebe die Pilzschläuche und Sporen gut auszumachen.

Kiemenfäule wurde bei fast allen Fischarten beobachtet: Karpfen, Schleie, Hechte, Welse, *Coregonus*-Arten, Forellen, Giebeln und Stichlingen.

Eine Bekämpfung, z. B. durch Bäder, ist wenig wirkungsvoll. Wichtig ist die Beachtung teichhygienischer Maßnahmen als Prophylaxe. Hierzu gehört vor allem die Verhinderung allzu starker organischer Ablagerungen im Teich, wie sie durch zu intensive Fütterung an heißen Tagen entstehen, aber auch die Vermeidung einer zu starken generellen Eutrophierung. Bei Verdacht auf Kiemenfäule sollte man den Durchfluß im Teich erhöhen. Erkrankte Fische müssen entfernt und vernichtet werden. Zur Desinfektion (der sichersten Maßnahme) muß der trockengelegte Teich mit Kalkstickstoff oder Chlorkalk intensiv behandelt werden.

Taumelkrankheit. Auch die sog. Taumelkrankheit, die alle Süßwasserfischarten und viele Meeresfische heimsucht, wird von einem Pilz, *Ichthyosporidium hoferi* (früher *Ichthyophonus hoferi*), hervorgerufen.

Aus den mit der Nahrung aufgenommenen Dauerstadien des Pilzes werden im Fischdarm amöbenartige Plasmodien frei. Sie gelangen durch die Darmwand in das Blutgefäßsystem und werden so in die verschiedenen inneren Organe, z. B. die Leber oder die Nieren transportiert. Hier umgeben sie sich mit einer Hülle und wachsen allmählich heran. Aus diesen Zysten werden wieder Tochterplasmodien frei, aus denen sich weitere Zysten entwickeln. Schließlich brechen die Sporen von innen her durch kleine Hautgeschwüre nach außen durch, werden frei und sorgen für die weitere Verbreitung.

Die äußeren Symptome erkrankter Fische sind Gleichgewichtsstörungen (Taumeln!), Appetitlosigkeit, Abmagern und plötzlicher Tod. Gelegentlich findet man auch kleine Geschwulstbildungen auf der Haut. Die inneren Organe weisen kleine, runde Zysten auf. Stark befallene Organe fühlen sich vielfach hart und sandig an. Eine gesicherte Diagnose ist meist nur dem Fachmann aufgrund histologischer Untersuchungen möglich. Die Krankheit ist sehr ansteckend. Die Infektion erfolgt durch Sporen und Pilzfäden über den Kot, eventuell auch über infizierte Kleinkrebse und bei Teichfischen auch durch Verfüttern kranker Meeresfische.

Eine medikamentöse Behandlung ist nicht möglich. Stark befallene Bestände sollten deshalb unbedingt vernichtet und die Teiche im Anschluß daran sorgfältig desinfiziert werden.

Hexamita-Krankheit (Hexamitiasis)

Erreger ist ein Geißeltierchen (zu den Protozoen gehörend), das in den inneren Organen der Fische lebt. Vorwiegend werden Forellenbrut und Forellensetzlinge befallen. *Hexamita* wird zu den Schwächeparasiten gezählt. Bei Forellen tritt *Hexamita* häufig im Gefolge der VHS (Virale Hämorrhagische Septikämie) auf sowie bei falscher Fütterung.

Die erkrankten Fische liegen auf dem Teichboden und zeigen »schießende« Schwimmbewegungen. Bei der Sektion findet man die Parasiten in großer Zahl im Enddarm und in der Gallenblase (Mikroskop, 100fache Vergrößerung).

Neben einer sachgemäßen Fütterung als Prophylaxe können auch folgende Medikamente verabreicht werden: Gabbrocol 1,5% vom Trockenfutter für 4 bis 5 Tage. Auch Trypoflavin (Agriflavin), und zwar 10 mg/kg Fisch/Tag, kann für 3 bis 4 Tage oral verabreicht werden. Auf jeden Fall den Tierarzt befragen! Das früher viel verwendete Kalomel sollte wegen seines Quecksilbergehaltes heute nicht mehr verwendet werden.

Erkrankungen durch Befall mit Sporentierchen (Sporozoa)

Sporozoa-Arten zählen zu den gefürchtetsten Krankheitserregern bei Fischen überhaupt. So wird. z. B. die Drehkrankheit der Salmoniden und die Beulenkrankheit der Barben durch Sporozoen hervorgerufen.

Bei Befall mit *Myxobolus luciopercae* beobachtet man (Mikroskop), vor allem bei Cypriniden, Kaulbarschen, Zandern und Hechten kugelartige Zysten an den Kiemen oder im Kiemenbereich.

Bei Barben bricht vor allem während des Sommers häufig die Beulenkrankheit aus, deren Erreger *Myxobulus pfeifferi* ist. Dabei bilden sich zunächst harte Beulen in der Muskulatur, die allmählich weich werden und geschwürartig nach außen aufbrechen. Aber auch bei anderen Weißfischen kommt es zu derartigen Beulenkrankheiten, z. B. durch *Thelohanellus pyriformis*.

In der Forellenzucht ist die Drehkrankheit, auch Myxomatosis genannt, besonders gefürchtet. Ihr Erreger ist *Myxosoma cerebralis*. Akut befallen werden Jungfische bis zum Alter von einem Jahr, wobei hauptsächlich das Nervensystem durch den Parasiten schwer geschädigt wird. Die Krankheit ist hochinfektiös. Die Krankheitssymptome sind Drehbewegungen vor allem beim Erschrecken der Tiere (Schwanzjagen) und eine Schwarzfärbung der Schwanzregion. Ältere Forellen, die eine Drehkrankheit überstanden haben, weisen Mopsköpfe auf, d. h. verkrüppelte Kiefer, verkürzte Kiemendeckel und im allgemeinen auch Verkrümmungen der Wirbelsäule.

Effektive Bekämpfungsmöglichkeiten des Erregers mit Medikamenten bestehen nicht. Beim Ausbruch der Drehkrankheit ist es ratsam, den gesamten Bestand sofort zu vernichten. Tote und erkrankte Tiere sollten in jedem Fall aus dem Gewässer herausgefangen und vernichtet werden (vergraben oder verbrennen). Teiche, in denen sich befallene Fische aufhielten, sind gut zu desinfizieren, ebenso das verwendete Gerät. Bei Ausbruch der Drehkrankheit muß die Fischereibehörde verständigt werden. Besonders wichtig ist die

Prophylaxe! Man sollte nur Eier und Brut aus einwandfreien Zuchtbetrieben beziehen, ansonsten hält man Jungfische eine Zeitlang in Quarantäne und besetzt erst, wenn die Tiere die Länge von 6 bis 7 cm erreicht haben.

Grieskörnchen-Krankheit (Ichthyophthiriasis)

Erreger ist das zu den Protozoen gehörende, bis zu 1 mm große Wimperntierchen *Ichthyophthirius multifiliis*. Der Parasit lebt eingekapselt in der Unterhaut und im Kiemengewebe, das er zerstört. Nach einiger Zeit fällt er vom Fisch ab, sinkt auf den Gewässergrund und bildet dort durch Teilungen zahlreiche Schwärmer, die ihrerseits neue Fische befallen.

Die erkrankten Fische magern stark ab und scheuern sich häufig an festen Gegenständen im Wasser. Mit bloßem Auge, vor allem aber mit einer Lupe, beobachtet man auf der Haut kleine weiße Pünktchen, als ob der Fisch mit Gries überstreut worden wäre. Achtung: Verwechslungsgefahr mit dem Laichausschlag der Karpfenfische! Dieser Parasit kann erhebliche Verluste in einer Population hervorrufen. Er befällt alle einheimischen Süßwasserfische.

Zur Therapie eignen sich Bäder mit Formaldehyd (ca. 37%iges Formaldehyd 1 : 4000/1 h). In Teichanlagen wird der Erreger heute vielfach mit Malachitgrün (0,1 mg/l Wasser) bekämpft, wobei diese Behandlung dreimal im Abstand von drei Tagen durchzuführen ist (siehe dazu die Fußnote auf Seite 185). Vor einer solchen Teichbehandlung wird dem Hobbyteichwirt allerdings zu einer Beratung durch einen Fachmann geraten, da Malachitgrün stark giftig ist. Eine Heilung sehr stark befallener Fische ist jedoch nicht besonders aussichtsreich.

Ansteckende Haut- und Kiementrübung

Verursacher sind die Einzeller *Costia*, *Chilodonella* und *Trichodina* sowie der Wurm *Gyrodactylus*. Diese Parasiten reizen die Haut. Als Antwort auf diesen Reiz sondert der Fisch viel Schleim ab, so daß besonders am Rücken und am Rand des Kiemendeckels die Haut trübe wird und sich letztlich in Fetzen ablöst. Ähnlich verhalten sich die Kiemen, wenn sie befallen werden. Eine Schädigung der Fische – befallen werden alle Arten – tritt allerdings nur auf, wenn diese Parasiten in extrem großer Zahl vorhanden sind. Die erkrankten Fische sind unruhig und halten sich meist in Ufernähe auf. Auch schwimmen sie zu sauerstoffreichen Zuflüssen, da ihre Atmung erschwert ist.

Die Hauttrübung bricht vor allem bei unzulänglichen Lebensbedingungen aus, z. B. in überfüllten Hälterungen oder in schlechten Winterungen. Sie wird daher auch Hälterkrankheit genannt. Die Hauttrübung ist ein sicherer Hinweis auf eine verminderte Kondition der Fische (Schwächeparasiten). In fortgeschrittenen Stadien der Hauttrübung verweigern die Tiere die Nahrung und können verenden.

Zur Bekämpfung eignen sich Bäder in 1 bis 1,5%iger Kochsalzlösung von 20 bis 30 Minuten Dauer. Natürlich müssen die Tiere hierfür aus dem Teich herausgeholt werden. Diese Behandlung hat selbstverständlich nur dann einen Sinn, wenn den Fischen anschließend bessere Lebensbedingungen geboten werden, d. h. der Bestand ausgedünnt wird, besseres Wasser zur Verfügung steht und vollwertiges Futter.

Befall mit Saugwürmern (Trematoden)

Hier sind vor allem die Gattungen *Gyrodactilus* und *Dactylogyrus* zu nennen. Vertreter der Gattung *Gyrodactylus* leben vorwiegend auf der Haut von Karpfenartigen, *Dactylogyrus* auf den Kiemen.

Gyrodactylus ist etwa 0,5 bis 1 mm groß und durch ein zweizipfeliges Vorderteil charakterisiert, *Dactylogyrus* dagegen, ebenfalls knapp 1 mm groß, hat ein vierzipfeliges Vorderteil und vier punktförmige schwarze Augen. Die Schadwirkung dieser Parasiten besteht in einer Zerstörung der Haut bzw. des Kiemenepithels durch den am Hinterende liegenden stark bewehrten Haftapparat. Außerdem saugen sie Blut. Beide Gruppen sind durch eine große Vermehrungsrate gekennzeichnet und werden vor allem der Fischbrut gefährlich. Befallen werden vor allem Karpfen, aber auch andere Fischarten.

Die Brut bleibt bei einem Befall im Wachstum zurück und wird matt. Gleichzeitig tritt eine Dunkelfärbung auf. Mit einer Lupe oder einem Mikroskop erkennt man die Parasiten leicht. Fischen über 4 bis 5 cm Länge werden die Dactylogyren nicht mehr gefährlich.

Bekämpft werden können die Parasiten mit Bädern in Kochsalzlösung (2,5%ig, 15 Minuten) oder in Formaldehyd-Lösung (100 ml 35%iges Formalin auf 1 l Wasser für 15 Minuten). In Teichanlagen werden sie meistens mit Masoten vernichtet (rezeptpflichtig, Tierarzt).

Auch der Blutwurm *(Sanguinicola)* gehört zu den Saugwürmern (Digenea), die bei Karpfenbrut große Verluste hervorrufen können. Die geschlechtsreifen Parasiten leben im Blutgefäßsystem der Fische. Dieser Wurm macht einen Wirtswechsel durch, wobei Schnecken die Zwischenwirte sind.

Typische Symptome der befallenen Fische sind: apathisches Verhalten, blasse Kiemen, verstopfte Kiemengefäße durch die typischen dreieckigen Eier (mikroskopische Beurteilung) sowie Nierenschäden durch eingekapselte Eier.

Eine Bekämpfung ist nur durch das Abtöten der Zwischenwirte mit Hilfe einer Teichkalkung möglich. Befallen werden vor allem junge Karpfen und Schleien.

Befall mit Band- und Fadenwürmern

Man kennt heute sehr viele fischparasitäre Band- und Fadenwürmer, wobei sogar der Fachmann oft große Schwierigkeiten hat, sie exakt zu bestimmen. Für die Mehrzahl dieser Würmer ist ein komplizierter Entwicklungszyklus typisch, der in manchen Fällen noch nicht einmal genau bekannt ist (Fadenwürmer). Im Rahmen unserer Betrachtungen muß daher der Hinweis ausreichen, daß diese Parasiten in den inneren Organen (vorzugsweise der Leber), in der Muskulatur, in der Leibeshöhle oder im Darmtrakt unserer Fische auftreten. Größere Schäden in Teichanlagen werden durch diese Parasiten nur in seltenen Fällen hervorgerufen. Auch sind Maßnahmen zu ihrer Bekämpfung meist sehr schwierig durchzuführen. Sie bestehen vorzugsweise in der Unterbrechung der Entwicklungskreisläufe, durch Abtöten der verschiedenen Zwischenwirte mit Hilfe der Teichkalkung (vgl. Teichdesinfektion).

Ein häufiger Bewohner der Leibeshöhle von Weißfischen ist z. B. der Riemenwurm *(Ligula intestinalis)*. Die überwiegende Mehrzahl der Band- und Fadenwürmer unserer Süßwasserfische ist für den Menschen ungefährlich.

Lediglich vor dem Fischbandwurm *(Diphyllobotrium latum)* muß gewarnt werden. Er lebt im geschlechtsreifen Zustand im Darm von Katze, Hund und Mensch und kann vor allem bei Kindern ernsthafte Schäden bewirken. Als Zwischenwirt fungieren vorwiegend Raubfische, z. B. Quappe, Hecht, Barsch oder auch Forellen. Die Vollfinne (Plerocercoid) liegt eingekapselt in der Rückenmuskulatur und in der Leber der Fische. Die Infektion des Menschen erfolgt durch den Genuß rohen bzw. nicht voll durchgegarten Fischfleisches. Daher ist es nicht unbedenklich, Hunde und Katzen mit rohem Fischfleisch, vor allem von Fischen aus Wildgewässern, zu füttern.

Ungefährlich für den Menschen sind dagegen die in der Muskulatur und in der Leber von Salmoniden auftretenden Larven der Gattung *Triaenophorus*, des Hechtbandwurmes. Für diese Würmer sind Kleinkrebse der Gattung *Cyclops* die ersten Zwischenwirte, Salmoniden und Barsche die zweiten, während der Hecht Endwirt ist.

Dienen Fische als Zwischenwirte für Fadenwürmer, finden wir deren Larven in der Haut, der Muskulatur und in inneren Organen, wo sie meistens bindegewebig eingekapselt sind. Die Biologie dieser Nematoden ist z. T. noch unbekannt.

Am häufigsten beobachtet man bei uns Nematoden in der Schwimmblase von Salmoniden. Diese *Cystidicola*-Arten sind jedoch weitgehend harmlos. Lediglich bei sehr starkem Befall soll es zu Blutarmut (Anämie) kommen.

Beobachtet man derartige Wurmparasiten bei seinen Fischen, sollte man in jedem Fall eine fachmännische Bestimmung durchführen lassen.

Befall mit Kratzern (Acanthocephala)

Gelegentlich weisen Forellen im Darm festsitzende, bis zu 1 cm lange, weißlichgelbe, ungegliederte Würmer auf. Meist handelt es sich dabei um sog. Kratzer. Sie sind mit ihrem hakenbewehrten Vorderende stabil in der Darmwand verankert. Ihr Entwicklungskreislauf verläuft vom Ei, das mit dem Fischkot abgeht, über einen Bachflohkrebs oder eine Schlammfliegenlarve als Zwischenwirt. Wird ein solcher Zwischenwirt von einem Fisch gefressen, entwickelt sich in seinem Darm der Wurm bis zur Geschlechtsreife.

Kratzer stellen keine Gefahr für den Menschen dar. Bei sehr schwerem Befall von Teichfischen werden sie durch Medikamentzusätze zum Futter (Dibutylzinnoxid 200 mg/kg Fischgewicht) bekämpft. Ansonsten werden bei guter Pflege der Teiche (Kalkung) die Zwischenwirte weitgehend ausgeschaltet.

Egelbefall

Häufig finden sich an Weißfischen, aber auch an anderen Arten, große, mit bloßem Auge leicht zu erkennende Würmer, die zu den Egeln gehören. Meistens handelt es sich um den Fischegel *(Piscicola geometra).* Fischegel treten besonders gehäuft in stark verschlammten und verkrauteten Teichen auf. Bei starkem Befall der Fische können durch das Blutsaugen, vor allem aber durch Sekundärinfektionen der Stichwunden in der Haut, größere Schäden in einem Bestand auftreten.

Wie alle Ektoparasiten lassen sich Egel durch Bäder bekämpfen, z. B. 15 Minuten in 2,5%iger Kochsalzlösung. In der Teichwirtschaft verwendet man heute – wie für andere Ektoparasiten – Masoten zur Egelbekämpfung. Von Bedeutung ist natürlich auch hier die Teichdesinfektion in Form der Kalkung.

Erkrankungen durch parasitäre Krebse (Crustacea)

Von den fischparasitären Krebsen sollen hier wenigstens die häufigsten Arten erwähnt werden.

Ergasilus sieboldi. Die fast 2 mm großen weiblichen Tiere verankern sich mit ihrem zweiten Antennenpaar fest im Kiemengewebe des Fisches. Typisch ist die fleckige Blaufärbung in ihrem Vorderteil (Cephalothorax). Die befruchteten Krebsweibchen treten erst in den Sommermonaten gehäuft auf. Die Männchen leben nur kurz und gehen nach der Begattung zugrunde. Wir finden daher auf den Fischen stets nur Weibchen. Im Laufe eines Sommers entwickeln sich immer zwei Generationen, von denen die zweite weitaus zahlreicher ist.

Befallen werden vor allem Schleien, Hechte, Barsche, gelegentlich aber auch Karpfen und Forellen. Der Befall der Fische ist in bodennahen Schichten des Freiwassers stärker als im Kraut.

Ergasilus ernährt sich von Kiemengeweben und Blut. Das Kiemengewebe wird durch das Umherwandern der Tiere auf den Kiemen stark geschädigt, so daß bei starkem Befall hohe Fischverluste auftreten können. Den erkrankten Fischen ist äußerlich nur wenig anzusehen. Bei starkem Befall magern sie allerdings deutlich ab (»Messerrücken«). Hebt man die Kiemendeckel ab, sind die Krebse als ovale Punkte gut zu erkennen.

Eine Bekämpfung bei Teichfischen ist durch Kurzbäder, z. B. mit Kaliumpermanganat (1 g/10 l Wasser, 5 bis 10 Minuten) möglich. Empfohlen wird auch der Einsatz von Masoten als Bad (2,5%ige Lösung, 5 bis 10 Minuten).

Da vorwiegend junge Schleie befallen werden, wird zum Besatz mit großen Schleien geraten (Kontrolle).

Es existieren noch andere Kiemenkrebsarten, die im Aussehen *E. sieboldi* ähneln, z. B. *Achtheres,* der Barsch und Kaulbarsch befällt.

Lernaea. Ähnelte *Ergasilus* noch weitgehend den Hüpferlingen (Copepoda), so ist bei den Vertretern der Gattung *Lernaea* die Krebsgestalt extrem abgewandelt. Die Gliedmaßen im Kopfbereich sind stark reduziert. Der *Lernaea*-Kopf besitzt rund um den Mund angeordnet vier sog. Kopfhörner, mit denen sich die ohne Eitraube etwa 12 bis 15 mm langen Weibchen in der Muskulatur des Fisches verankern. Die Entwicklung verläuft ohne Zwischenwirt.

Befallen werden Weißfische, Hecht, Barsch, Zander, Forellen, aber auch Stichlinge.

Die Bekämpfung erfolgt mit Masoten-Bädern (Konzentration wie bei *E. sieboldi).*

Argulus, Karpfenlaus. Die verschiedenen *Argulus*-Arten sind gefährliche Hautparasiten an Cypriniden, Hechten, Barschen, aber auch an Aalen und Forellen.

Karpfenläuse sind mit bloßem Auge leicht zu erkennen. Ihre Größe beträgt 6 bis 7 mm. Sie finden sich oft massenweise auf der Haut von Karpfen. Mit Hilfe eines stilettartigen Stachels durchbohren sie die Fischhaut und saugen Blut und Gewebesäfte. Nicht selten sind die befallenen Fische von entzündeten Einstichstellen übersät, die häufig zum Ausgangspunkt von Sekundärinfektionen werden.

Befallene Fische badet man am besten in Kaliumpermanganat-Lösung oder Masoten (Konzentration wie bei *E. sieboldi*). Im Teich werden die Karpfenläuse durch das Trockenlegen vernichtet.

Wie bereits zu Beginn des Kapitels schon erwähnt wurde, spielen in der Fischzucht die durch Viren oder Bakterien verursachten Krankheiten eine größere Rolle als die eben aufgeführten parasitären Erkrankungen. Da der Hobbyfischzüchter beim Auftreten dieser Krankheiten kaum in der Lage sein wird, selbst eine exakte Diagnose zu stellen, d. h. den Erreger nachzuweisen, also ohnehin einen Fachmann konsultieren muß, werden in der nun folgenden Beschreibung der bedeutendsten Virosen und Bakteriosen vor allem die Symptome in den Vordergrund gestellt. Auf diese Weise kann der Hobbyteichwirt dem Spezialisten wenigstens annähernd begründete Verdachtsmomente mitteilen.

Virale Hämorrhagische Septikämie (VHS)

Eine der gefährlichsten Krankheiten der Regenbogenforellen, selten anderer lachsartiger Fische, ist die stark ansteckende VHS. Sie gefährdet in Zuchtbetrieben Regenbogenforellen aller Altersklassen. In Wildgewässern tritt die Krankheit nur selten auf. Erreger ist ein Rhabdo-Virus. Man unterscheidet bei dieser Systemerkrankung drei Krankheitsbilder:

1. Die akute Form ist durch schnelle Ausbreitung und hohe Sterblichkeit gekennzeichnet. Unspezifische Allgemeinsymptome sind eine tiefdunkle Verfärbung, aber auch eine völlige Blässe des Körpers und eine starke, oft einseitige Glotzaugenbildung. Die Kiemen erscheinen blutarm mit streifigen Blutungen. Auch im Augapfel finden sich blutige Infiltrationen, besonders ausgeprägt bei befallener Brut. Gelegentlich ist auch die Flossenbasis blutig verfärbt.

2. Für die chronische Form ist eine deutliche Apathie, langsames Schwimmen und verminderter Fluchtreflex charakteristisch. Die Fische lehnen sich zum Teil direkt an den Teichrändern an. Dunkle Körperfärbung und beidseitige Glotzaugen vervollständigen, neben einer Schwellung des Bauches (Flüssigkeit), einer gelblichen Afterregion und langsamer Erweichung der Rückenmuskulatur, das äußere Bild. Öffnet man die Fische, findet man gelbliche Flüssigkeit in der Leibeshöhle, kommaförmige Blutungen in der Muskulatur und graubraune bis gelbe, brüchige Lebern. Die Nieren sind vielfach stark geschwollen und haben eine stark gewellte Oberfläche.

3. Störungen in der Bewegungskombination (Ataxie) bilden die Schlußphase der Erkrankung. Die Forellen schwimmen im Kreis und vollführen ruckartig-taumelnde Bewegungen um die Längsachse. Typisch sind außerdem ausgeprägte Muskelkrämpfe.

Die Übertragung erfolgt über verseuchtes Wasser, infizierte Fische, Wasservögel, Geräte, Fahrzeuge und das Personal der Teichwirtschaft. Auch eine Infektion über Eier ist anzunehmen.

Bis heute kennt man gegen die VHS keine zuverlässige Behandlung. Der beste Schutz ist auch hier Prophylaxe: optimale Haltung und Fütterung, gutes Fischmaterial aus seuchenfreien Betrieben. Im Falle eines Verdachtes auf VHS ist unbedingt sofort ein Fachmann vom Fischgesundheitsdienst zuzuziehen (Meldepflicht).

Infektiöse Pankreasnekrose (IPN)

Eine ebenfalls sehr ansteckende Systemerkrankung der Salmoniden ist die IPN. Ihr Erreger gehört zu den Reo-Viren. Befallen werden junge Regenbogen- und Bachforellen, Bachsaiblinge und Lachse bis zu 15 cm Länge. Bei älteren Tieren bricht die Krankheit nur selten akut aus, sie können aber Träger der Erreger sein.

Die IPN setzt mit einem plötzlichen Setzlingssterben ein, wobei bis zu 90% eines Bestandes verenden können. Die Fische schwimmen in Seitenlage mit Übergängen zu zitternder und spiraliger Schwimmweise. Teilweise liegen die ermatteten Tiere am Teichboden. Dann tritt eine Dunkelfärbung des Körpers auf. Glotzaugen bilden sich, es kommt zu Auftreibungen des Leibes, zu Blutungen in der Haut und Entzündungen des Afters. Bei der Sektion erweist sich der Darm frei von Nahrung, ist stark gerötet, schlaff und entzündet. Meist enthält er einen farblosen milchigen Schleim. An den inneren Organen zeigen sich Blutungen. Leber und Milz sind auffallend farblos. Die Diagnose muß aber stets durch den histologischen Befund an der Bauchspeicheldrüse gesichert werden (Gewebszerstörungen).

Die Verbreitung erfolgt über das Wasser, das Futter, lebende und tote Fische, Fischeier und -sperma sowie durch Geräte. Sehr wahrscheinlich sind umweltbedingte Verschlechterungen der Haltungsbedingungen an der Ausbreitung der IPN mit schuld.

Für die Bekämpfung der IPN gilt das bei der VHS Gesagte, die Krankheit ist ebenfalls meldepflichtig.

Infektiöse Bauchwassersucht (IBW)

Bei dieser gefährlichen Cypriniden-Krankheit handelt es sich um einen Komplex aus mehreren Krankheitsformen, die von verschiedenen Fischpathologen heute als eigenständige Erkrankungen betrachtet werden. Da aber viele Fragen dieses Krankheitsbildes noch ungeklärt sind, wird es hier unter der alten Bezeichnung Bauchwassersucht beschrieben, zumal dieser Name in der Praxis nach wie vor geläufig ist.

Man unterscheidet im allgemeinen zwei Krankheitsformen, die unterschiedliche Erreger haben, die Fische aber oftmals gleichzeitig befallen. Manche Autoren sprechen sogar von drei Krankheitstypen.

Die akute Bauchwassersucht oder Exsudatform entspricht der sog. Frühlingsvirämie der Karpfen (Spring Viraemia of Carp, SVC, SV) und ist eine Viruserkrankung. Ihr Erreger ist *Rhabdovirus carpio*. Sekundär treten aber noch Bakterien der Gattungen *Aeromonas* und *Pseudomonas* auf.

Die chronische Bauchwassersucht, die Geschwürform, wird heute als Erythrodermatitis (ED, Carp Erythrodermatitis, CE) bezeichnet. Erreger ist die Bakterie *Aeromonas salmonicida* ssp. *nova*.

Äußere Symptome der akuten IBW: Die Fische stehen direkt unter der Wasseroberfläche und haben keinen Appetit. Ihr Leib ist gebläht. Zum Teil treten großflächige Blutungen in der Haut und an den Flossenansatzstellen auf. Glotzaugen, vorgestülpter After, ausgefranste Flossen und blasse Kiemen vervollständigen das Krankheitsbild.

Beim Öffnen der Fische zeigt sich die Leibeshöhle angefüllt mit Flüssigkeit. Die Leber ist gelb und wäßrig. An der Schwimmblasenwand treten deutliche Blutungen auf. Der Darm ist stark entzündet bis zur wäßrigen Auflösung.

Bei der chronischen Form ähneln die Symptome weitgehend denen der akuten, nur fehlt die starke Aufblähung des Leibes. Am Rücken und an den Seiten treten jetzt tiefe, vielfach sekundär verpilzte Geschwüre auf. Die inneren Symptome zeigen keine so weitgehende Schädigung wie beim akuten Stadium.

Die akute Form wirkt verheerend. Sie bricht vorwiegend im Spätherbst und Frühjahr bei Wassertemperaturen zwischen 16 und 17 °C aus. Stärkere Temperatur-, Sauerstoff- und pH-Schwankungen begünstigen ebenso wie zu dichter Besatz und ungünstige Ernährung (Vitaminmangel) den Ausbruch der IBW. Die chronische Form zeigt sich überwiegend im Sommer.

Als Infektionsquellen sind kranke und tote Fische anzusehen. Obwohl Kontaktinfektion nachgewiesen ist, besteht über den natürlichen Übertragungsweg noch keine absolute Klarheit.

Über Bekämpfungsmaßnahmen durch Impfung und Antibiotika im Frühjahr gehen die Meinungen auseinander. Berichte über Erfolge und Mißerfolge halten sich die Waage. Häufig wird auch Medizinalfutter verabreicht. Da es sich aber – zumindest bei der akuten Form – erwiesenermaßen um eine Virusinfektion handelt, bleibt bei ihr der Erfolg des Einsatzes von Antibiotika zweifelhaft, während bei der chronischen IBW gute Erfahrungen mit dieser Therapie zu verzeichnen sind.

Sehr ähnliche Symptome wie die eben beschriebenen treten auch bei der viralen Schwimmblasenentzündung (VSBE) auf, an der neben Karpfen auch Schleien, Hechte, Zander und Graskarpfen erkranken können. Von einigen Fachleuten wird die VSBE daher ebenfalls als besondere Form der Bauchwassersucht angesehen. Typisch ist zu Beginn der Krankheit das Kopfstehen der Fische, bedingt durch die Bildung gas- und flüssigkeitsgefüllter Zysten im Schwanzbereich. Auch der Augendrehreflex fällt einseitig aus. An der Schwimmblase zeigen sich Blutungen sowie bräunliche bis schwarze Flecken und Verdickungen. Der Erreger der VSBE ist mit dem der akuten IBW identisch, so daß es sich wohl um eine Krankheit mit zwei Haupterscheinungsbildern handelt.

Eine Übertragung der VSBE über Karpfeneier erfolgt nicht. Die Infektion scheint vom Darm her über die Schwimmblase zu verlaufen, dürfte aber auch über die Kiemen möglich sein.

Eine medikamentöse Behandlung bleibt erfolglos. Auch bei der IBW sind gesundes Fischmaterial, gute Haltung, einwandfreie Fütterung, ordentlicher Besatz und eine sorgfältige Teichpflege die beste Gewähr für eine Verhinderung dieser Krankheit.

Die IBW ist meldepflichtig. Bei Verdacht auf eine ihrer drei Formen muß unbedingt der Fischgesundheitsdienst verständigt werden.

Pockenepitheliom

Eine weitere Viruserkrankung der Cypriniden sind die als Pocken bezeichneten Oberhautwucherungen. Sie rufen zwar keine großen Verluste hervor, jedoch wird das Wachstum der Fische gestört und stark verlangsamt.

Bei dieser Krankheit treten anfangs an den Flossen stecknadelgroße, harte, gallertig bis milchig aussehende Hautverdickungen auf, die allmählich flächenförmig auswachsen und sich über den ganzen Körper ausweiten. Bei schweren Krankheitsfällen kommt es zu einer Knochenerweichung, so daß man die Fische in jede Richtung biegen kann. Klingt die Erkrankung ab, festigt sich das Skelett wieder, doch bleiben meist Wirbelsäulenverkrümmungen zurück.

Der Ausbruch dieser Pockenepitheliome ist vermutlich außer vom Erreger auch noch von anderen Faktoren, wie der genetischen Veranlagung und schlechten Umweltbedingungen abhängig.

Eine generell erfolgreiche Behandlungsmethode gibt es nicht. Es wird jedoch vitamin- und mineralstoffreiche Nahrung empfohlen sowie Umsetzen in einwandfreies Wasser.

Bakterielle Kiemenschwellung

Die bakterielle Kiemenschwellung ist eine Krankheit der Forellenbrut. Ihre Erreger sind Myxobakterien. Beim Ausbruch dieser Erkrankung wirken aber auch noch ungünstige Wasserverhältnisse und Mangel an Vitamin B_5 (Pantothensäure) mit.

Das typische Symptom der bakteriellen Kiemenschwellung ist das Abspreizen der Kiemendeckel, so daß die intensiv rotgefärbten Kiemen, die »struppig« wirken, sichtbar werden. Die Spitzen der Kiemenblättchen sind kolbenförmig angeschwollen. Erkrankte Fische atmen sichtbar mühsam. Die Erkrankung ist meist mit großen Verlusten verbunden.

Beim Auftreten der Kiemenschwellung ist die Fütterung auf vitaminreiches, fettarmes Futter umzustellen, z. B. auf Leber, der Kalziumpantothenat zugesetzt werden kann (20 bis 60 mg/kg Futter). In keinem Fall darf staubförmiges Trockenfutter verwendet werden. Auch das Wasser muß möglichst klar und frei von allen Trübstoffen sein. Direkte Sonneneinstrahlung ist möglichst zu vermeiden. Auch Bäder können zusätzlich durchgeführt werden, z. B. eine Stunde in 1,5%iger Kochsalzlösung.

Fleckenseuchen

Weitverbreitet unter unseren Süßwasserfischen sind die sog. Fleckenseuchen, deren Erreger verschiedene Bakterienarten der Gattungen *Pseudomonas* und *Aeromonas* sind.

Die Haut erkrankter Fische weist anfangs fleckenartige Rötungen auf. Dann lösen sich die Schuppen ab, und Geschwüre entstehen, die sich an den Seiten flächig ausbreiten. Aber auch am Kopf (Hecht), in der Kiefer- und Augenregion bilden·sich derartige Zerstörungen. Die Schwanzflosse ist meist zerfasert, der After vorgestülpt. Rotaugen und Brachsen zeigen gelegentlich Ascites-Bildung. Die Leber ist gelb verfärbt mit punktförmigen Blutungen.

Fleckenseuchen wurden bei fast allen Süßwasserfischarten beobachtet: Hecht (»Hechtpest«), Weißfische, Renkenartige, Zander und Barsch. Die Erkrankung tritt in Teichanlagen und Wildgewässern auf, wobei ein direkter Zusammenhang zur Belastung mit organischen Abwässern zu bestehen scheint.

Bei der Bekämpfung sollen sich nach verschiedenen Autoren Antibiotika bewährt haben.

Flossenfäule

Eine weitere ernstzunehmende Erkrankung ist die Flossenfäule, die ebenfalls von Bakterien hervorgerufen wird. Es kommt zu schweren Entzündungen insbesondere der Schwanzflosse. Im Endstadium ist nur noch der blutige, meist verpilzte Schwanzstumpf vorhanden. Flossenfäule kann bei allen Süßwasserfischarten auftreten.

Zur Bekämpfung hat man Kurzbäder in Kupfersulfat empfohlen (1 g/2 l Wasser), wobei der pH-Wert des Bades um 7,0 liegen muß. Bei niedrigerem pH-Wert ist ein Bad nicht möglich. Im Teich soll eine Behandlung mit Malachitgrün (0,1 mg/l oder 1 g/10 m³) Erfolg haben (siehe dazu die Fußnote auf Seite 185).

Furunkulose

Sie tritt gelegentlich bei Salmoniden, insbesondere bei der Regenbogenforelle auf. Der Erreger dieser stark ansteckenden, verlustreichen Krankheit, das Bakterium *Aeromonas salmonicida*, wurde aus Amerika eingeschleppt. Auch bei dieser Bakteriose werden mehrere Krankheitsformen (Geschwürform, hämorrhagische Form, Darmfurunkulose und symptomlose Form) unterschieden, die im einzelnen hier jedoch nicht aufgeführt werden sollen.

Die äußeren Symptome äußern sich in tiefgehenden, beulenartigen Geschwüren, die über die ganze Körperoberfläche verteilt auftreten. Der After ist vorgestülpt und zeigt eitrigwäßrigen Ausfluß. Im Bereich der Geschwüre kommt es zu blutigen Muskelzersetzungen. Die Leber ist fleckig, die Milz stark vergrößert und der Darm vereitert. Die Schwimmblase weist Blutungen auf und ist mit Flüssigkeit gefüllt. Auch die Nieren werden meist angegriffen, häufig sogar völlig verflüssigt.

Neben der Ansteckung durch direkten Kontakt ist auch die Aufnahme infektiösen Materials durch das Maul nachgewiesen, ferner durch verseuchtes Wasser und infizierte Eier.

Zur Bekämpfung eignen sich mit dem Futter verabreichte Antibiotika, Sulfonamide und Nitrofurane. Da einige dieser Medikamente sich im Fisch anreichern können, sollte beim Auftreten von Furunkulose der Fischgesundheitsdienst benachrichtig werden. Für eine ausreichende Desinfektion von Teichen und Geräten nach einem Furunkulosebefall ist unbedingt zu sorgen. Die Aufrechterhaltung optimaler Lebensbedingungen während und nach einer Behandlung ist unerläßlich.

Zum Abschluß unserer Betrachtung der wichtigsten Fischkrankheiten sei eindringlich darauf hingewiesen, daß jeder Gebrauch von Medikamenten immer nur der letzte Versuch sein darf, größere Schäden von einem Bestand abzuwenden. In erster Linie muß der Teichwirt stets danach trachten, seine Fische so zu behandeln, daß alles vermieden wird, was zum Ausbruch einer Krankheit führen könnte. Je eher aber Krankheitserscheinungen festgestellt und Abwehrmaßnahmen eingeleitet werden, desto größer ist der Erfolg jeder Therapie. Nach Abschluß einer erfolgreichen Bekämpfung einer Krankheit muß immer nach den Ursachen gesucht werden, die zum Ausbruch der Krankheit führten. Nur ihr Abstellen kann das Risiko einer erneuten Erkrankung mindern. Es ist eine bekannte Tatsache, daß in bestimmten Anlagen gewisse Krankheiten immer wieder auftreten, ein sicheres Zeichen dafür, daß in diesen Betrieben irgend etwas nicht in Ordnung ist.

Es sei aber nochmals ausdrücklich betont, daß Bekämpfungsmaßnahmen nur dann sinnvoll sind, wenn sie gezielt eingesetzt werden. Daher ist eine genaue Diagnose unersetzliche Voraussetzung für jede Therapiemaßnahme. »Allheilmittel« gegen Fischkrankheiten gibt es nicht. Im Zweifelsfall ist es daher immer billiger, vor allem aber sinnvoller, den Rat eines Fachmannes einzuholen, als selbst »Kurpfuscherei« zu betreiben.

Umweltbedingte Krankheiten und Schädigungen

Umweltschädigungen machen heute einen nicht unerheblichen Teil aller Fischverluste aus – man rechnet mit etwa 60%. Neben biotischen Faktoren, wie Stoffwechselstörungen durch falsche Ernährung, sind dabei die wichtigsten Einflußgrößen Sauerstoffmangel, pH-Wert-Verschiebungen, Temperaturveränderungen und Vergiftungen.

Es ist hier nicht der Ort, all diese Schädigungen und ihre Symptome im einzelnen auszuführen. Die Literatur über diese, vor allem durch den Menschen hervorgerufenen Veränderungen des Wassers und ihre Folgen für die Fische, füllt bereits ganze Bibliotheken. Wir müssen uns daher auf ausgewählte, mehr oder weniger allgemeine Hinweise beschränken. Einige besonders wichtige Zahlenwerte für Karpfen und Forellen sind in den Tabellen »Wasserqualitätskriterien« zusammengestellt. Sehr detaillierte Angaben zu verschiedenen Umweltschädigungen finden sich bei Liebmann 1960 (Abwasser) sowie in fast allen neueren Spezialwerken über Fischkrankheiten (siehe Literaturverzeichnis).

Stoffwechselstörungen

In der Fischzucht gehört Vitaminmangel mit zu den häufigsten Krankheitsursachen, vor allem dann, wenn zu altes, überlagertes Industriefutter verwendet wird.

Die Symptome – meist durch unterschwellige Defizite der verschiedenen Vitamine gleichzeitig ausgelöst – sind wenig spezifisch und nur schwer anzusprechen. Am häufigsten beobachtet man Appetitlosigkeit, schlechtes Wachstum, Abmagerung, Apathie und erhöhte Sterblichkeit.

Behoben werden diese Schäden durch die vorübergehende Verabreichung eines speziellen, vitaminreichen Medizinalfutters (Tierarzt) und anschließende Umstellung auf frisches Futter.

Bei Teichfischen beobachtet man aber auch oft eine Verfettung der Eingeweide, besonders der Leber, des Darms und der Eierstöcke.

Beim geöffneten Fisch füllen die Fettmassen die gesamte Leibeshöhle aus. Im Quetschpräparat unter dem Mikroskop erscheint das Fett als Anhäufung zahlreicher kleiner, übereinandergelagerter Kügelchen. Verfettung vor allem der Leber kann zum Tod der Fische führen. Krankhaft verfettete Lebern sind deutlich gelbbraun verfärbt, ein Zeichen für die Zerstörung des Lebergewebes. Die fettige Degeneration der Keimdrüsen bewirkt Fortpflanzungsunfähigkeit.

Bei jungen, heranwachsenden Fischen ist die Gefahr der Verfettung noch relativ gering, da viel Energie zum Aufbau der Körperzellen verbraucht wird. Ausgewachsene, ältere Fische speichern die Nahrung als Fett und müssen daher auf knappe Fütterung umgestellt werden.

Sauerstoffmangel

Die Ansprüche der verschiedenen Fischarten an die im Wasser gelöste Sauerstoffmenge sind unterschiedlich. Der normale Sauerstoffbedarf des Karpfens liegt bei etwa 5 mg/l, während 3 mg/l bereits den Minimalbereich kennzeichnen und sich negativ auf den Stoffwechsel auswirken. Doch kann der Karpfen auch noch bei dieser Konzentration existieren, erst Werte um 0,5 mg/l sind für ihn tödlich. Für Forellen sollte der Sauerstoffgehalt etwa 8 mg/l betragen. Die unterste noch erträgliche Grenze liegt ungefähr bei 5 mg/l, ab 4 mg/l tritt Atemnot auf und bei 3 mg/l der Tod. Für die Toleranz niedriger Sauerstoffkonzentrationen spielt die Gewöhnung eine große Rolle. Besonders kritisch ist daher ein plötzliches Absinken des Sauerstoffgehalts im Wasser. Aber bereits suboptimale Sauerstoffkonzentrationen schwächen die Widerstandskraft der Tiere und erhöhen ihre Anfälligkeit gegen Krankheiten.

Sauerstoffmangel äußert sich zunächst in Notatmung, d. h. die Fische hängen an der Wasseroberfläche und schnappen nach Luft. Bei weiterer Sauerstoffabnahme kommt es dann in kürzester Zeit zu Totalverlusten.

Bei Anzeichen von Sauerstoffmangel muß entweder künstlich belüftet werden, oder man pumpt das Wasser um (Sauerstoffanreicherung) bzw. erhöht den Wasserdurchsatz des Teiches.

Verschiebungen des pH-Wertes

Wie der Sauerstoffgehalt, so ist auch der pH-Wert des Wassers für das Leben der Fische von entscheidender Bedeutung. Der optimale pH-Bereich ist zwar nicht für alle Arten gleich, doch bevorzugen die meisten von ihnen pH-Werte zwischen 6

Wasserqualitätskriterien für Salmoniden (nach Bohl 1982)

Parameter	Werte/Konzentration	Bemerkungen
Wassertemperatur	9 –17 °	
	12 –16 (optimal)	
pH	6,5– 8,0	schwach sauer, 6,5 günstig
	um 7	für intensive Produktion
Sauerstoff (O_2)	9,2–11,5 mg O_2/l	um Sättigungswert
Ammoniak (NH_3)	0,01 bzw. 0,02 mg/l	
	0,005 mg/l	für Brut
Nitrit (NO_2^-)	0,1 mg/l	in weichem Wasser
	0,2 mg/l	in hartem Wasser
	(= 0,03 bzw. 0,06 mg N–NO_2/l)	
	0,012 mg N–NO_2/l	in Kreislaufanlagen
Nitrat (NO_3^-)	100 mg/l	
	(= 33 mg N–NO_3/l)	
Chlor (Cl_2)	0,01–0,03 mg/l	
Chlorid (Cl^-)	50 mg/l	für Eierbrütung
Schwefelwasserstoff (H_2S)	0,002 mg/l	
Kohlendioxid (CO_2)	25 mg/l	(EIFAC)
	10 mg/l	sollten jedoch insbesondere für Brut nicht überschritten werden*
Ozon (O_3)	0,002 mg/l	
Stickstoff (N_2)	110%	maximaler Gesamtgasdruck der Sättigung
Schwebende und absetzbare Stoffe	15 (– 80) mg/l	Partikelkantenschärfe entscheidend, Bruthauswasser = 0
Kupfer	0,006 mg/l	in weichem Wasser
	0,03 mg/l	in hartem Wasser (SBV von 2 = 100 mg/l $CaCO_3$)
Zink	0,005–0,04 mg/l	von der Wasserhärte abhängend
Eisen	0,3 mg/l	
	0,1 mg/l	bei Brut
Blei	0,01–0,03 mg/l	
Quecksilber	0,5 µg/l	
Cadmium	0,4 µg/l	in weichem Wasser (SBV < 2)
	3 µg/l	in hartem Wasser (SBV > 2)
Chrom	0,01 mg/l	(Hexavalent)
	0,05 mg/l	(Trivalent)

Cyanid	0,005–0,025 mg/l	
Arsen	0,01–0,5 mg/l	
Barium	5 mg/l	
Aluminium	0,1 mg/l	
Polychlorierte Biphenyle		(= Jackson Turbidity
(PCBs)	0,5 μg/l	Unit = J
Fließgeschwindigkeit	n 0,5–3 cm/sec	Trübungseinheit; vgl. die
Trübung	< 10 JTU	folgende Tabelle

Zeichenerklärung: < kleiner als, > größer als; * je höher das SBV, desto höhere CO_2-Verträglichkeit

Wasserqualitätskriterien für Karpfen (nach Bohl 1982)

Parameter	Werte/Konzentration	Bemerkungen
Wassertemperatur	18 –24 °C	
	16 –26 °C	noch günstig
pH	6,5– 8,5	
Sauerstoff (O_2)	5 – 9 mg/l	sollten nicht unter-
	(4 mg/l)	schritten werden
Salzsäurebindungs-	> 0,5	besser 1,5 und darüber
vermögen (SBV)		
Nitrit (NO_2^-)	0,06– 0,1 mg/l	
NH_3	0,02 mg/l	
Chlor (Cl_2)	0,02 mg/l	
Eisen (Fe)	0,9 mg/l	

Nach den EG-Richtlinien für Zn und Cu
in Abhängigkeit von der Wasserhärte
(in mg $CaCO_3$/l; 50 mg $CaCO_3$ = SBV von 1)

	10	50	100	300	800
Zink (Zn)	0,3	0,7	1,0	–	2,0 mg/l
Kupfer (Cu)	0,005	0,022	0,04	0,112 mg/l –	

Cadmium (Cd)	0,004 mg/l	in weichem Wasser
	0,012 mg/l	in hartem Wasser
Nickel (Ni)	0,5 mg/l	
Kobalt (Co)	0,1 mg/l	
Mangan (Mn)	0,1 mg/l	
Blei (Pb)	0,1 mg/l	
Arsen (As)	0,001 mg/l	
Erdöl	0,6 mg/l	
Gasöl	0,04 mg/l	(Jackson-Turbidity Unit =
Petroleum	0,3 mg/l	J. Trübungseinheit; 1 JTU ≙
Benzin	0,005 mg/l	0,1 Formazin-Einheit
Trübung	< 25 JTU	(s. Dt. Einheitsverfahren)

und 8 (vgl. Artenbeschreibungen). Saures Wasser mit pH-Werten unter 6 bzw. alkalisches mit solchen über 8 rufen Schädigungen hervor.

Säurekrankheit. Wie aus dem Namen hervorgeht, tritt sie bei zu saurem Wasser auf. Bei pH-Werten unter 5,5 schießen die Fische im Wasser umher, springen über die Wasseroberfläche und schnappen nach Luft. Die Tiere werden träge, und je nach Fischart tritt der Tod mehr oder weniger schnell ein. In der Reihenfolge ihrer Säureempfindlichkeit sterben nacheinander Karpfen, Schleie, Hecht, Bachforelle und Barsch. Haut und Kiemen säuregeschädigter Tiere sind mit geronnenem Schleim überzogen. Die Kiemen sind vielfach braun verfärbt.

Saure pH-Werte können auftreten bei Abwassereinleitungen, bei Zufluß von Schneeschmelzwässern und huminstoffreichen Abläufen aus Nadelholzwäldern.

Bei Säuresterben muß der pH-Wert möglichst schnell wieder auf die Normwerte einreguliert werden, z. B durch Ausbringen von kohlensaurem Kalk.

Laugenkrankheit. Sie setzt je nach Fischart bei pH-Werten zwischen 8 und 9 ein. Vor allem in Teichen mit starkem Pflanzenwuchs werden bei Sonneneinstrahlung durch die Assimilation derartige Werte relativ leicht erreicht.

Anfangs weisen die Fische leichte Verätzungen an Kiemen und Flossen auf, wodurch letztere zerfranst wirken. Für die späteren Stadien der Laugenkrankheit ist die extrem starke Absonderung von Schleim auf Haut und Kiemen charakteristisch.

Zur Verhinderung der Laugenkrankheit sind vorbeugende Maßnahmen unerläßlich. Das Teichwasser muß durch Kalkung ausreichend gepuffert sein, und zu starker Pflanzenwuchs muß eingedämmt werden. Besonders kritisch sind hohe pH-Werte bei Anwesenheit von Ammonium im Wasser, da aus diesem dann tödliches Ammoniak entsteht. Extreme Schlammansammlungen sind daher zu entfernen.

Kiemennekrose (KN)

Bei dieser Krankheit, die in der Karpfenzucht von großer wirtschaftlicher Bedeutung ist, handelt es sich sowohl um eine Selbstvergiftung (Autintoxikation) als auch um eine Vergiftung (Intoxikation) mit Ammoniak, die bei erhöhten pH-Werten und/oder erhöhten Ammoniumkonzentrationen des Wassers auftritt. Von ausschlaggebender Bedeutung in diesem Zusammenhang ist der von pH-Wert und Wassertemperatur abhängige Dissoziationsgrad des Ammoniums.

Die über die Kiemen erfolgende Ausscheidung des Ammoniumstickstoffes, der als Endprodukt des Eiweißstoffwechsels im Fisch entsteht, wird bei pH-Werten über 8 oder aber bei Ammoniumbelastung des Wassers zunehmend gehemmt und schließlich völlig blockiert.

Für die Entstehung der KN sind dabei folgende Gesetzmäßigkeiten entscheidend:

– *Normalzustand:* Die Ammoniumausscheidung über die Kiemen läuft normal ab, wenn der pH-Wert etwa gleich oder kleiner ist als der des Blutes (Blut-Normalwert 7,3 bis 7,5). Unter diesen Bedingungen tritt das Ammonium ungehindert aus dem Blut ins Wasser über, selbst wenn dieses einen höheren Ammoniumgehalt aufweist.

– *Ammonium-Selbstvergiftung:* Liegt der pH-Wert des Wassers über dem des Blutes und ist im Wasser kein Ammonium enthalten, wird mit steigendem pH-Wert der Austritt des Ammoniums aus dem Blut und sein Übergang ins Wasser immer mehr gehemmt, bis er etwa bei pH 10,5 völlig blockiert ist. Hierdurch kommt es zu einem Ammonium-Rückstau im Fisch, der zur Selbstvergiftung führt (Vergiftungsgrenzwert im Blut etwa 400 μg/100 ml).

– *Ammoniak-Vergiftung:* Ist der pH-Wert des Wassers höher als der des Blutes und enthält das Wasser gleichzeitig noch Ammonium, so nimmt mit steigendem pH-Wert einmal der Anteil des undissoziierten Ammoniaks im Wasser zu, zum anderen die Ammoniumausscheidung des Fisches über die Kiemen bis vor völliger Unterbindung ab. Jetzt tritt Ammoniak aus dem Wasser in das Blut über, und der Fisch wird vergiftet.

Sowohl Selbstvergiftung durch Rückstau als auch die Ammoniakvergiftung führen zu einer allmählichen oder auch plötzlichen Erhöhung der Ammoniumkonzentrationen im Blut und damit zum chronischen bzw. akuten Verlauf der KN.

Die ersten Anzeichen dieser Erkrankung bestehen in einer durch die starke Durchblutung erzeugten Schwellung der Kiemen bei gleichzeitig starker Schleimabsonderung. Später stirbt das Kiemengewebe ab und wird abgestoßen. Die Veränderung an den Kiemen können mit einer Dunkelfärbung und Marmorierung der Körperoberfläche einhergehen. Begleiterscheinungen der KN sind erhöhte Atemfrequenz, Muskelzucken und Krämpfe, drehende und schießende Schwimmbewegungen sowie gestörter Augenreflex. Die Sektion zeigt eine hellgelbliche Verfärbung der Leber, die Muskulatur ist erweicht. Zur sicheren Diagnose sind neben diesen Symptomen Bestimmungen des pH-Wertes und des Ammoniums im Wasser sowie im Blutserum unerläßlich.

Die Kiemennekrose ist überwiegend eine Krankheit der ein- bzw. zweisömmerigen Karpfen, wurde aber symptomlos auch schon bei Forellen, Aalen und der Brut anderer Fischarten nachgewiesen.

Da die KN eine Folge der Störung des biologischen Gleichgewichtes im Teich ist, müssen zu ihrer Bekämpfung oder noch besser schon zur Vorbeugung alle Maßnahmen zur Stabilisierung des optimalen pH-Wertes angestrebt werden: Kalkung und Entschlammung der Teiche, Bekämpfung eines übermäßigen Pflanzenwuchses, vernünftige Düngung, keine zu intensive Betriebsweise und keine zu starke Eiweißfütterung.

Temperaturschäden

Temperaturschwankungen und Abweichungen vom Temperaturoptimum können, vor allem während der Embryonalentwicklung zu Schäden und Mißbildungen bei Fischen führen. Größere Tiere (Karpfen, Aal, Wels) vertragen Abweichungen von ihrer Gewöhnungstemperatur um 10 °C nach oben und unten, Regenbogenforellen hingegen nur solche um etwa 6 °C. Der optimale Temperaturbereich liegt für Karpfen zwischen 22 und 28 °C, für Regenbogenforellen zwischen 12 und 16 °C. Die tödliche Obergrenze für den Karpfen beträgt 38 °C, für die Regenbogenforelle 26 °C. Kälteschäden treten unter 0,5 °C auf. Plötzliches Umsetzen in zu kaltes Wasser kann zu einem Temperaturschock führen, durch den die roten Blutkörperchen so geschädigt werden, daß er letzlich tödlich wirkt.

Durch langsame Anpassung beim Umsetzen sowie durch Vermeidung extremer Wassertemperaturen lassen sich Temperaturschäden leicht verhindern.

Vergiftungen

Wie bereits einleitend zu diesem Abschnitt erwähnt wurde, ist die Zahl der wissenschaftlichen Arbeiten, die sich mit der Vergiftung von Fischen beschäftigen, Legion so daß sie hier auch nicht annähernd aufgezählt werden können. Neben allgemeinen Hinweisen zur Vergiftung von Fischen werden daher nur einige besonders häufige Schadstoffe in einer tabellarischen Übersicht zusammengestellt.

Bei Verdacht auf eine Vergiftung muß sofort die Polizei verständigt werden. Außerdem ist es ratsam – unabhängig von der Behörde – einige Fische sowie Wasserproben (saubere Glasgefäße!) zu entnehmen, die dann zusammen mit einem Bericht an die zuständigen Fachbehörden zur chemischen Untersuchung weitergeleitet werden müssen.

Die Aufnahme von Giftstoffen erfolgt meistens über die Kiemen, nur gelegentlich über die Haut. Daneben dienen aber auch der Darmtrakt und eventuelle Wunden als Eingangspforten. Die Giftwirkung einer Substanz hängt von der Konzentration und der Einwirkungsdauer ab sowie von den Aufnahme- und Ausscheidungsmöglichkeiten durch den Fisch.

Man kennt reversible und irreversible Vergiftungen. Durch das Zusammenwirken verschiedener Stoffe kann sich die Giftwirkung auch erheblich verstärken (Synergismus) z. B. bei gleichzeitiger Einwirkung der Metallionen Cadmium und Blei oder Kupfer und Zink. Die Giftwirkung kann örtlich begrenzt bleiben oder sich nach Übertritt des Giftes in das Blut auch auf den ganzen Organismus ausdehnen. Die Aufnahme eines Giftstoffes durch den Fisch wird bestimmt von der Wasser- und/oder Fettlöslichkeit der Substanz sowie von den physiologischen Mechanismen ihres Tranportes von Zelle zu Zelle. Die Ausscheidung erfolgt über Kiemen, Haut, Niere und Darm. Ist eine Schadsubstanz fettlöslich, kann sie in den verschiedenen Fettgeweben gespeichert werden (Unterhautfettgewebe, Leber). Es besteht aber auch die Möglichkeit einer Aufhebung der Giftwirkung durch körpereigene Mechanismen. Eine Vergiftung kann schnell und heftig (akut) weniger schnell (subakut) oder ganz langsam (chronisch) verlaufen. Die individuelle Giftempfindlichkeit ist bei Fischen sehr unterschiedlich. Sie kann bis zum Faktor 3 schwanken. Außerdem sind Fische giftempfindlicher als Säugetiere. Nach ihrer Empfindlichkeit werden eingestuft: Bach- und Regenbogenforellen als hochempfindlich, der Barsch als sehr und der Karpfen als mäßig empfindlich, während Schleie und Karausche als wenig empfindlich gelten.

Die Vergiftungssymptome sind äußerst vielgestaltig und nur in Ausnahmefällen spezifisch für einen Schadstoff. Man beobachtet Lageveränderungen (Schlagseite, Seitenlage, Rückenlage), Bewegungsanomalien (Stilliegen, Taumeln,

Springen, Umherschießen, erhöhte Atemfrequenz), nervliche Reaktionen (Betäubung, Verspannungen der Muskeln, Zuckungen, Krämpfe, Über- und Unterempfindlichkeit gegen Berührungen), äußere Veränderungen (Verfärbungen von Haut und/oder Flossen, von Kiemen, Schleimsekretion) und nicht selten Parasiten (vor allem Schwächeparasiten).

Im Ablauf der Vergiftung lassen sich grob mehrere Stadien unterscheiden: Einer anfänglichen Phase der Unruhe (Kontakt mit dem Schadstoff) folgen Gleichgewichtsstörungen und unkoordinierte Bewegungen (Giftwirkung), die in den Todeskampf übergehen (irreparable Schädigung) bis schließlich der Tod eintritt.

In der Tabelle auf Seite 210 sind die Schädlichkeitsgrenzen für einige wichtige Fischgifte zusammengestellt.

Krankheitsbilder unbekannter Ursache

Ulzerative Hautnekrose (Ulcerative dermal necrosis, UDN)

Ein Erreger für diese gefährliche Fischkrankheit konnte bislang nicht ermittelt werden. Die anfänglich vermutete bakterielle Äthiologie erwies sich als nicht zutreffend. Eine Virusisolation gelang bis heute ebenfalls nicht. Unter Fachleuten bestehen daher sehr unterschiedliche Auffassungen über Ursache und Verbreitung der UDN, die hier im einzelnen nicht diskutiert werden können. Obwohl erstmals zwischen 1873 und 1911 an Lachsen und Seeforellen in England beobachtet, brach die UDN erst 1964 in Irland erneut aus und verbreitete sich rasch in ganz Europa. Gegenwärtig scheint dieses Krankheitsbild wieder zu verschwinden, ohne daß seine Ursachen auch nur entfernt geklärt wären.

Vorwiegend erkranken große laichreife Bachforellen, Bachsaiblinge, Äschen und Huchen.

Die äußeren Symptome sind Hautwunden an den Kiefern, den Kiemendeckeln und am übrigen Kopf. Aber auch im Bereich der Rücken- und Schwanzflosse treten die relativ flachen, großflächigen Geschwüre auf. Tiefere Muskelschichten sind kaum betroffen. Sekundär verpilzen diese Hautverletzungen rasch mit *Saprolegnia*.

Die inneren Organe zeigen meist keine krankhaften Veränderungen.

Über Ausbruch und Verbreitung ist – wie gesagt – nichts Genaueres bekannt. Die UDN tritt bei relativ niederen Wassertemperaturen, also im Winter und im Frühjahr auf. Die schwersten Verluste sind im Winter zu beobachten. Für die erkrankten Tiere verläuft die Krankheit meist tödlich. Begünstigt wird die UDN offensichtlich durch die anthropogene Belastung unserer Gewässer.

Eine wirksame Bekämpfung ist bislang nicht möglich, zumal sich die Krankheit bei uns vorwiegend in Wildgewässern zeigt.

Fischereischädlinge

Das Problem der sog. Fischfeinde kann hier nur kurz gestreift werden. Ihm kommt auch in unserer vom Menschen so weitgehend negativ bestimmten Umwelt im großen und ganzen nicht mehr die Bedeutung zu wie noch vor einigen Jahrzehnten. Hinzu kommen begründete

Schädlichkeitsgrenzen einiger wichtiger Fischgifte (nach verschiedenen Autoren kombiniert). Soweit nicht anders angegeben, alle Zahlenwerte in mg/l

Schadstoff	ausgedrückt als	Grenzwerte
Ammoniak	NH_3	0,02–0,5
Arsenate und Arsenite	As	15–23
Benzin		ca. 50
Blausäure, Natriumcyanid, Kaliumcyanid	CN	0,03–0,25
Bleiverbindungen	Pb	0,2–10
Cadmiumverbindungen	Cd	3–20
Carbolineum		7
Chlor	Cl_2	0,05–0,4
DDT	$(ClC_6H_4)_2\,CHCCl_3$	0,02–0,1
Detergentien anionisch	aktive Subst.	3–5
Detergentien kationisch	aktive Subst.	0,3–2,5
Detergentien nicht ionisch	aktive Subst.	2,5
Eisenverbindungen	Fe	0,9–2
Formaldehyd	HCHO	15–30
Hexachlorcylohexan	$C_5H_6Cl_6$, γ-Isomer	0,03–0,2
Kupferverbindungen	Cu	0,08–0,8
Nitrat	NO_3^-	100–300
Nitrit	NO_2^-	10–20
Nickelverbindungen	Ni	25–55
Phenol, rein	C_6H_5OH	6–17
Quecksilberverbindungen, Sublimat	Hg	0,1–0,9
Toxaphen	$C_{10}H_{10}Cl_8$	< 0,003–0,01
Versalzung, Kaliabwässer	Cl^-	6–13 g/l
Zinkverbindungen	Zn	0,1–2

Zweifel, ob viele Fischfresser – denn solche sind ja unter dem Begriff Fischereischädlinge überwiegend zu verstehen – wirklich so großen Schaden anrichten, daß man sie im wahren Sinn des Wortes bekämpfen muß. Teichwirte, vor allem Hobbyteichwirte, sind ja Naturfreunde und als solche selbstverständlich auch Naturschützer. Kaum einer von ihnen wird dem Fischotter oder Fischadler seine Daseinsberechtigung absprechen – auch wenn diese mehr oder weniger intensiv an seinen Fischen partizipieren. Gleiches gilt sicher auch für den Eisvogel und für unsere Rohrdrommeln. All diese Tierarten sind heute so selten geworden, daß schon allein ihr Auftreten an unseren Teichen die paar Mark Gewinnverlust, die sie verursachen, aufwiegen sollte. Denn zweifellos sind auch heute noch alle größeren finanziellen Einbußen in der Fischzucht auf falsche betriebliche Maßnahmen zurückzuführen und nicht auf Schäden durch diese »Fischfeinde«.

Auch die Gefahren, die der Fischbrut von manchen Insekten und ihren Larven drohen, sollte man nicht dramatisieren. Es besteht kaum Grund, wegen einiger weniger Beutefische zum Kampf auf Leben und Tod gegen Gelbrandkäfter, Libellenlarven und Wasserwanzen zu blasen. Freuen wir uns lieber an ihrem Vorkommen und bewundern wir unsere Großlibellen, die im Sommer unseren Teich umschwirren. Die wenigen Fische, die wir durch ihre Larven evtl. verlieren, sollten wir als Tribut für das Zurückdrängen dieser Lebensformen durch den Menschen auffassen.

Völlig anders dagegen verhält es sich mit einigen Tierarten, die teils durch ihre natürliche Verbreitung, teils durch unverständliche und extrem einseitige Schutzmaßnahmen umfangreiche Schäden in einem teichwirtschaftlichen Betrieb anrichten können.

An erste Stelle wäre hier der **Bisam** zu nennen, der sich etwa seit 1905 von Böhmen kommend über ganz Europa verbreitet hat. Ihm fehlen in unserer Tierwelt natürliche Feinde. In Teichen wird er in erster Linie durch seine Wühlarbeit zum Schädling. Er legt seine Baue mit Vorliebe in Teichdämmen an und gefährdet dadurch ganze Teichanlagen. Seine Nahrung besteht vor allem aus pflanzlicher Kost, wie Schilf, Rohr, Segge oder Binse. Der Verbiß im Pflanzenbestand ist neben der grünbraun bis schwarzen Losung, die gern an Baumstümpfen oder Grasbüscheln abgelegt wird, ein guter Hinweis auf das Auftreten des Bisams. Der Teichwirt ist gesetzlich verpflichtet, den Bisam an seinen Teichen zu bekämpfen (Fallen).

Bisamfänger werden von den Behörden zugelassen und erhalten bestimmte Reviere zugewiesen. Auskunft über die Bekämpfung des Bisams erteilt der zuständige Fischreferent. Wie wichtig der Bisamfang ist, zeigt die Statistik, nach der in den letzten Jahren allein in Bayern bis zu 100 000 Exemplare gefangen wurden. Im gesamten Bundesgebiet war es etwa die doppelte Menge.

Unter den Vögeln spielt der **Fischreiher,** oder wie er heute auch genannt wird, der Graureiher, in manchen Gebieten die Rolle eines echten Fichereischädlings. Es kann und soll hier nicht das ganze Reiherproblem – das eine der wesentlichsten Streitfragen zwischen Fischerei und Vogelschutz darstellt – diskutiert werden. Fest steht nur, daß der selten gewordene Reiher einerseits als Angehöriger unserer Vogelwelt in gewissem Umfang schützenswert ist, andererseits er aber in vielen Teichwirtschaften durch diese Schutzmaßnahmen auch bereits wieder zum Schädling wird und erhebliche finanzielle Verluste für den Züchter verursacht. Lösungen sind somit nur durch Kompromisse auf beiden Seiten möglich! Hierzu gehört – basierend auf reellen Bestandszahlen – gezieltes Bejagen ebenso wie prophylaktische Schutzmaßnahmen in den Betrieben, z. B. Spannen von Netzen, Anlegen von Stolperdrähten und sinnvoller Teichbau. So sollen zum Beispiel Fischverluste durch Reiher bei Wassertiefen von etwas mehr als 40 cm am Teichufer erheblich zurückgehen.

Ähnliches gilt auch für **Möwenarten,** insbesondere die Lachmöwe. Neben den Verlusten, die dieser Vogel saisonbedingt durch seinen Fischverzehr anrichtet, spielt auch seine Funktion als Überträger von Krankheitserregern – auch human-pathogener Arten – eine große Rolle. Denn die Möwen werden im Binnenland vor allem durch die überall entstandenen Mülldeponien besonders begünstigt, wobei ihnen ihre große Beweglichkeit zugute kommt. Doch auch in dieser Frage sollte es unter vernünftigen Menschen keine unüberwindlichen Schwierigkeiten bei Absprachen über eine sinnvolle Dezimierung dieser Vogelart geben.

In jedem Fall muß der Hobbyteichwirt, wenn er sich der hier als Fischfeinde aufgezählten Tierarten erwehren will, die einschlägigen Jagdgesetze und Naturschutzbestimmungen kennen. Es ist daher angebracht, bei den zuständigen Behörden genaue Auskunft einzuholen. Es sei aber ausdrücklich nochmals darauf hingewiesen, daß die Probleme des Naturschutzes und damit auch die des Vogelschutzes, nur durch echte Zusammenarbeit aller Beteiligten und bei gleichberechtigter Anerkennung aller Standpunkt im Rahmen der gesetzlichen Vorschriften zu lösen sind.

Abschließend muß aber auch der größte Fischereischädling, **der Mensch,** erwähnt werden. Jahrzehntelang wurde Wasser nur als billiger, in ausreichender Menge zur Verfügung stehender Rohstoff angesehen. Unsere Binnengewässer wurden daher zu bloßen Energielieferanten, Verkehrsträgern und vor allem zu Vorflutern für Abwässer abgewertet. Es darf daher nicht überraschen, daß die allen Fischern schon immer geläufige Ansicht, das Wasser sei ein Lebensmedium, ja sogar ein Lebensmittel, heute nur sehr langsam und schmerzhaft – da mit kostspieligem Aufwand verbunden – in unser Bewußtsein zurückgerufen werden muß.

Hygiene in der Nutzfischhaltung

Unter dem Begriff Hygiene kann man alle Bestrebungen nach Seuchenfreiheit und Sauberkeit in der Teichwirtschaft zusammenfassen. Er beinhaltet somit die Heilverfahren an den Fischen und alle Maßnahmen zur Teichpflege. Besondere Bedeutung hat natürlich die Bekämpfung und Vernichtung der verschiedenen Parasiten und ihrer Zwischenwirte durch Trockenlegen und Kalken der Teiche oder durch therapeutische Bäder der Fische. Wichtig für die Hygiene ist außerdem der Bezug von einwandfreien und gesunden Satzfischen aus anerkannten Zuchtbetrieben. Bricht jedoch trotz aller Vorsichtsmaßnahmen eine Infektionskrankheit in einem Teich aus, müssen die toten Fische – u. U. auch der gesamte Bestand – einwandfrei beseitigt werden, am besten in einer Tierkörperbeseitigungsanlage (Bestätigung). Anschließend sind die Teiche sorgfältig zu desinfizieren, natürlich auch alle Geräte, die mit diesen erkrankten Tieren in Berührung kamen.

Desinfektion eines Teiches

Zunächst läßt man das Wasser ab und entschlammt den gesamten Teich gründlich (Vorsicht Unterlieger!). Teichsohle und Innenböschungen werden – soweit sie vom Wasser bedeckt waren – sorgfältig mit Branntkalk, Chlorkalk oder Kalkstickstoff bestreut: ungefährer Aufwand 0,5 bis 1,0 kg/m^2. Dann bleibt der Teich etwa 14 Tage trocken liegen. Anschließend wird er für 5 bis 7 Tage bespannt und erneut abgelassen. Dies muß äußerst vorsichtig geschehen, damit durch das Desinfektionsmittel keine Schäden im Vorfluter entstehen (Fischsterben). Ausschlaggebend ist immer die jeweilige Verdünnung des ablaufenden Teichwassers im Vorfluter. Ist die »Desinfektionsbrühe« abgelaufen, was je nach dem Mischverhältnis Teich/Vorfluter relativ lang dauern kann, wird der Teich wieder angestaut. Einige »Versuchsfische« zeigen dann, ob das Teichwasser in Ordnung ist. Verhalten sich die Tiere normal, kann endgültig besetzt werden.

Therapeutische Bäder

Nach der Zeitdauer unterscheidet man: Tauchbäder 5 bis 10 Sekunden, Kurzbäder 10 bis 30 Minuten und Dauerbäder Stunden bis Tage. Die in den Vorschriften angegebenen Zeiten und Konzentrationen müssen strikt eingehalten werden. Für Bäder verwendet man am besten Kunststoff- oder Holzgefäße, nie solche aus Aluminium oder Zink. Eine Temperaturkontrolle ist unerläßlich. Die Badelösung sollte immer etwa 2 °C wärmer sein als das Wasser, in dem die Fische gehalten werden. Bei Tauch- und Kurzbädern werden die Fische in stiellosen Keschern in die Lösung gehalten und nach Ablauf der Badezeit sofort in einem zweiten Gefäß mit reinem Wasser durch mehrmaliges Eintauchen abgespült. Bei dieser Prozedur verlassen die Parasiten in der Regel die Fische. Die im Spülbottich angesammelten Parasiten werden in ausreichendem Abstand vom Teich ausgegossen und mit Branntkalk abgetötet. Bäder werden am besten aus Stammlösungen hergestellt, die bis zum Erreichen der gewünschten Konzentration unter ständigem Umrühren in das Badegefäß eingebracht werden.

Gebräuchliche Konzentrationsangaben

Der Gehalt einer Lösung an einem bestimmten Stoff wird im allgemeinen in Gewichtsprozent ausgedrückt. So versteht man unter einer 5%igen Kochsalzlösung eine Lösung, die in 100 g Wasser 5 g Kochsalz enthält. Da 1 cm^3 Wasser (oder, was dasselbe ist, 1 ml) ziemlich genau 1 g wiegt, löst man zur Herstellung dieser 5%igen Kochsalzlösung 5 g Kochsalz in 100 ml Wasser auf. Bei der Mischung von zwei Flüssigkeiten rechnet man zweckmäßigerweise nach Volumprozenten. Eine 2%ige Säure stellt man her, indem man zu 98 ml Wasser 2 ml der 100%igen Säure gibt.

Werden zwei Flüssigkeiten gemischt, kann man auch nach der Angabe des Mischungsverhältnisses beider Flüssigkeiten arbeiten. Wasser und handelsübliches Formalin im Verhältnis 1:3 gemischt bedeutet, daß zu einem Teil Wasser drei gleich große Teile Formalin gegeben werden. Die Mischung besteht somit aus vier gleichen Teilen.

Man muß also genau unterscheiden: Die Konzentrationsangabe 1:5 bedeutet 1 Einheit des einen Stoffes + 5 Einheiten des zweiten Stoffes = 6 Einheiten der Mischung. Dagegen enthält eine 5%ige Lösung 5 g eines festen oder 5 ml eines flüssigen Stoffes in 100 ml Lösung.

Mischungsregel: Nach der sog. Kreuzregel läßt sich eine höherprozentige Lösung leicht in eine geringerprozentige umrechnen. Beispiel: Eine 20%ige Stammlösung soll durch Zusatz von Wasser in eine 12%ige Lösung umgewandelt werden. Wie groß ist in der neuen Lösung der Wasseranteil und der Anteil der Stammlösung?

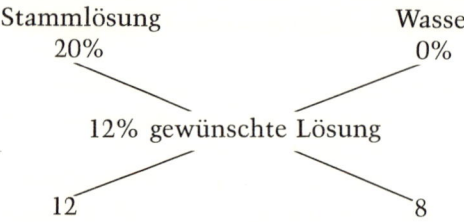

Stammlösung   Wasser
20%   0%

12% gewünschte Lösung

12   8

Wie aus dem Schema ersichtlich ist, werden die Prozentgehalte der Stammlösung und des Wassers an die beiden oberen Enden der Diagonalen gesetzt. In ihrem Schnittpunkt wird der gewünschte Prozentgehalt der Mischung eingetragen. Durch Differenzbildung der auf jeder Diagonale stehenden Zahlen erhält man die an den unteren Enden angeschriebenen Ergebnisse. In unserem Beispiel müssen für eine 12%ige Lösung 12 Teile der Stammlösung mit 8 Teilen Wasser gemischt werden. Verwendet man anstelle des Wassers eine zweite Stammlösung mit einem bestimmten Prozentgehalt, wird sinngemäß verfahren.

Berechnungsbeispiele für das Ansetzen von Bädern

1. Beispiel: Ein flüssiges Medikament soll in einer Verdünnung von 1 : 20 000 eingesetzt werden, wobei der Badebottich 150 l faßt. Wieviel Medikament wird benötigt?

Um die geforderte Verdünnung zu erhalten, müssen wir 1 ml des Medikaments mit 20 000 ml = 20 l Wasser mischen. Da das Badebecken 150 l Inhalt hat, muß auf dieses Volumen umgerechnet werden. 150 : 20 = 7,5. Wir müssen also mit dem Faktor 7,5 multiplizieren und benötigen somit für das Bad 1 ml × 7,5 = 7,5 ml des Medikaments.

2. Beispiel: Für ein Bad werden 50 l einer 0,7%igen Kochsalzlösung gebraucht. Wieviel Kochsalz ist erforderlich?

Die gewünschte Konzentration erfordert die Lösung von 0,7 g Kochsalz in 100 ml Wasser oder – weil besser einzuwiegen – 7 g Kochsalz in 1000 ml = 1 l Wasser. Da 50 l Badelösung gefordert werden, müssen also 50 × 7 g = 350 g Kochsalz ausgewogen und in 50 l Wasser aufgelöst werden.

Zur Beachtung: Im englischen Sprachgebrauch werden die Konzentrationsangaben zumeist in ppm angegeben. Diese Abkürzung steht für »parts per million«, also ein Teil auf eine Million Teile. Damit entspricht 1 ppm unserem 1 mg/l oder $1 \text{ g/m}^3 \triangleq 1 \text{ ml/m}^3$.

Verzeichnisse

Fischereiliche und teichwirtschaftliche Beratung erteilen die Dezernenten (Fischereisachverständigen) der Fischereiverwaltung und die fischereiwissenschaftlichen Einrichtungen des Bundes und der Länder. Beim Ausbruch von Fischkrankheiten oder Fischseuchen wende man sich an den zuständigen Fischgesundheitsdienst, ein tierärztliches Untersuchungsamt oder an eines der genannten Institute.

Dienststellen der Fischereisachverständigen

Baden-Württemberg
Regierungspräsidium Stuttgart
7000 Stuttgart 1, Breitscheidstraße 4
Tel. 0711/2050436
Regierungspräsidium Karlsruhe
7500 Karlsruhe, Schloßplatz 1–3
Tel. 0721/1353741
Regierungspräsidium Freiburg
7800 Freiburg i. Br., Bertoldstraße 43
Tel. 0761/2042303
Regierungspräsidium Tübingen
7400 Tübingen, Nauklerstraße 47
Tel. 07071/282307

Bayern
Bezirk Mittelfranken
8500 Nürnberg, Steinstraße 1
Tel. 0911/335371
Bezirk Niederbayern
8300 Landshut, Schirmgasse 294
Tel. 0871/822577
Bezirk Oberbayern
8000 München 22, Widenmayerstraße 2
Tel. 089/2176442

Bezirk Oberfranken
8580 Bayreuth, Ludwigstraße 20
Tel. 0921/604-648
Bezirk Oberpfalz
8400 Regensburg, Emmeransplatz 8
Tel. 0941/564-516
Bezirk Schwaben
8900 Augsburg 11, Hafnerberg 10
Tel. 0821/3101-217
Bezirk Unterfranken
8700 Würzburg, Petersplatz 9
Tel. 0931/380207-208

Berlin (West)
Fischereiamt
1000 Berlin 62, Martin-Luther-Straße 105
Tel. 030/7831

Bremen
Staatl. Fischereiamt Bremerhaven
2850 Bremerhaven-Fischereihafen, Fischkai
Tel. 0471/74015

Hamburg
Behörde für Wirtschaft, Verkehr und Landwirtschaft, Fischereireferat
2000 Hamburg 11, Wexstraße 7
Tel. 040/34912791

Hessen
Bezirksdirektion für Forsten und Naturschutz in Darmstadt
6100 Darmstadt, Orangerieallee 12
Tel. 06151/63091
Bezirksdirektion für Forsten und Naturschutz in Kassel
3500 Kassel, Wilhelmshöher Allee 157–159
Tel. 0561/30851

Hessisches Landesamt für Ernährung, Landwirtschaft und Landentwicklung
3500 Kassel, Kölnische Straße 48–50
Tel. 0561/7071, App. 314

Niedersachsen
Niedersächsisches Landesverwaltungsamt, Dezernat Binnenfischerei
3000 Hannover, Richard-Wagner-Straße 22
Tel. 0511/625031-33
Landwirtschaftskammer Hannover, Referat 55
3300 Hannover, Johannssenstraße 10
Tel. 0511/1665496
Landwirtschaftskammer Weser-Ems, Referat VI/6
2900 Oldenburg i. O., Mars-la-Tour-Straße 1–11
Tel. 0441/801-355/357

Nordrhein-Westfalen
Ministerium für Ernährung, Landwirtschaft und Forsten
4000 Düsseldorf, Roßstaße 135
Tel. 0211/4563-245
Regierungspräsidium Arnsberg
5770 Arnsberg, Seibertzstraße 1
Tel. 02931/821
Regierungspräsidium Detmold
4930 Detmold, Leopoldstraße 13
Tel. 05231/711
Regierungspräsidium Münster
4400 Münster, Domplatz 1
Tel. 0251/4111
Regierungspräsidium Düsseldorf
4000 Düsseldorf, Cecilienallee 2
Te. 0211/4977 1
Regierungspräsidium Köln
5000 Köln, Zeughausstraße 4–10
Tel. 02221/1633409

Rheinland-Pfalz
Ministerium für Landwirtschaft, Weinbau und Forsten, Fischereiverwaltung
6500 Mainz, Große Bleiche 55
Te. 06131/162448

Bezirksregierung Koblenz
5400 Koblenz, Hohenzollernstraße 30
Tel. 0261/1202549
Bezirksregierung Trier
5500 Trier, Kurfürstliches Palais, Mustorstraße
Tel. 0651/7108510
Bezirksregierung Rheinhessen-Pfalz
6730 Neustadt a. d. Weinstr., Friedrich-Ebert-Straße 14
Tel. 06321/850289

Saarland
Ministerium für Wirtschaft, Verkehr und Landwirtschaft, Obere Fischereibehörde
6600 Saarbrücken, Hardenbergstraße 6
Tel. 0681/5006208

Schleswig-Holstein
Fischereiamt des Landes Schleswig-Holstein
2300 Kiel 14, Wischhofstraße (Seefischmark)
Tel. 0431/723085
Landwirtschaftskammer Schleswig-Holst.
2300 Kiel, Holstenstraße 108
Tel. 0431/992/287

Fischgesundheitsdienste (FGD)

Baden-Württemberg
Regierungsbezirk Nordwürttemberg
Staatl. Tierärztliches Untersuchungsamt – FGD –
7000 Stuttgart 1, Azenbergstraße 16
Tel. 0711/2023-352
Regierungsbezirk Nordbaden
Staatl. Tierärztliches Untersuchungsamt – FGD –
6900 Heidelberg, Czernyring 2b
Tel. 06221/23602-03
Regierungsbezirk Südbaden
Tierhygienisches Institut – FGD –
7800 Freiburg i. Br., Am Moosweiher 2
Tel. 0761/16011

Regierungsbezirk Südwüttemberg-Hohen-
zollern
Staatl. Tierärztliches Untersuchungsamt –
FGD –
7960 Aulendorf, Löwenbreitstraße 18/20
Tel. 07525/7055

Bayern
Tiergesundheitsdienst Bayern e. V., Fachab-
teilung Fischgesundheitsdienst
8011 Grub, Post Poing, Senator-Gerauer-
Straße 23
Tel. 089/9091262
Geschäftsstelle Oberpfalz-Nord des FGD
8480 Weiden, Parksteinerstraße 15
Tel. 0961/27690
Geschäftsstelle Mittelfranken des FGD
8500 Nürnberg, Donaustraße 24
Tel. 0911/643059

Niedersachsen
Staatlicher Fisch-Seuchenbekämpfungs-
dienst und Fischgesundheitsdienst
3000 Hannover 1, Eintrachtweg 17
Tel. 0511/281112

Fischerei-Institute und -Anstalten

Bayerische Landesanstalt für Fischerei
Starnberg
8130 Starnberg/Obb., Weilheimer Straße 8 a
Tel. 08151/6097 und 6098
Außenstelle für Karpfenteichwirtschaft
8552 Höchstadt/Aisch, Greiendorferweg 8
Tel. 09193/8372
Institut für Küsten- und Binnenfischerei der
Bundesforschungsanstalt für Fischerei
2000 Hamburg 50, Palmaille 9
Tel. 040/38905-0
Landesanstalt für Fischerei Nordrhein-
Westfalen
5942 Kirchhundem 1, Albaum
Tel. 02723/2085
Landesanstalt für Umweltschutz Baden-
Württemberg, Institut für Seenforschung
und Fischereiwesen

7994 Langenargen/Bodensee, Untere See-
straße 81
Tel. 07543/2013

Fischerei-Organisationen

Die verschiedenen regionalen und überre-
gionalen Fischereiverbände sind zusammengefaßt im »Deutschen Fischereiver-
band e. V. (DFV), Union der Berufs- und
Sportfischer«. Anschriften der einzelnen
Mitgliedsverbände können bei der Hauptge-
schäftsstelle des Verbandes erfragt werden.
Geschäftsstelle des Deutschen Fischerei-
verbandes
2000 Hamburg 11, Venusberg 36
Tel. 040/314884-85

Literaturverzeichnis
(einschließlich Bildquellen)

Amlacher, E.: Taschenbuch der Fischkrank-
    heiten. 4. Aufl. VEB Gustav Fischer, Jena
    1981.
Bahr, K.: So verkauft man Karpfen und Fo-
    rellen. Verlag Paul Parey, Hamburg und
    Berlin 1973.
Bank, O. und Krusch, A.: So baut man Tei-
    che. 5. Aufl. Verlag Paul Parey, Hamburg
    und Berlin 1978.
Barthelmes, D.: Hydrobiologische Grundla-
    gen der Binnenfischerei. VEB Gustav Fi-
    scher, Jena 1981.
Bauch, G.: Die einheimischen Süßwasserfi-
    sche. 4. Aufl. Verlag J. Neumann-Neu-
    damm, Melsungen 1961.
Baur, W.: Gewässergüte bestimmen und be-
    urteilen. Verlag Paul Parey, Hamburg und
    Berlin 1980.
Bohl, M.: Zucht und Produktion von Süß-
    wasserfischen. DLG-Verlag, Frank-
    furt/M. 1982.
Brun, R. (Hrsg.): Die neuen Alchimisten. Fi-
    scher Alternativ, Magazin Brennpunkte

(11. Jahrgang, Band 16). Fischer Taschenbuch Verlag, Frankfurt/M. 1980.

Cook, C., D., K., Gut, B., J., Rix, E., M., Schneller, J., and Seitz, M.: Water Plants of the World. Dr. W. Junk b. v. Publishers, The Hague 1974.

Dölger, F., J.: Der heilige Fisch in der antiken Religion und im Christentum. Verlag Aschendorff, Münster 1922.

Gerlach, R.: Die Fische. Verlag Claassen, Hamburg 1950.

Grassé, P.-P.: Traité de Zoologie, Anatomie, Systématique, Biologie. Tome XIII, Fasc. 1 bis 3, Masson et Cie. Éditeurs, Paris 1958.

Greenberg, D. B.: Forellenzucht. 5. Aufl. Verlag Paul Parey, Hamburg und Berlin 1979.

Haberlandt, M., A.: Die Völker Europas und ihre volkstümliche Kultur. Verlag Strekker und Schröder, Stuttgart 1928.

Harder, W.: Anatomy of Fisches. 2. Aufl., Part I and II, E. Schweizerbart'sche Verlagsbuchhandlung (Nägele und Obermiller), Stuttgart 1975.

Hoar, W., S., and Randall, D., J. (Hrsg.): Fisch Physiology. Vol. I bis X. Academic Press, New York and London 1969 bis 1984.

Hofmann, J.: Der Teichwirt. Zucht und Haltung des Karpfens. 5. Aufl. Verlag Paul Parey, Hamburg und Berlin 1979.

Hofmann, J.: Die Flußkrebse. 2. Aufl. Verlag Paul Parey, Hamburg und Berlin 1980.

Hoyer, H.: Landwirtschaftliche Fischproduktion. KTBL-Schrift 188. KTBL-Schriften Vertrieb im Landwirtschaftsverlag GmbH, Hiltrup (Westf.) 1975.

Huet, M.: Traité des Picsiculture. 4. Aufl. Éditions Ch. De Wyngaert, Brüssel 1970.

Jens, G.: So baut man Forellenteiche, Rundbecken und Fließkanäle. Verlag Paul Parey, Hamburg und Berlin 1978.

Jens, G.: Die Bewertung der Fischgewässer. 2. Aufl. Verlag Paul Parey, Hamburg und Berlin 1980.

Jens, G.: So zieht man Forellen. 4. Aufl. Verlag Paul Parey, Hamburg und Berlin 1980.

Koch, W.: Fischzucht. Lehrbuch für Züchter und Teichwirte. 5. Aufl. von O. Bank und G. Jens. Verlag Paul Parey, Hamburg und Berlin 1982.

Kunze, K.: So bewirtschaftet man Karpfenteiche. 2. Aufl. Verlag Paul Parey, Hamburg und Berlin 1975.

Kunze, K.: Die Bewirtschaftung von Karpfenteichen. 3. Aufl. Verlag Paul Parey, Hamburg und Berlin 1982.

Ladiges, W., und Vogt, D.: Die Süßwasserfische Europas. Verlag Paul Parey, Hamburg und Berlin 1965 (2. Aufl. 1979).

Lehmann, J.: Merkblatt über die wichtigsten Krankheiten unserer einheimischen Süßwasserfische. 2. Aufl. Landesanstalt für Fischerei Nordrhein-Westfalen 1973.

Leitritz, E.: Die Praxis der Forellenzucht. 3. Aufl. Verlag Paul Parey, Hamburg und Berlin 1980.

Liebmann, H.: Handbuch der Frischwasser- und Abwasserbiologie. Bd. II. Verlag R. Oldenbourg, München 1960.

Miegel, H.: Praktische Limnologie, Untersuchungen an Kleingewässern, Seen und Fließgewässern. Laborbücher Biologie. Verlag Moritz Diesterweg, Otto Salle Verlag, Frankfurt am Main, Berlin, München 1981.

Nikolski, G. W.: Spezielle Fischkunde. VEB Deutscher Verlag der Wissenschaften, Berlin 1957.

Pyke, M.: Brot für Milliarden. Probleme der Welternährung. Kindlers Universitäts Bibliothek. Kindler Verlag, München 1970.

Rehbronn, E., und Rutkowski, F.: Das Räuchern von Fischen. Verlag Paul Parey, Hamburg und Berlin 1977.

Reichenbach-Klinke, H.-H.: Krankheiten und Schädigungen der Fische. Gustav Fischer Verlag, Stuttgart 1966.

Reichenbach-Klinke, H.-H.: Grundzüge der Fischkunde. Gustav Fischer Verlag, Stuttgart 1970.

Reichenbach-Klinke, H.-H.: Der Süßwasserfisch als Nährstoffquelle und Umweltindikator. Gustav Fischer Verlag, Stuttgart 1974.

Riedel, D.: Fisch und Fischerei. Eugen Ulmer Verlag, Stuttgart 1974.

Roberts, R. J. (Hrsg.): Grundlagen der Fischpathologie mit einer Einführung in die Anatomie, Physiologie, Pathophysiologie und Immunologie sowie in den aquatischen Lebensraum der Knochenfische. Übers. u. neubearb. von H.-J. Schlotfeldt. Verlag Paul Parey, Hamburg und Berlin 1985.

Ruhdel, H.-J.: Leitfaden für Forellenfütterung. 5. Aufl. FUKO-Kraftfutterfabrik R. Fundel KG, Ulm/Donau 1977.

Ruhdel, H.-J.: Praktische Fütterung von Süßwasserfischen. In: Friesecke, H.: Handbuch der praktischen Fütterung. BLV Verlagsgesellschaft, München, Wien, Zürich 1984, S. 480 bis 519.

Suworow, J. K.: Allgemeine Fischkunde. VEB Deutscher Verlag der Wissenschaften, Berlin 1959.

Schäperclaus, W.: Fischkrankheiten. 2. Aufl. Gustav Wenzel und Sohn, Braunschweig 1941.

Schäperclaus, W.: Lehrbuch der Teichwirtschaft. 2. Aufl. Paul Parey, Hamburg und Berlin 1961.

Scheftelowitz, I.: Das Fischsymbol im Judentum und Christentum. Arch. Rel. Wiss. 14, 1911.

Schindler, O.: Unsere Süßwasserfische. Franckh'sche Verlagshandlung, Stuttgart 1959.

Schmidt, E.: Ökosystem See (Biologische Arbeitsbücher 12). Quelle & Meyer Verlag, Heidelberg 1974.

Schubert, O.: Fischereiliches aus vergangenen Tagen. Verlag Reichsnährstand, Zweigniederlassung Böhmen und Mähren, Prag 1944.

Schwoerbel, J.: Einführung in die Limnologie (Uni-Taschenbücher 31). 4. Aufl. Gustav Fischer Verlag, Stuttgart 1980.

Schwoerbel, J.: Methoden der Hydrobiologie – Süßwasserbiologie (Uni-Taschenbücher 979). 2. Aufl. Gustav Fischer Verlag, Stuttgart 1980.

Starck, D.: Vergleichende Anatomie der Wirbeltiere. 3 Bände. Springer Verlag, Berlin, Heidelberg, New York 1978 bis 1982.

Steffens, W. (Hrsg.): Moderne Fischwirtschaft – Grundlagen und Praxis. Verlag J. Neumann-Neudamm, Melsungen, Berlin, Basel, Wien 1981.

Tesch, F. W.: Der Aal. Verlag Paul Parey, Hamburg und Berlin 1973.

Tesch, F. W., und Wehrmann, L.: Die Pflege der Fischbestände und -gewässer. 2. Aufl. Verlag Paul Parey, Hamburg und Berlin 1982.

Tölg, I.: Fortschritte in der Teichwirtschaft. Verlag Paul Parey, Hamburg und Berlin 1981.

Uhlmann, D.: Hydrobiologie. Gustav Fischer Verlag, Stuttgart 1975.

Vollmann-Schipper, F.: Transport lebender Fische – Abfischen – Hältern – Sortieren – Verladen. Verlag Paul Parey, Hamburg und Berlin 1975.

Wiesner, E. R.: Die Betriebsführung in der Forellenzucht. Verlag Paul Parey, Hamburg und Berlin 1968.

Wunder, W.: Düngung in der Teichwirtschaft. Tellus Verlag, Essen 1956.

Zeitschriften

Neben Fachinformationen enthalten die aufgeführten Zeitschriften Inserateteile, die einen Überblick über die Anbieter auf allen Gebieten der Teichwirtschaft geben.

»Fischer und Teichwirt«
8500 Nürnberg, Königstorgraben 11.

»Der Fischwirt«
Erscheint als Beilage zum »Sportfischer Magazin Fischwaid – Allgemeine Fischerei-Zeitung«
Verlag Chmielorz GmbH, 6200 Wiesbaden, Postfach 22 29.

Sachregister

Halbfette Seitenzahlen verweisen auf Schwerpunkte im Text, Sternchen * auf Farbfotos.